中医药上市公司发展质量与路径研究

——基于财务数据的分析

王文君　王佑　胡丁　崔敬东　郭万玉 著

西南财经大学出版社

中国·成都

图书在版编目(CIP)数据

中医药上市公司发展质量与路径研究:基于财务数据的分析/王文君等著.—成都:西南财经大学出版社,2024.2

ISBN 978-7-5504-5973-1

Ⅰ.①中⋯　Ⅱ.①王⋯　Ⅲ.①中国医药学—上市公司—财务管理—研究　Ⅳ.①F279.246

中国国家版本馆 CIP 数据核字(2023)第 213789 号

中医药上市公司发展质量与路径研究——基于财务数据的分析

ZHONGYIYAO SHANGSHI GONGSI FAZHAN ZHILIANG YU LUJING YANJIU—JIYU CAIWU SHUJU DE FENXI

王文君　王佑　胡丁　崔敬东　郭万玉　著

策划编辑:李邓超　石晓东
责任编辑:石晓东
责任校对:陈何真璐
封面设计:墨创文化
责任印制:朱曼丽

出版发行	西南财经大学出版社(四川省成都市光华村街55号)
网　　址	http://cbs.swufe.edu.cn
电子邮件	bookcj@swufe.edu.cn
邮政编码	610074
电　　话	028-87353785
照　　排	四川胜翔数码印务设计有限公司
印　　刷	郫县犀浦印刷厂
成品尺寸	170mm×240mm
印　　张	16.75
字　　数	322 千字
版　　次	2024 年 2 月第 1 版
印　　次	2024 年 2 月第 1 次印刷
书　　号	ISBN 978-7-5504-5973-1
定　　价	78.00 元

前言

2022 年 3 月，国务院办公厅印发《"十四五"中医药发展规划》，明确了"十四五"时期我国中医药发展目标和主要任务，其中包括大力发展中医药事业，促进中药新药研发保护和产业发展，加强中医药文化传承与创新发展。本书以《"十四五"中医药发展规划》为指导，以中医药上市公司为研究对象，重点研究中医药产业的发展。

本书旨在引入数理统计思想，改进财务综合评价公式模型，提出附加分沃尔评分法（以下简称附加分法），并用其对中医药行业、医疗保健行业和全 A 行业进行附分值计算。以此为基础，本书对中医药行业进行财务竞争力比较评价，分析其投资机会和价值，以评估中医药行业发展质量。

首先，本书使用附加分法计算中医药上市公司的得分，并将其分为三个类别；之后，分别分析每个类别公司的综合财务竞争力、投资机会和价值，以评估不同类别公司的发展质量。

其次，本书对评价财务竞争力过程中发现的主要问题进行分析，并提出解决对策。

最后，本书采用案例分析法等方法，逐个分析比较各类别公司的财务特征。同时，本书结合现有文献中的主要观点，探讨中医药上市公司的发展路径。

本书由西华大学副教授王文君与四川省邛崃市医疗中心医院中医主治医师王佑共同主持撰写,并由其他相关专家参与部分内容的撰写和审定。具体撰写情况如下:第 1 章和第 2 章由王佑撰写,第 3 章和第 4 章由王文君撰写,第 5 章和第 6 章由王文君和王佑共同撰写。胡丁副教授和崔敬东副教授参与了第 5 章和第 6 章部分内容的撰写和修改。郭万玉副教授负责名词概念和重要结论的英译以及外文文献的翻译工作,同时也参与了部分数据的计算和核对工作。

为了保证准确性,本书的所有数据均源于万得(Wind)金融终端、东方财富网站等权威平台。

需要注意的是,本书提出的财务评价理论和模型是建立在一定的假设前提和特定经济环境下的,随着经济环境的变化,相关结论的适用性可能会变弱。因此,本书的观点不构成具体的投资建议。另外,本书对中医药样本公司的排序与分类基于利用附加分法计算得出的附分值大小,该排序与分类仅适用于下一步理论研究之用,不宜作过多解读,也不能用作其他用途。

希望本书能够为中医药行业的企业管理者提供参考,并为中药投资者和债权人的决策提供案例和分析思路,同时也能够为关注中医药发展的公众提供研判素材。

受研究者水平、调研视角及资料收集等条件的限制,书中必然存在不足与可商榷之处,望读者批评指正。

著者

2023 年 8 月于蓉城

序一

在如今这个日新月异的社会，人们越来越注重生活质量且对健康的需求显著增加。中医药公司作为国民健康和医药行业发展中的重要角色，发挥着重要的作用。"十四五"规划也明确提出了要坚持中西医并重，并大力发展中医药事业。然而，如何有效评价中医药上市公司的发展质量，以及寻找并解决其在发展路径中出现的问题，是每一个参与者所需要面对的问题。

在《中医药上市公司发展质量与路径研究——基于财务数据的分析》一书中，作者通过获取最新的财务数据，提出了具有时效性的评价框架，并以此为依据对中医药上市公司的发展质量进行全面、深入的评估。

全书章节布局合理，章节之间呈现出逻辑性、连贯性，从中医药发展历史讲述到中医药上市公司发展分析的基础、原则与方法，再到中医药上市公司的整体发展质量分析和不同类别的中医药上市公司发展质量分析，以及中医药上市公司的发展问题和解决措施，最后到中医药上市公司的发展路径。这样的章节划分和标题设置使得本书的组织结构更加清晰，也能使读者更好地理解书中的内容。

本书提供了一种全新的视角来观察和评估中医药上市公司，在实践应用的基础上，做出了富有创新性和实践性的尝试。书中提及的研发投入的增加、注重产品与服务品质的提升，以及中医药行业开拓国际市场等多种策略，能够对中医药上市公司的进一步发展起到积极推动作用。同时，该书对于提高社会效益的重视，更彰显了该书的远见。

总的来说，《中医药上市公司发展质量与路径研究——基于财务数据的分析》一书，为我们理解和评估中医药上市公司的发展质量提供了全新的视角，是一部集理论和实践于一体、具有创新性和实践性的较高质量研究成果。相信它的出版，将为中医药上市公司的发展提供重要的理论支持和实践参考。

贵阳中医学院主任医师、博士生导师、医学博士

2023 年 8 月于贵阳

序二

随着中医药产业在中国和全球范围内的不断发展，越来越多的中医药公司选择走向资本市场，成为上市公司。然而，并非所有中医药上市公司都能取得良好的发展。为了深入分析中医药上市公司的发展问题并提出相应的解决策略，《中医药上市公司发展质量与路径研究——基于财务数据的分析》一书立足于中医药产业的特点和发展方向，以中医药上市公司为研究对象，通过引入数理统计思想和改进的附加分沃尔评分法，从财务数据出发，对中医药上市公司进行全面评价，并由此找到其背后的问题和特征。

本书是以价值为核心的中医药上市公司财务分析著作，本书的核心研究方法是附加分沃尔评分法，该方法在沃尔评分法的基础上进行了改进和设计，使评价结果更具科学性和客观性。在对中医药上市公司的财务表现、市场表现等方面进行综合评价时，我们可以对中药板块表现和医药上市公司的表现进行分析，从而得出发展质量评价等结论。此外，本书还对不同类别的中医药上市公司特征进行分类统计和分析，以寻找其在发展中存在的问题。

在本书中，著者探讨了中医药上市公司在财务竞争力和社会效益表现等方面的相关内容，总结出优秀中医药上市公司的经验，找到中医药上市公司发展中存在的主要问题，并提出相应的发展策略。

我对本书的总体评价是三个字：新——用新评估模型对上市公司数据进行分析，得出最新评价结论；简——分析过程尽量简单明了，文字解释尽量少，以数据推理出结论，利于提高阅读效率；真——采用最新财务数据，参考最新文献观点，得出的结论真实客观。

本书的研究思想和方法具有一定的独特性和创新性。期待本书的出版为相关研究者对中医药产业的发展研究提供方法上的借鉴，为中医药上市公司的产品质量改进和发展路径选择提供有益的参考。

西华大学区域社会经济研究所所长、教授

于成林

2023 年夏

序三

在当今社会，中医药作为中华传统医学的重要组成部分，承载着千年的智慧和文化，对人们的健康问题起着重要作用。然而，随着时代的变迁和新医学技术的兴起，中医药面临着保守与创新的平衡问题。

中医药行业作为我国医药产业的重要组成部分，也需要在守旧与创新之间寻找平衡点，推动中医药的长远发展。《富阳区卫生健康事业发展"十四五"规划》提出了加强中医药传承创新和打造中医药传承创新者的目标。这提示我们，中医药公司应当注重中医药知识和技术的传承与创新，并且在发展过程中寻求适应时代需求的创新路径。

《"健康中国2030"规划纲要》和《中华人民共和国国民经济和社会发展第十四个五年规划和2035年远景纲要》，也为中医药行业的未来发展提供了指引。这表明，政府着力加强对中医药产业的支持与引导，鼓励中医药公司在保留传统特色的同时推动创新。

在这样的背景下，《中医药上市公司发展质量与路径研究——基于财务数据的分析》的出现具有重要意义。这部专著通过对中医药上市公司的财务数据进行分析，定量评估中医药上市公司的发展质量，旨在优化其发展策略，提高其综合竞争力。

值得一提的是，中医药上市公司在面临新医药技术的冲击时，不能完全放弃传统的中医药理念与疗法，而应在创新中保留传统特色。这需要中医药上市公司通过科学研发和技术创新，不断提升中药产品的质量和疗效，使其更符合现代社会的医疗需求。

希望这部专著能够为中医药上市公司提供有益的思路和实践经验，引领中医药行业朝着更加繁荣和健康的方向发展。

谨以此序，向投身中医药产业发展的各界人士致以最诚挚的敬意！

四川省人民医院中医科副主任、二级专家

傅义斌

2023 年 8 月 5 日

目录

1 中医药发展历史、意义、机遇和挑战

1.1 中医药发展历史

中医药具有独特的医学理论体系，旨在研究人体生命规律，疾病的发生、转化规律以及疾病防治，是中华传统文化的重要组成部分，拥有悠久的历史和深厚的文化底蕴。

1.1.1 中医药的起源

中医药的起源可以追溯到远古时期（公元前 2200 年）。早期，原始人类对火的掌握以及学会使用和制造越来越多的工具，就逐步形成了早期的砭石、针灸、药物、食疗等治疗手段，如商朝人食用鱼治疗腹疾，食用枣治疗疟疾。西周人建设了专业配制药剂的工场，但因当时社会发展水平的限制，这些治疗的成果往往被视为巫术，长期存在"巫医不分"的现象。

1.1.2 中医药的形成和发展

1.1.2.1 先秦时期

随着社会生产、文化、科学、技术的迅猛发展，中医药的理论体系逐渐摆脱了封建迷信的桎梏，吸收了先秦百家学说中的部分哲学思想。例如，《易经》中提出的阴阳学说，认为天地万物皆由阳、阴两要素组成；韩非子主张利用五行循环来解释宇宙运行规律。这些哲学思想被用来阐述疾病的发生和转归，成为中医药基础理论的重要组成部分：阴阳学说、五行学说。这个时期的《黄帝内经》和《难经》等经典著作开始记载医学理

论和治疗方法，是中医药学术体系形成的基石。另外，春秋时期政治家范蠡所著的《范子计然》，是最早将药材作为商品记录的书籍，记载有87种中药，其中4种中药按上、中、下等级定价，可以说它是我国第一部关于药材商品学的书籍。

1.1.2.2　秦汉时期

随着秦朝统一中国，社会生产力得到巨大提高，中医药出现"中医"和"中药"的逐渐分化、发展，如《伤寒杂病论》和《神农本草经》是中医学和中药学各自理论体系建立的标志，上述两本著作经历了原书的遗失和后人的整理、转引，流传至今，对于后世中医药的临床医学发展和药品生产加工有着深远的影响。

1.1.2.3　魏晋至金元时期

这个阶段的中国，经历了反复的王朝统一兴盛和分裂衰落，无形中促进了各民族的交流和融合，中医药理论得到不断完善，实践经验得到大量积累，统治阶级也开始重视中医药的发展和运用，设立了太医署、太医院等部门，管理宫廷用药、食疗及医生教学、考核，并主持编纂多部医学著作。得益于这些，这个阶段涌现出大量的名医，并有相当数量的中医药专著流传至今。例如，晋代医学家王叔和编写的我国最早的脉学专书——《脉经》，对后世影响颇大。王叔和还将因多年战乱而几近失传的《伤寒杂病论》整理编写，将其中外感热病内容结集为《伤寒论》，将其中的内科杂病内容结集为《金匮要略》，《伤寒杂病论》目前仍是所有中医师必学的经典著作。还有在汉朝就发明并使用"麻沸散"进行外科手术的华佗，是最早有记录成功进行麻醉和外科手术的医者。在东晋时期就编写了中国第一部临床急救手册《肘后备急方》的葛洪，在一千多年后启发了屠呦呦团队成功提取抗疟药"青蒿素"。"药王"孙思邈，第一位著名儿科专家钱乙，"金元四大名家"刘完素、张从正、李东垣、朱丹溪等人，为中医药的发展做出了不可磨灭的贡献。这个时期的中国，出现了大量的官办及私人医疗机构，医药工商体系相对完善，人民的医疗条件得到了巨大改善。

1.1.2.4　明清时期

在这个阶段，随着程朱理学等儒家学说的发展，佛教的传入，哲学思想、宗教理念逐步渗透，中医药基础理论已基本成熟，临床诊治水平显著提高，药物采收、炮制方法进一步规范。例如，明朝医学家王肯堂编写了《证治准绳》，全书分"证治""类方""伤寒""疡医""幼科"和"女科"

六科，对疾病分门别类，详细记载病候及诊治之法。又如明朝医学家、药学家李时珍，呕心沥血，历经二十余载著成《本草纲目》，收录有1 800余种中药材，对各类药物的名称、产地、形态、栽培、采集、炮制、主治及辨别等进行详细记录，附有大量药物图片，对我国药学、植物学的发展和传播有着重大贡献，至今仍为各国学者重视。还有收录入《四库全书》的官修书籍《普济方》，分别以伤寒杂病、外、妇、儿、针灸等科，将历代医书内容尽力收录，避免了大量古代医书的遗失，是目前收录最广的中医药书籍。在这个阶段，温病学派兴起，中医药理论体系进一步丰富、完善，获得巨大进步，如吴谦等人编著的《医宗金鉴》，对各科疾病分别论述，并编成歌诀，方便记忆，流传甚广。又如《温热论》《温病条辨》《温热经纬》等，系统阐述了疾病的病因、诊治等，使得中医药发展进入鼎盛阶段。中医药理论体系的发展和医疗技术的提高，使中药材产业逐渐兴旺。最早在河南禹州、百泉等地开始出现全国性的大型药材市场，促进了全国中医药产业的蓬勃发展。这种情况导致了官办药局的逐渐衰落，到了清朝，因私营药业的竞争，最早出现于五代时期的官办药局已彻底消失在历史的长河中。

1.1.3 近现代时期中医药的发展

19世纪开始，西方医学加速传入中国，中医药受到西方医学的冲击，面临严峻的生存考验，国民党政府一度提出废除中医的提案，后因广大爱国人士及全国中医药界的坚持，方才重新获得认可。虽然民国时期战乱频发，民不聊生，但中医药仍然因为其"简、便、廉、效"的优点，一直发挥着救死扶伤的作用，因此，在这个时期，仍有大量的中医馆、中药店不断出现。

中华人民共和国成立后，中国的科、教、文、卫事业空前发展。在医药领域，我国始终坚持团结中西医的方针，鼓励发展中医，中医药从业人员大量增加，为我国医疗卫生事业做出了巨大贡献。随着改革开放和全球化进程的加快，中医药事业发展迎来了新的机遇。国人对健康日益重视，对中医药产品及服务的需求快速增长，同时许多国家已认可了中医药的合法地位，放开了对中草药的进口限制，这更有利于中医药的持续发展。党的十八大以来，以习近平同志为核心的党中央高度重视中医药工作，《推进中医药高质量融入共建"一带一路"发展规划（2021—2025年）》《关于加快中医药科技创新体系建设的若干意见》《"十三五"中医药科技创新专项规划》等文件，为我国中医药的传承创新提供了指导思想和价值遵循。自此，中医药的发展迎来了新的篇章。

1.1.4 中医药上市公司的兴起

中国 A 股市场的中医药上市公司群体的发展历程可以总结为以下四个阶段：

1.1.4.1 20 世纪 90 年代

20 世纪 90 年代，随着中国股市的崛起，一些中医药企业开始在 A 股市场上市，成为 A 股市场的中医药板块的开创者。这一阶段，中医药企业多以生产传统的成品药为主。

根据 Wind 金融终端资料，我们查询了部分早期上市的中医药公司相关信息（见表 1-1）。限于篇幅，其他公司信息未能列出。

表 1-1 早期上市的中医药公司（部分）相关信息表

公司名称	成立日期	上市日期	注册资本/元	注册地址
云南白药集团股份有限公司	1993-11-30	1993-12-15	1 796 862 549	云南省昆明市呈贡区云南白药街 3686 号
启迪药业集团股份公司	1993-11-12	1996-01-19	239 471 267	湖南省衡阳市高新区杨柳路 33 号
东阿阿胶股份有限公司	1994-06-04	1996-07-29	643 976 824	山东省聊城市东阿县
吉林敖东药业集团股份有限公司	1993-03-20	1996-10-28	1 163 105 155	吉林省敦化市敖东大街 2158 号
仁和药业股份有限公司	1996-12-04	1996-12-10	1 399 938 234	江西省宜春市樟树市葛玄路 6 号
北京同仁堂股份有限公司	1997-06-18	1997-06-25	1 371 470 262	北京市大兴区中关村科技园区大兴生物医药产业基地天贵大街 33 号
河南太龙药业股份有限公司	1998-08-31	1999-11-05	573 886 283	河南省郑州市高新技术产业开发区金梭路 8 号

1.1.4.2　21世纪初

21世纪初，政府开始大力推动新药的研发和创新，中医药上市公司开始加大投资研发力度，开发新药和创新药。在这一阶段，有一批专注于研发的中医药上市公司成立并上市。

亚宝药业公司于2002年9月上市，是一个集药品生产、研发、物流、贸易于一体的企业集团，是山西省医药行业首家上市公司和首批认定的高新技术企业。亚宝药业公司的创新力较强，是"2019年中国医药研发产品线最佳工业企业"。亚宝药业公司不仅在研发方面投入较大，而且注重技术创新和人才引进，以保持其行业领先地位。公司的运营模式实现了药品研发、制造、销售和服务的完美融合，其产品销售网络覆盖全国，并远销俄罗斯、越南、缅甸等地区。

西藏药业公司于1999年7月上市，是西藏雪域高原上诞生的第一家高新技术制药上市企业。公司专注于生物制品和传统药品的研发，并构建了林芝种植基地、四个生产基地以及覆盖全国的营销网络，产品涵盖生物制品、藏药和中药、化学药的产品系列，奠定了西藏药业公司持续发展的基础。其中具有自主知识产权的生物制品一类新药新活素，代表着目前国际急性心衰急救治疗药物的最高水平，填补了该领域的国内空白。西藏药业公司上市以来被西藏自治区认定为高新技术企业，其产品诺迪康胶囊和十味蒂达胶囊被评为国家中药保护品种，还被国家保密局、科学技术部评为秘密级国家秘密技术。

亚宝药业公司和西藏药业公司通过加大研发投入、合作研发和科技创新，推动中医药领域的新药开发和创新，取得了一定的成就，并在这一阶段逐步发展壮大。

1.1.4.3　21世纪10年代

21世纪10年代，政府进一步加大对中医药行业的扶持力度，出台了一系列的优惠政策，如《国家创新驱动发展战略纲要》和《"健康中国2030"规划纲要》等，极大地推动了中医药上市公司的研发创新、市场开拓等方向的发展。

2016年5月发布的《国家创新驱动发展战略纲要》指出："党的十八大提出实施创新驱动发展战略，强调科技创新是提高社会生产力和综合国力的战略支撑，必须摆在国家发展全局的核心位置。这是中央在新的发展阶段确立的立足全局、面向全球、聚焦关键、带动整体的国家重大发展战略。" 2016 年 10 月，中共中央、国务院发布了《"健康中国 2030"规划纲要》，这是今后 15 年推进健康中国建设的行动纲领。

《国家创新驱动发展战略纲要》和《"健康中国 2030"规划纲要》两大政策利好，给中医药上市公司的研发创新和市场开拓带来了重大机遇。首先，政策鼓励创新，为中医药上市公司研发创新提供了方向和动力。在创新驱动发展理念下，中医药上市公司大力推进新老产品的升级，精心研发新产品，提高技术含量，提升产品质量。其次，政策倡导健康，这既提升了公众对健康的重视程度，也扩大了中医药市场的需求。中医药上市公司积极响应，从产品研发到市场营销，都紧紧围绕"健康中国 2030"的目标，提升自身在健康产业链上的地位。政策的引导和市场的需求，共同推动这些公司在稳步发展中实现创新和升级。

1.1.4.4 21 世纪 20 年代初

21 世纪 20 年代初，中医药上市公司进一步发展壮大，不仅生产力得到了较大提升，产品质量也在不断提高，如片仔癀、云南白药等人们熟知的中医药企业。这得益于政策的扶持以及市场的良性竞争。

21 世纪 20 年代初，片仔癀和云南白药等中医药上市公司在提高生产力、提高产品质量和扩大市场影响力等方面做出了积极探索和努力。片仔癀通过加大科研投入和技术创新力度，不断推出新产品并改进传统产品，不断提高产品的疗效和安全性。公司致力于保护和传承传统配方，同时利用现代技术得到了更有效的治疗方案，赢得了广大消费者的信任和认可。另外，片仔癀在拓展市场方面也不遗余力，通过加强品牌推广和市场营销，提升了公司在国内外市场的影响力。

云南白药则通过加大研发投入力度，不断创新，在原有产品系列的基础上不断推陈出新，拓展产品线。公司注重质量管理，采用现代化的生产工艺和严格的质量控制方法，确保产品的质量和安全。云南白药积极拓展国内外市场，通过建立合作关系和加强品牌推广，提升了产品在市场上的竞争力和知名度。

总体而言，片仔癀、云南白药等中医药上市公司通过加大研发投入力度、提高产品质量和加强市场营销，不断提升自身实力和影响力，进一步发展壮大。

以上就是中国 A 股市场的中医药上市公司群体实现零的突破、一步步发展壮大的过程。可以看出，政府的扶持政策以及企业自身的研发创新都发挥了关键作用。

综上所述，中医已经成为一个完整的医学体系，包括理论、诊断、治疗方法和药物学等多个方面。中医在发展过程中积累了丰富的经验和养生智慧，为人类健康做出了重要贡献。同时，随着科技的进步，中西医结合发展也成为新的发展趋势。

1.2　中医药发展意义

中医药发展具有以下五个方面的意义：

（1）文化意义

中医药作为中国传统文化的重要组成部分，承载着丰富的历史、哲学和文化内涵；中医药理论体系融合了中国古代哲学思想和观念，如阴阳、五行、气血等，反映了中国人对宇宙和人体的独特认识。中医悠久的历史和经典著作，是中华民族智慧和创造力的结晶。

（2）药物学意义

中医药学系统地研究了中草药的种类、性味归经等，并通过实践总结了许多重要的药物治疗方案；中草药以其天然的特性，在临床应用中往往能够减少副作用、提高患者耐受性，并且有些草药还具有多层次的疗效。

（3）综合治疗意义

中医以"辨病辩证"为基本方法，通过望、闻、问、切来综合分析和判断疾病；中医强调整体观念，将疾病看作人体内外环境失衡的结果，在治疗疾病的同时调节人体气血阴阳平衡。

（4）疾病预防意义

中医强调平衡和谐的生活方式和养生方法；中医重视预防，通过调整饮食、锻炼、保持情绪稳定等方法，提高机体的免疫力和抵抗力，减少疾病的发生。

（5）促进中西医结合的意义

中医疗法在一些疾病的治疗中有独特的优势，如针灸、中药等；中医具有丰富的临床经验，通过与西医结合可发挥优势，提供更全面、个性化的医疗服务；中西医结合能够促进医学的整体发展，也为改善人民群众的健康状况提供更多选择。

总之，发展中医药的意义不仅在于文化的传承和药物学的研究，还在于其综合治疗和疾病预防的理念，同时也能促进中西医融合发展，为公众提供多元化的医疗选择和更好的健康服务。

1.3　中医药行业发展机遇与挑战

1.3.1　中医药行业发展机遇

综合目前各方信息来看，中医药行业发展的机遇主要包括以下三个方面：

1.3.1.1　世界健康市场的拓展

随着世界健康市场的拓展，越来越多的人开始关注自然疗法和健康生活方式，中医药作为最具代表性的自然疗法之一，受到了越来越多的关注和接受。

中医药作为我国传统医学的重要组成部分，在广大民众中有着广泛的需求。据统计，全球有超过80%的人使用过中药。这股热潮给中医药行业发展既带来了机遇，也带来了挑战，亟须中药标准来保障中药产品的质量，为中医药行业持续发展保驾护航[①]。

首先，随着人们对自然疗法和健康生活方式的关注逐渐增加，中医药作为传统医学的重要组成部分，以其独特的理论体系、疗效和长期的实践经验，成为人们的选择之一。中医药在促进人体健康等方面具有独特的优势，因此在预防、保健和康复方面具有广阔的市场空间。中医药养生保健和"治未病"的优势得到了人们的认可，出现了"中医热"，为构建人类卫生健康共同体贡献了中医药力量[②]。

其次，中医药的国际化发展也为行业带来了巨大的发展机遇。随着共建"一带一路"倡议以及中医药对外交流的积极推动，中医药在世界范围内得到更多的认可和应用。越来越多的国家将中医药纳入其医疗体系，并积极推动中医药的标准化、规范化发展。与此同时，中医药也能够吸引更

---

① 舒茜. 中药标准化的问题与对策分析 [D]. 南京：南京中医药大学，2020.

② 李谦，郭小学. 新时代振兴发展中医药事业的生成逻辑、核心要义与价值旨向 [J]. 卫生经济研究，2023，40（8）：1-5.

多的外国患者来华治疗。

最后，2018 年，在意大利首都罗马召开的第十五届世界中医药大会，向全球发布了《罗马宣言》，将每年的 10 月 11 日定为"世界中医药日"。这一重要日期的创立，体现了全世界重视和发展中医药的趋势，反映了全球中医药人的心声和愿望，展示了中医药强大的生命力和广阔的发展前景。这有利于各国认识中医药，了解中医药，增强全球中医药人的信心，凝聚力量，形成共识，进一步促进中医药行业的健康发展[①]。

1.3.1.2 国家政策的支持

近年来中国政府加大了对中医药产业的扶持力度，出台了一系列的优惠政策，为中医药的发展提供了有利的政策环境。

中医药行业是我国国民经济中不可或缺的重要组成部分，"十四五"规划围绕"构建强大公共卫生体系、深化医药卫生体制改革、健全全民医保制度、推动中医药传承创新、建设体育强国以及深入开展爱国卫生运动"[②] 六大方面对我国卫生健康领域进行了总体安排。在时代发展浪潮中，中医药行业处于机遇与挑战并存的时代，无论是"十四五"期间医药行业步入黄金发展赛道，还是人口老龄化不可逆的趋势，以及国家政策持续支持，都为中医药行业的发展带来了重大利好。

中医药还有医保和支付优势。中医药在支付端具有一定的优势，包括医保对中药饮片和配方颗粒的覆盖以及中医医疗机构的特殊政策支持。这为中医药上市公司的发展提供了较为稳定的保障。

1.3.1.3 中医药产业创新的加速

随着科技的发展，人工智能（AI）、大数据等技术的应用，使得中医药的研发和创新有了新的可能。

首先，科技驱动的中药研发。中药研发会依据临床病症进行系统组方，即直接从临床实践获取经验，经科学实验阐释后再返回临床应用[③]。借助 AI 和大数据技术，中医药研发的速度和效率有了显著提升。AI 可以

---

① 佚名. 凝心聚力，为中医药惠及人类健康而奋斗：庆祝 10 月 11 日"世界中医药日"[J]. 世界中医药，2019，14（10）：2597.

② 郑锦轩，王涓，王江航，等. 基于"十四五"规划的我国卫生健康政策分析 [J]. 福建医科大学学报（社会科学版），2022，23（5）：7-12.

③ 金安琪，王诺，常冬，等. 从科技驱动角度分析中药产业创新发展面临的问题与出路 [J]. 中国食品药品监管，2019（12）：82-88.

加速中药的配方优化、药效预测和药物筛选等过程，大数据技术可以帮助人们分析中药的功效和药理特性。这些技术的应用促进了中药的现代化研发，推动中医药行业迈向更高水平。

其次，数据驱动的个体化治疗。收集和分析大量的医疗数据，可以为中医药的个性化治疗提供有力支持。AI 可以利用个体的临床数据和健康信息，为患者提供有效的中医药治疗方案。这种个体化的治疗模式有助于提高疗效，满足患者的个性化需求。

大数据技术在中成药临床健康管理中能够带来显著的应用价值，可以为中成药临床应用管理质量提供有力保障，同时在临床实践中能够有效提高中成药临床健康管理知识掌握水平，对患者中成药临床健康管理能力具有显著提升效果，可以有效降低患者中成药用药不良反应发生率[①]。

再次，促进中西医结合。中医药与西医结合是当今医学的发展趋势之一。AI 和大数据技术的应用可以促进中医药与西医的融合与发展。整合中西医疗数据和治疗方案，可以提供更加综合和有效的医疗服务，推动疾病的预防和治疗。

最后，提升中医药行业的研究水平。AI 和大数据技术的应用可以帮助中医药行业提升研究水平和科学性。分析大规模的临床数据和科研文献，可以揭示中医药的疗效和药理机制，提高中医药研究的可信度和可复制性。

总的来说，中医药行业在科技的助力下迎来了新的发展机遇。借助 AI 和大数据技术，中医药研发变得更加高效和精准，个体化治疗得到了推动，中西医结合得以促进，研究水平得到提升。

1.3.2　中医药行业发展挑战

目前，中医药行业发展面临以下三个方面的挑战：

1.3.2.1　国际化的挑战

中医药在走向世界的过程中，需要克服语言、文化、法律法规等障碍，这需要中医药行业做好全方位的准备。仅有少数国家针对传统中医药设立了相关法规并建立监管体制，大多数国家仍缺乏与传统中医药相关的

---

① 刘晨，张雅萍. 大数据技术在中成药临床健康管理中的探索与实践 [J]. 中医药管理杂志，2023，31（13）：188-190.

法律法规，中医药发展难以得到充分的保障①。

1.3.2.2　质量标准的挑战

中医药的标准化和现代化是一个长期和复杂的过程，如何建立一套符合中医药特性的评价标准和制度，仍然是一个巨大的挑战。没有现代化就没有国际化。启迪药业集团股份公司董事长焦祺森认为，中医药现代化是中医药国际化的前提，中医药现代化进展与中医药走向世界的需求存在差距是主要原因②。

中医药药材的种植、加工、贮藏等环节的规范化和标准化仍然存在着不足之处，这给中医药的发展和推广带来了一定的压力。因此，加强质量管理、制定统一的质量标准和监管措施是推动中医药行业发展的关键。

很多中药产品缺少临床试验。如果无法提供药品的成分、临床实验报告等西药技术质量标准要求的资料，就可能会使中药产品在共建"一带一路"国家很难注册成功，进而导致中药产品对共建"一带一路"国家出口困难③。

1.3.2.3　知识产权的保护

知识产权的保护是中医药行业在走向世界的过程中需要面对的一个重要问题。如何保护好中医药的知识产权，防止"争夺"和"盗取"，是中医药行业的一项重要任务。

我国对古代经典名方的专利保护还存在不足，如大量有关中医经典方剂的现代研究成果并没有有效地申请专利保护，人们的专利保护意识相对薄弱，申请的专利保护内容还比较单一，涉及面还相对狭窄等④。

中医药的理论、方剂、药物等具有独特的传统知识和文化，如何保护和传承中医药的知识产权，防止盗版和滥用，是中医药行业需要重视的问题。

---

① 张明阳，杨逢柱，郭颖，等. 中医药国际化背景下海外中医药中心发展问题研究［J］. 南京中医药大学学报（社会科学版），2023，24（2）：78-82.

② 孙媛媛. 中医药上市公司大盘点［J］. 小康，2023（10）：30-31.

③ 孟庆强. 我国中药产品出口"一带一路"沿线国家所面临的挑战［J］. 中阿科技论坛（中英文），2021（4）：1-3.

④ 赵方. "一带一路"倡议下甘肃中医药知识产权保护探讨［J］. 发展，2023（6）：33-37.

2 中医药上市公司发展分析基础、原则与方法

2.1 中医药上市公司发展分析基础

2.1.1 中医药上市公司财务报表

2.1.1.1 中医药上市公司财务报表种类及主要内容

中医药上市公司与所有上市公司一样，必须提供的财务报表通常包括资产负债表、利润表、现金流量表和股东权益变动表。

（1）资产负债表（balance sheet）

资产负债表反映了公司在特定日期的资产、负债和所有者权益的情况。它展示了公司的资产（如现金、应收账款、存货等）以及负债（如短期和长期债务）情况。资产负债表还包括所有者权益部分，如普通股股东权益、留存收益等。

（2）利润表（income statement）

利润表展示了公司在特定期间内的收入、成本和利润情况。它包括营业收入、营业成本、营业利润、净利润等项目。利润表反映了公司的销售和经营活动的盈亏情况。

（3）现金流量表（cash flow statement）

现金流量表展示了公司在特定期间内的现金流动情况。它分别列出了来自经营活动、投资活动和筹资活动的现金流量。现金流量表反映了公司现金的净流入或净流出情况，对于评估公司的现金管理能力和流动性具有重要意义。

（4）股东权益变动表（statement of changes in equity）

股东权益变动表展示了特定期间内公司股东权益的变动情况。它包括普通股股东权益、留存收益、其他综合收益等项目。股东权益变动表反映了公司股东权益的变化情况，如股东投资、利润分配等。

这些财务报表的主要内容和指标有：资产负债表展示了公司的资产、负债和所有者权益；利润表展示了公司的收入、成本和利润；现金流量表展示了公司的现金流入和流出情况；股东权益变动表展示了股东权益的变动情况。

通过分析这些财务报表，投资者和利益相关者可以了解中医药上市公司的财务状况、盈利能力、现金流量状况和股东权益变动情况，从而评估公司的健康程度、经营能力和潜在风险。

2.1.1.2　中医药上市公司财务报表附注中的主要信息

财务报表附注是对财务报表的补充说明，其提供了更详细的信息，能够为我们分析上市公司的发展质量提供一些主要指标，包括但不限于以下内容：

（1）会计政策和会计估计

财务报表附注会披露公司的会计政策和会计估计，这些政策和估计会影响公司的财务状况和业绩，投资者可以通过了解这些信息来评估公司的财务报表的可信度。

（2）重大会计政策变更

如果一个公司在报告期内发生了重大的会计政策变更，财务报表附注会披露这些变更信息，投资者可以根据这些变更信息来了解公司的财务报表的变化情况。

（3）非经常性项目

财务报表附注通常会披露公司的非经常性项目，如一次性收益、减值损失、重组费用等，投资者可以通过了解这些项目来评估公司的盈利质量和业绩稳定性。

（4）资产负债表和利润表的详细信息

财务报表附注提供了资产负债表和利润表各项账目的详细信息，包括债务明细、应收款项明细、营业成本明细等，投资者可以通过阅读这些信息来深入了解公司的财务状况和经营情况。

（5）风险和不确定性披露

财务报表附注还会披露公司面临的风险和不确定性，如法律诉讼、市场风险、技术风险等，投资者可以通过了解这些信息来评估公司的风险承担能力和未来发展的不确定性。

总之，财务报表附注提供了丰富的信息，可以帮助投资者更全面地了解上市公司的财务情况和发展质量。但需要注意的是，投资者在分析财务报表附注时需要结合其他信息进行综合判断，以得出准确的投资决策。

2.1.1.3　中医药上市公司财务报表的主要指标

（1）不同会计报表能够提供不同的指标信息

资产负债表关注公司的总资产规模、长期负债、短期负债等。这些指标能够反映公司的资产结构及债务水平。

利润表关注公司的营业收入、净利润、毛利率等。这些指标能够反映公司的盈利能力和盈利稳定性。

现金流量表关注公司的经营、投资和筹资活动所产生的现金流量。这些指标可以反映公司的现金流量状况和经营能力。

综合分析以上报表的数据，可以帮助分析者全面了解公司的财务状况、盈利能力、风险承受能力等。

（2）财务比率指标

财务比率指标包括流动比率、速动比率、负债比率、净资产收益率等。这些指标可以提供关于公司的偿债能力、流动性、盈利能力和资本回报率等方面的信息。

① 盈利能力比率

净资产收益率（return on equity，ROE）是衡量公司利润与净资产之间关系的指标，计算公式为净利润除以净资产。净资产收益率反映了公司对投入资本的利用效率和盈利能力，较高的净资产收益率意味着公司能够有效地利用资本实现盈利。

总资产报酬率（return on total assets，ROA）是衡量公司利润与总资产之间关系的指标，计算公式为净利润除以总资产。总资产报酬率反映了公司对全部资产的盈利能力，较高的总资产报酬率意味着公司能够有效地利用所有资产实现盈利。

净利润率（net profit margin）能够反映公司每一单位销售收入中的净利润水平。

毛利率（gross profit margin）能够反映公司每一单位销售收入中的毛利润水平。

营业利润率（operating profit margin）能够反映公司每一单位销售收入中的营业利润水平。

② 偿债能力比率

流动比率（current ratio）是衡量公司偿付能力的指标，计算公式为流动资产除以流动负债。流动比率反映了公司在短期内偿付债务的能力，较高的流动比率意味着公司有足够的流动资金来偿付当前的负债。

速动比率（quick ratio）能够反映公司立即偿还债务的能力。

资产负债率（debt to assets ratio）能够反映公司的债务相对于总资产的比例。

③ 经营效率比率

总资产周转率（asset turnover）是衡量公司资产利用率的指标，计算公式为销售净额除以平均总资产。总资产周转率反映了公司在一个会计期间内销售收入与总资产之间的关系，较高的总资产周转率意味着公司能够有效地利用资产实现销售。

应收账款周转率（accounts receivable turnover）能够反映公司应收账款的回收速度。

存货周转率（inventory turnover）能够反映公司存货的周转速度。

④ 发展能力

利润总额增长率（net profit growth rate）是衡量公司利润增长速度的指标，计算公式为当前期净利润减去上期净利润，再除以上期净利润。利润总额增长率反映了公司盈利能力的增长情况，较高的利润总额增长率意味着公司的盈利能力在持续改善。

⑤ 市场表现比率

市盈率（price-earnings ratio）能够反映公司股价与每股收益的关系。

市销率（price-to-sales ratio）能够反映公司股价与每股销售收入的关系。

这些财务比率可以从财务报表中计算得到，并用于评估中医药上市公司的盈利能力、偿债能力、经营效率、发展能力和市场表现。财务比率的分析有助于分析者了解公司的财务状况和运营能力，评估公司的发展质量和潜力。

2.1.2 中医药行业研究报告和分析

专业的行业研究报告和分析有助于了解中医药行业的整体发展趋势、

市场规模、竞争格局、政策环境等，从而更好地评估公司的发展质量。

中医药行业研究报告和分析对于了解该行业的发展趋势和市场状况非常重要。这些专业的报告和分析可以提供详尽的数据和信息，帮助投资者、企业管理者和政策制定者更好地理解中医药行业的特点和前景。

首先，这些报告分析了行业的整体发展趋势。通过对市场规模、增长率以及主要市场驱动因素的分析，我们可以了解中医药行业的市场潜力和增长空间。这有助于投资者和企业制定战略和决策，抓住行业发展的机遇。

其次，这些报告还揭示了中医药行业的竞争格局和市场份额。通过对竞争对手的分析，我们可以了解公司的市场地位、产品创新和市场影响力，进而评估公司的竞争优势和市场定位。这有助于投资者选择合适的投资标的和公司制定有效的竞争策略。

最后，这些报告还涵盖了政策环境的分析。中医药行业会受到政府政策和法规的影响。因此，了解相关政策和法规的变化和趋势，有助于公司和投资者合规经营和规避风险。政策分析还可以预测未来的政策走向，为公司和投资者提供决策参考。

中医药行业研究报告和分析的价值在于提供客观的数据和分析，帮助人们更全面和准确地了解中医药行业的现状和未来发展。对于投资者来说，这有助于降低投资风险，抓住投资机会；对于企业管理者来说，这有助于制定战略和决策，实现可持续发展；对于政策制定者来说，这有助于优化政策和推动行业健康发展。

2.1.3　公司公告和新闻发布材料

公司公告和新闻发布材料包括公司最新的经营动态、重大事件、合作伙伴和市场战略等信息。

首先，公司公告和新闻发布材料体现了公司的最新经营动态。其包括公司的重大事件、业务进展、产品研发和上市情况等。通过这些信息，投资者可以及时了解公司的运营情况，决策者可以把握公司的发展方向，更好地参与和支持公司的战略决策。

其次，公司公告和新闻发布材料可以传达公司的合作伙伴关系和市场战略。这些材料公布了与其他公司和机构的合作和联合收购，以及公司的市场拓展和品牌推广计划。这有助于投资者和合作伙伴了解公司的战略合作方向，以及公司在市场中的竞争优势。

最后，公司官方网站是了解中医药上市公司的窗口。公司的官方网站通常会提供全面的公司概况、财务报告、业务情况、投资者关系和研发进展等信息。投资者、合作伙伴和媒体可以通过访问官方网站获取公司的官方资料和最新动态。这有助于更准确地评估公司的价值和发展潜力。

总之，公司公告和新闻发布材料通过公司官方网站向市场发布，为投资者、合作伙伴和媒体提供了及时的公司信息和经营动态。这有助于了解中医药行业的公司情况、市场发展和战略动向，可以为投资者提供准确的投资决策依据。

2.1.4　金融信息服务平台和财经监管网站

金融信息服务平台和财经监管网站在相关信息提供和数据查询功能方面具有重要作用。通过这些平台，我们可以获得有关中医药上市公司的公告披露、财务报表、财经新闻等方面的重要信息。

其中，Wind金融终端是一个提供全面金融数据和信息的专业服务平台。它涵盖了大量上市公司的信息，包括中医药上市公司在内。通过Wind金融终端，用户可以轻松查询中医药上市公司的相关数据，并方便地下载和分析这些数据。这对于投资者，尤其是对中医药行业感兴趣的投资者来说，非常有价值。

此外，财经监管网站也提供了与中医药上市公司相关的信息。这些网站通常由监管机构或专业机构运营，能够为投资者和市场参与者提供权威的监管信息和指导。通过这些网站，用户可以查看中医药上市公司的披露事项，包括重大事项、财务报表、重要公告等。这些信息有助于投资者更好地了解公司的财务状况和经营状况，从而使其做出更明智的投资决策。

综上所述，金融信息服务平台和财经监管网站在相关信息提供和数据查询功能方面，为投资者和研究人员提供了便捷和可靠的工具。通过这些平台，用户可以轻松获取中医药上市公司的信息，从而更好地了解和分析这些公司的发展状况。

2.1.5　学术论文

通过阅读相关学术论文，我们可以获取中医药行业的学术前沿和研究成果，了解中医药发展的科学理论和实践经验。

阅读相关学术论文是了解中医药行业的学术前沿和研究成果的重要途径。通过阅读学术论文，研究人员和学者可以分享他们的研究成果，并向同行提供有关中医药的最新研究进展和发现。

学术论文通常经过严格的同行评审，保证了研究质量和可靠性。这些论文体现了中医药发展的科学理论和实践经验，可以帮助人们更好地了解和推动中医药的发展。

通过阅读学术论文，人们可以了解中医药领域的最新研究方向、技术突破和发现。这不仅可以帮助中医药研究者和从业者了解最新研究动向，而且为政府、行业机构和投资者等了解中医药行业提供了重要参考。

学术论文对于推动中医药行业的科学发展和创新非常重要。它们为中医药的合理应用和现代研究方法提供了理论和实践支持。通过关注并阅读学术论文，我们可以促进中医药行业的发展，推动其在健康领域的发展与应用。

2.1.6　社会调查报告

为了掌握中医社会形象和群众对中医的认知、接受度和使用频率等真实情况，并为中医药上市公司的发展策略提供参考，我们可以通过问卷调查的方式获取一手资料，即通过线上问卷平台（如问卷星）或线下方式，向抽样受访者分发调查问卷，并回收问卷、整理分析问卷、形成调查报告。

综上所述，除财务报表外，我们还可以参考公司公告、行业研究报告和分析、企业官方网站消息等资料，并利用金融信息服务平台、财经监管网站、学术论文等网络资源，以获得更全面的信息来评估中医药上市公司的发展质量。

2.2　中医药上市公司发展分析原则

2.2.1　相对性原则

相对性原则是指研究时需要考虑问题的相对性和相对重要性。在分析研究中，不同的问题和事物之间存在着相对关系，我们需要根据具体情况和研究目标来确定其相对重要性，从而确定分析研究的相关内容，利用不同对象之间的相对性进行比较分析，得到研究者想要的结论。

相对性原则体现在以下五个方面：

（1）相对标准

在比较和评价中，我们使用相对指标和相对标准进行分析。例如，在本书中，财务比率指标被选择为主要的分析基础，因为它们本身就是相对指标。附加分法模型中计算的标准值和高低限值是根据数理方法获得的，这样的标准也会因为具体的考察对象变化而变化。另外，我们在计算附分值时采用了集合比较思想。为了保证有相同的比较基础，在不同对象之间比较时，我们需要运用不同集合内的平均值等作为中间数据分别计算附分值，此时可能出现同样的数据在不同集合中的附分值有一定差异的现象。这样的计算结果仅用于特定集合的比较，不影响附分值评价财务竞争力的可靠性。

（2）相对对象

比较的对象是相对的，并不需要确保比较的基础相互对等或一致。在本书中，我们将中医药行业相关指标与医疗保健行业和全 A 行业进行比较，以展现中医药行业在这些范畴中的表现。这种比较并未改变它们的层次关系，而是为了更清晰地获取它们各自的表现。

（3）相对目的

在投资实践中，人们追求的是相对优秀的投资对象。我们无法寻找绝对优秀的公司，因为评判公司优秀程度也是相对的。投资目的就是选择相对优秀的投资对象，获取相对高的收益。

（4）相对思维

通过比较不同特征的两组数据，我们可以得出有意义的结论。例如，我们可以使用附分值来评判公司的财务竞争力，在排序后得出相对强弱的结论。同时，我们也可以按照市场表现对公司进行排序，进行二者顺序的比较，得出相对的投资机会和价值结论。

（5）相对结果

我们得出的结论是相对的。本书使用附分值来评判公司的财务竞争力，分值高的公司具有相对更强的财务竞争力。然而，这些结论是有条件的，"正确"的条件是基于使用了改进后的附加分法。

此外，请注意随着时间的推移，成分股的构成也会变化，各种情况也可能发生变化，本书的数据来源和范围适用于特定的时间点，这些都是相对的。

综上所述，相对性原则是科学研究中考虑问题的相对性和相对重要性的原则，包括相对标准、相对对象、相对目的、相对思维和相对结果等方面的考量。

2.2.2 可靠性原则

可靠性原则是科学研究中的一个重要原则，它要求研究结果的准确性和可信度。可靠性原则主要体现在以下三个方面：

（1）数据可靠性

确保数据的可靠性是保证研究可靠性的基础。数据应来自权威平台，并且能够被追溯和验证。本书采用的数据源于具有权威性和可信度的平台。同时，大样本量的数据更可靠，本书使用近五年甚至近十年的数据进行分析。

（2）推理过程可靠性

推理过程需要建立在可靠的理论和逻辑基础上。数理统计思想、计算公式、计算原理和推导过程应当是明确和公开的，以确保处理数据的可靠性。此外，推理逻辑应当正确和可靠，确保得出正确的结论。例如，进行行业比较时，本书使用财务比率作为效率方面的评价指标，而不是总量方面的评价。这种推理逻辑是可靠的，同时进行部分与整体的比较也能够得出可靠的结论。

（3）推论结果可靠性

数据的可靠性和推理过程的可靠性保证了推论结果的可靠性。数据来源可靠且推理过程可靠，可以确保得出相对可靠的推论结果。本书采用最新的年报数据以保证时效性和真实性，并能够为当前的投资实践提供参考。

总体而言，可靠性原则体现在数据可靠性、推理过程可靠性和推论结果可靠性等方面。通过确保数据来源可靠、处理数据的理论可靠、推理逻辑可靠和使用最新数据，我们可以确保研究的可靠性，并为研究者提供相对可靠的信息。

2.2.3 科学性原则

本书的科学性原则是指科学研究应遵循的一系列准则和方法，以确保科学研究的客观性、可重复性、可验证性和逻辑性。科学性原则主要包括以下四个方面：

（1）客观性

在做科学研究时，我们应当客观地处理数据和观察事实，不受主观意识和个人偏见的影响。我们采用大量数据、表格、图片进行推演与分析，从而得出结论，几乎没有主观评价，以保证分析结果的客观性。

（2）可重复性

科学研究的结果应该是可重复的。我们采用近五年数据推出研究结论。如果采用以后的数据进行同样的分析，分析研究的结果对后期分析者同样有效。

（3）可验证性

科学研究应当确保研究方法和结果的透明性和可验证性，我们可以通过同样的方法和数据来验证研究的结论。

（4）逻辑性

科学研究应当遵循逻辑推理和科学思维的原则，确保研究步骤和结论之间的合理性和连贯性。我们根据近五年或十年数据进行相关性分析，由于数据太少，相关性分析结论仅供参考。我们放弃了一定程度的精确性而做出辅助性判断，遵循在逻辑性基础上的科学性原则。

综上所述，科学性原则是科学研究必须遵循的准则和方法，以确保研究的客观性、可重复性、可验证性和逻辑性。

2.2.4　综合性原则

本书的综合性原则是指在科学研究中综合考虑和平衡多种因素。科学研究往往不仅涉及单个原则的应用，还需要综合多个原则来进行决策和权衡。综合性原则主要包括以下五个方面：

（1）多因素权衡

综合性原则要求在研究过程中综合考虑多个因素，我们不仅要依靠财务数据的推理分析，还要参考当代学者的主流观点，并做社会调研。在综合多因素后，我们进行分析并形成研究结论。在评价财务竞争力方面，我们选择偿债能力、盈利能力、运营能力、成长能力等因素，坚持全面和连续评价的综合性原则。

（2）多方法综合

综合性原则还可以指导研究者在研究过程中综合运用多种方法。不同的研究方法可以提供多个视角和更全面的理解。通过综合这些方法，我们可以获得更全面和更可靠的研究结果。我们采用了财务分析法、社会调查法和文献研究法等多种方法综合完成我们的分析研究。

（3）可行性考量

综合性原则还要求我们考虑研究的可行性。研究者需要考虑实际条件、资源限制和时间限制等因素，以确定可行的研究方案和目标。我们不仅有财务竞争力研判，还将分析对象的实际市场表现、社会大众评价，以保证研究结果的可行性。

（4）系统思维

综合性原则要求研究者具备系统思维能力，综合考虑研究领域中的相关因素、变量和关系。系统思维可帮助研究者更好地理解和解释问题，提高研究的综合性。我们从评价财务竞争力模型创建入手，对绝大多数中医药上市公司进行逐一评分，并按评分值进行分类，再对不同类别公司财务特征进行分析对比，按照落后公司借鉴先进公司思想提出发展建议，用系统思维完成本书的撰写。

（5）判断和决策能力

综合性原则还要求研究者具备判断和决策能力，能够综合权衡不同的因素和信息，做出理性和全面的决策。本书每个分析板块的内容都有相应论点，有的段落标题也直接标明论点。

综上所述，综合性原则是指科学研究中综合考虑和平衡多种因素的原则，包括多因素权衡、多方法综合、可行性考量、系统思维和判断决策能力等方面。

2.2.5　重要性原则

本书的重要性原则是指科学研究中对重要问题的关注和优先考虑。在资源有限的情况下，重要性原则可以帮助研究者确定研究的重点和优先级。重要性原则包括以下三个方面的内容：

（1）学术意义

研究的重要性应当基于其在本书研究中的影响。本书的附加分法是作者对沃尔评分法进行改进升级后得到的一个全新的综合财务分析方法。附加分法提升了沃尔评分法的科学性，极大地丰富了沃尔评分法评价信息，使评价活动的针对性更强，评价结果更加科学和客观，使本书的分析推导建立在有一定学术意义的科学模型基础之上。

（2）实际应用

研究的重要性还可以基于其潜在的实际应用价值。研究成果是否能够对社会、经济或环境等方面产生积极影响，也是一个需要考虑的因素。我们将附加分法直接用于对中医药上市公司的评价，全面分析中医药上市公司的发展质量，目前看来效果是好的。特别地，附加分法可以广泛应用于所有经营公司的评价，可以提供科学、客观的评价结果。我们的分析研究结论对企业、政府、投资人都有一定参考借鉴价值，实用性较强。

（3）研究质量

重要性原则也强调研究的质量。全面、详尽的研究的质量无疑是最高的，但限于各种条件限制，我们只对样本公司进行比较分析。样本公司是指在中医药行业中去除 ST 公司后留作研究分析对象的公司。样本公司一共 64 个。截至 2023 年 7 月 28 日，Wind 金融终端中药行业指数（882572.WI）共包含 78 只股票。样本公司数量占行业全部公司数量比例为 82.1%。因此分析结论基本能代表中医药行业情况，研究质量能够得到保障。

综上所述，重要性原则是指科学研究中考虑重要问题的原则，包括学术意义、实际应用、研究质量等方面。

2.3　中医药上市公司发展分析方法

本书在对中医药上市公司发展的分析中运用了多种方法，主要有附加分沃尔评分法（以下简称附加分法）、杜邦分析法、连环替代分析法、财务分析法、统计分析法、模型构建法、文献研究法、调查研究法、历史研究法、案例研究法十大方法。其中，最为重要的方法是附加分法，是作者对沃尔评分法进行全面改进以后的财务比率综合评分法。本书运用附加分法对中医药上市公司进行发展分析。下面重点介绍附加分法。

2.3.1　附加分法

2.3.1.1　附加分法的概念与优势

附加分法是一种综合性财务分析方法，用于评价企业和企业集合体的财务状况。该方法将企业集合体平均财务指标值作为标准值，并根据企业集合体财务指标的标准差确定高低限值；通过比较企业实际财务指标值与标准值，计算每项指标的得分，并将得分加总后得到综合财务状况得分。

与传统沃尔评分法相比，附加分法增加了超分信息，特别关注得分超高或超低的财务指标。

该方法的优势在于用集合内财务指标平均数作为标准值、用标准差计算高低限值，使财务综合评价建立在数理统计科学原理基础之上，使附加分法评分更加科学和客观。附加分的引入，能够明确识别得分超高或超低的指标，提示评价者应特别关注这些指标的情况。这有助于评价者更全面、深入地了解企业的财务状况，从而对企业的综合财务状况做出更准确的评判。

附加分法作为一种综合财务评价方法，可以对企业一定经营期间的盈利能力、资产质量、债务风险以及经营增长等经营业绩和努力程度等方面进行综合分析与评判；可以为出资人行使经营者的选择权提供重要依据；可以有效地加强对企业经营者的监管和约束；可以为有效激励企业经营者提供可靠依据；可以为政府有关部门、债权人、企业职工等利益相关方提供有效的信息支持[①]。

2.3.1.2　附加分法的内涵

（1）评价对象是企业和企业集合体

虽然沃尔评分法是一种评价企业综合财务状况的分析方法，但其评价原理是对被评价对象的财务指标进行评价，其实质是对财务指标表现进行评价。因此，沃尔评分法下的财务指标载体并不一定是企业。

我们将按一定逻辑关系组合而成的集合企业称为企业集合体，最大的企业集合体是整个市场，最小的企业集合体是某个企业。本书将至少有两个企业的企业集合称为企业集合体。如果将沃尔评分法评价对象从单个企业拓展到企业集合体，评价对象将更广泛，从理论上来讲是准确的。

企业集合体有大小和级次之分。Wind 金融终端的行业分类以全球行业分类系统（GICS）为基础，采用的是四级行业分类体系，其中包括 11 个一级行业、24 个二级行业、62 个三级行业以及 136 个四级行业。企业集合体与企业级次关系见图 2-1。

A股市场→一级行业→二级行业→三级行业→四级行业→企业

图 2-1　企业集合体与企业级次关系

---

① 王文君，曾维君，金乐茹，等. 财务管理［M］. 2 版. 成都：西南财经大学出版社，2019：327-328.

附加分法是一种综合财务状况分析方法，其评价对象不限于企业，小到单个企业大到整个市场都可作为评价对象。附加分法揭示了不同企业或企业集合体的财务表现情况及差异程度，可以为投资者、债权人等信息需求者选择优秀的行业或企业提供参考。

需要指出的是，如果对单个企业进行绝对性财务评价，则没有企业集合体特有的平均值与标准差数值，附加分法标准值和高低限值设定只能采用事前确定好的固定标准。

（2）财务指标选择与权重设计

财务指标选择与权重大小是区别评价指标重要程度的标志，附加分法依据评价目的确定财务指标及权重分配。债权人评价的主要目的是保障债务资金安全，更关注偿债能力，更倾向于选择更多偿债能力指标，并赋以更大的权重值。投资人更重视盈利能力，更倾向于选择更多反映盈利能力指标并提高其权重值。

如果评价的目的是帮助投资者选择一只好股票，则可以借鉴数理统计思想先进行相关性检验，对近年来备选股股票价格与财务指标实际值变量之间的相关程度进行统计检验，选择相关度高的财务指标并提高相应权重值。这样的评价思想科学性更强、针对性更强、实际应用效果更好。

一般情况下，评价者更看重企业盈利能力与偿债能力，相关指标更多，权重也更大，分配给运营能力和发展能力指标的权重则相对较小。为方便起见，不妨直接假定附加分法指标与权重（见表2-1）。

表2-1　财务指标选择及权重设计表

选择的指标	分配的权重
一、偿债能力指标	25
1. 资产权益率	15
2. 流动比率	5
3. 速动比率	5
二、盈利能力指标	50
1. 净资产收益率	30
2. 总资产报酬率	20
三、运营能力指标	15
总资产周转率	15

表2-1(续)

选择的指标	分配的权重
四、发展能力指标	**10**
利润总额同比增长率	10
五、综合得分	**100**

注：为保证变化方向一致性，资产负债率指标调整为资产权益率，资产权益率＝1-资产负债率。

（3）确定财务指标标准值

附加分法根据评价类型确定财务指标标准值。评价类型有相对评价与绝对评价两类。相对评价是在被评价对象群体中建立基准，通过逐一与基准进行比较判断每一成员的相对优势，可称之为择优评价。绝对评价是在评价对象的集合之外确定标准，再进行比较确定评价对象达到目标基准的绝对位置，往往属于考核性评价或称可行性评价。

在投资实践中，绝大多数评价都是相对评价，寻找优秀上市公司从本质上讲就是择优评价。此时的财务指标标准值是上一级企业集合体指标值，即被评价对象同级所有要素的平均数。例如，对某四级行业下的各个企业进行相对评价时，财务指标标准值就选用该四级行业指标值，即该四级行业下的所有企业的指标平均数。如果是绝对评价，其财务指标标准值可以选择指标的绝对标准，即选用国家或国际公认标准，也可选择企业计划标准等。

（4）设定高低限值

某个指标实际得分过高或过低，掩盖了其他指标分值差异，则会导致评价客观性下降。在计算指标得分时，我们可以设计高低限值；当得分值超过高低限值时，我们可以只取高低限值作为直接得分值。当然，高低极值也不能设定得过低，否则直接得分就不能充分反映财务指标差异。

附加分法借鉴数理统计思想，将企业集合体作为样本对待，计算被评价对象所在企业集合体财务指标实际值标准差，并将财务指标标准值加减单倍或双倍标准差作为最高或最低限值的计算基础。标准差是一组数据平均值分散程度的一种度量，正负一倍标准偏差的置信概率为68.3%，正负两倍标准偏差的置信概率为95.5%。显然，选择双倍标准差计算高低限值更能保证大多数评价指标不会受到高低限值的限制，将直接得分值计入总评分。采用标准差思想确定高低限值比人为指定的科学性更强。

（5）计算附分值

财务指标实际值得分未超过高低限值部分先计入直接得分，将所有财务指标直接得分加总后的总分即为附加法综合得分，即附分值。将直接得分转换为附分值的公式如下：

$$附分值 = 直接得分 \div 最高限值 \times 100$$

显然，附分值是一个百分制得分。百分制评分更加清晰直观，解决了非百分制评分没有边界感的问题，得分越高，公司表现越优秀。

如果分别测算单倍和双倍标准差限值下得分值，再把二者的算术平均数作为最后综合得分，就能平滑高低限值影响的得分值，会进一步提升评价结果的科学性与客观性。

$$最后附分值 = （单倍标准差附分值 + 双倍标准差附分值）\div 2$$

（6）确定超分

财务指标实际值得分超过高低限值部分后，就会形成超分，超分会在附加分表的超分专栏展示。一般情况下，超分正值表示指标表现超过最高限值部分的分值，能够揭示财务指标的优秀程度；负值表示低于最低限值部分的分值，提醒指标表现较为糟糕。特别地，极端异常指标分值超高或超低太多时，我们就需要进一步分析其背后原因。超分的重要意义是揭示异常指标，使分析者有重点地分析被评价对象的财务状况。凡出现超分的财务指标在附加分法计算表中都要特别标注。

值得注意的是，在使用附加分法进行评价时，最终评价结论是在最后综合得分即最后附分值基础上再参考超分表现后才能形成的。

2.3.1.3　附加分法的应用举例

附加分法不一定是最完善的，在理论上还有待进一步证明，但并不影响在实践中先行应用，并在实践应用中逐渐成熟完善。下面将举例说明附加分法的简要应用。

Wind 一级行业指数包括了材料、能源、工业、可选消费、日常消费、医疗保健、金融、信息技术、电信服务、公用事业、房地产 11 个行业类别。2021 年 11 个行业类别的相关财务指标数据见表 2-2。

表 2-2　2021 年 11 个行业类别的相关财务指标数据　　　单位:%

项目	材料	能源	工业	可选消费	日常消费	医疗保健	金融	信息技术	电信服务	公用事业	房地产
资产权益率	47.31	51.33	35.65	43.02	50.98	61.86	9.32	53.34	56.82	36.15	20.60
流动比率	111.76	99.45	123.19	125.97	149.33	193.86		167.92	53.18	67.79	132.09
速动比率	78.73	78.33	93.76	94.89	105.11	158.72		131.63	52.02	59.29	46.82
净资产收益率	15.06	10.42	8.14	5.98	9.24	12.47	10.60	9.25	5.62	3.50	2.33
总资产收益率	7.02	5.72	2.87	2.70	4.83	7.43	0.97	4.73	2.93	1.25	0.65
总资产周转率	0.95	1.02	0.71	0.73	0.85	0.70	0.04	0.76	0.57	0.32	0.22
利润总额同比增长率	91.76	117.77	76.56	11.26	-31.03	50.64	12.83	91.72	193.65	-58.47	-52.32

下面以材料行业为例,运用附加分法对其进行财务综合评价。我们不妨沿用表 2-1 中的财务指标选择及权重设计,根据表 2-2 数据,做相关基础数据计算,结果见表 2-3。

表 2-3　2021 年 11 个行业类别的相关财务指标计算值　　　单位:%

项目	权重	平均值	标准差	单倍标准差最低限值	单倍标准差最高限值	双倍标准差最低限值	双倍标准差最高限值
资产权益率	15	42.40	15.19	9.63	20.37	4.25	25.75
流动比率	5	122.45	40.53	3.35	6.65	1.69	8.31
速动比率	5	89.93	33.52	3.14	6.86	1.27	8.73
净资产收益率	30	8.42	3.64	17.03	42.97	4.06	55.94
总资产收益率	20	3.74	2.26	7.88	32.12	-4.24	44.24
总资产周转率	15	0.62	0.29	7.92	22.08	0.83	29.17
利润总额同比增长率	10	45.85	74.41	-6.23	26.23	-22.46	42.46

表 2-3 中,平均值与标准差分别根据表 2-2 中的相应指标数值计算得出;单倍标准差最低限值＝(平均值-标准差)÷平均值×权重;单倍标准差最高限值＝(平均值+标准差)÷平均值×权重;双倍标准差最低限值＝(平均值-2×标准差)÷平均值×权重;双倍标准差最高限值＝(平均值+2×标准差)÷平均值×权重。

表 2-4 中,指标的标准值是表 2-3 中的平均值;指标的实际值参考表 2-2;综合得分是各项评价指标得分之和。

在双倍标准差限值下，材料行业的附分值为 74.44 分，说明材料行业的财务状况总体良好。

表 2-4 2021 年材料行业附加分法计算表（双倍标准差）

选择的指标	分配的权重①	指标的标准值②	指标的实际值③	实际值得分④=①×③÷②	双倍标准差最低限值⑤	双倍标准差最高限值⑥	直接得分⑦	附分值⑧=⑦÷⑥×100	超分⑨	特注⑩
一、偿债能力指标	25						25.68		0.00	
1. 资产权益率	15	42.40	47.31	16.74	4.25	25.75	16.74	65.00	0.00	
2. 流动比率	5	122.45	111.76	4.56	1.69	8.31	4.56	54.92	0.00	
3. 速动比率	5	89.93	78.73	4.38	1.27	8.73	4.38	50.16	0.00	
二、盈利能力指标	50						91.24		0.00	
1. 净资产收益率	30	8.42	15.06	53.66	4.06	55.94	53.66	95.93	0.00	
2. 总资产报酬率	20	3.74	7.02	37.58	−4.24	44.24	37.58	84.94	0.00	
三、运营能力指标	15						22.82		0.00	
1. 总资产周转率	15	0.62	0.95	22.82	0.83	29.17	22.82	78.23	0.00	
四、发展能力指标	10						20.01		0.00	
1. 利润总额同比增长率	10	45.85	91.76	20.01	−22.46	42.46	20.01	47.13	0.00	
五、综合得分	100	313.41	352.59	159.75	−14.59	214.59	159.75	74.44	0.00	

表 2-5 中，指标的标准值是表 2-3 中的平均值；指标的实际值参考表 2-2；综合得分是各项评价指标得分之和。

表 2-5 2021 年材料行业附加分法计算表（单倍标准差）

选择的指标	分配的权重①	指标的标准值②	指标的实际值③	实际值得分④=①×③÷②	单倍标准差最低限值⑤	单倍标准差最高限值⑥	直接得分⑦	附分值⑧=⑦÷⑥×100	超分⑨	特注⑩
一、偿债能力指标	25						25.68		0.00	
1. 资产权益率	15	42.40	47.31	16.74	9.63	20.37	16.74	82.15	0.00	
2. 流动比率	5	122.45	111.76	4.56	3.35	6.65	4.56	68.57	0.00	
3. 速动比率	5	89.93	78.73	4.38	3.14	6.86	4.38	63.78	0.00	
二、盈利能力指标	50						75.09		16.15	
1. 净资产收益率	30	8.42	15.06	53.66	17.03	42.97	42.97	100.00	10.69	优秀
2. 总资产报酬率	20	3.74	7.02	37.58	7.88	32.12	32.12	100.00	5.46	优秀
三、运营能力指标	15						22.08		0.73	
1. 总资产周转率	15	0.62	0.95	22.82	7.92	22.08	22.08	100.00	0.73	优秀

表2-5(续)

选择的指标	分配的权重 ①	指标的标准值 ②	指标的实际值 ③	实际值得分④=①×③÷②	单倍标准差最低限值 ⑤	单倍标准差最高限值 ⑥	直接得分 ⑦	附分值⑧=⑦÷⑥×100	超分 ⑨	特注 ⑩
四、发展能力指标	10						20.01		0.00	
1. 利润总额同比增长率	10	45.85	91.76	20.01	-6.23	26.23	20.01	76.30	0.00	
五、综合得分	100	313.41	352.59	159.75	42.71	157.29	142.86	90.83	16.88	

在单倍标准差限值下,材料行业的附分值为90.83分,说明材料行业的综合财务状况总体上比较优秀。超分总得分为16.88分,其中净资产收益率、总资产报酬率、总资产周转率了得分分别为10.69分、5.46分、0.73分,说明材料行业2021年的盈利能力和运营能力表现亮眼。

最后,用表2-4与表2-5附分值计算平均分,得到最后附分值。

最后附分值=(74.44+90.83)÷2=82.63(分)

2021年材料行业附加分法评价最后综合得分为82.63分,财务综合评价优良,材料行业在盈利能力和运营能力表现突出,值得关注。

本书将综合附分值在不同时期和不同评价对象之间进行纵横向比较,分析变化趋势、相对强弱等信息,为决策者提供更全面的数据。投资者也可以将最后综合附分值高或逐年走高的行业(企业)作为投资备选对象。

综上所述,财务比例综合评价可以体现企业的盈利能力、偿债能力、运营能力、成长能力。正确解读不同的财务指标,是正确运用综合财务评价的前提和基础。

2.3.2 杜邦分析法

杜邦分析法(Du Pont Analysis)又称杜邦财务分析体系,简称为杜邦体系。杜邦分析法是利用各主要财务比率指标间的内在联系,对企业财务状况及经营成果进行综合系统分析评价的方法。该方法以净资产收益率为起点,以总资产净利率和权益乘数为核心,重点揭示企业盈利能力及权益乘数对净资产收益率的影响,以及各相关指标间的相互作用关系。因其最初由美国杜邦公司成功应用,所以得名[①]。

---

① 王文君,曾维君,金乐茹,等. 财务管理 [M]. 2 版. 成都:西南财经大学出版社,2019:329-330.

杜邦分析法通过以下三个分析指标来评估企业的绩效：

（1）净利润率（net profit margin）：计算公式为净利润除以销售收入。净利润率反映了企业在销售过程中实现的盈利能力。较高的净利润率通常表示企业具有较高的盈利能力。

（2）总资产收益率（total asset turnover）：计算公式为销售收入除以总资产。总资产收益率衡量了企业有效利用资产的能力。较高的总资产收益率表明企业在运营和管理资产方面的效率较高。

（3）资产负债率（asset-liability ratio）：计算公式为总负债除以总资产。资产负债率反映了企业使用借款和融资方式的比例，以及资产与负债之间的关系。较低的资产负债率通常表示企业的财务风险较低。

杜邦分析法通过计算和解释这三个指标之间的相互关系，帮助分析师和投资者深入了解企业的绩效和运营情况。分解的指标可以揭示出不同因素对企业盈利能力的贡献，有助于确定提高企业绩效的关键因素。

我们在后面的章节中多次使用了杜邦分析法，如用杜邦分析法找到销售净利率是影响发展相对落后的中医药上市公司净资产收益率的重要因素等。

2.3.3　连环替代分析法

连环替代分析法是一种用于研究因素对结果的影响程度的方法。它通过不断替代实际数值、重新计算因子，并观察最终结果的变动，来评估每个因素对结果的影响程度。

连环替代分析法的操作步骤如下：

（1）设置初始数值：为了进行连环替代分析，需要先确定各个因素的初始数值。

（2）进行替代计算：将初始数值代入进行因素计算，并获得结果的数值。

（3）观察结果的变动：观察结果的数值变动情况后，可以了解每个因素对结果的影响程度，比较不同因素对结果的影响大小。

（4）调整因素的数值：对于影响较大的因素，可以对其数值进行调整，并重新计算结果，然后再次观察结果的变动情况。

（5）重复步骤3和步骤4：根据需要，可以多次进行替代计算和调整操作，以获得更准确的结果。

连环替代分析法可以帮助研究人员了解各个因素对结果的相对重要性。我们通过不断地替代和调整操作，可以得到因素变动对结果的影响程度的定量评估。这种方法能够帮助决策者更好地理解和分析复杂的因素关系，并做出相应的决策。

我们在中医药上市公司发展路径章节中用到连环替代分析法，找到净资产收益率的影响因素及影响程度，为寻找中医药上市公司的发展路径提供了思路。

2.3.4　财务分析法

财务分析法是用来评估和解释财务数据以了解企业的财务状况和经营绩效的工具。以下是一些常用的财务分析方法：

（1）比例分析：我们通过计算和比较不同财务指标之间的比率，了解企业的财务结构和经营绩效。常见的比例包括财务杠杆比率、盈利能力比率、偿债能力比率等。

（2）趋势分析：我们通过比较历史财务数据的变化趋势，预测未来的发展趋势。我们可以通过计算增长率、计算趋势线等方式进行趋势分析。

（3）横向分析：也称为比较分析，即对不同时间点的财务报表进行比较，以识别企业在不同期间的变化情况。这可以帮助我们评估企业的增长和变化趋势。

（4）利润质量分析：我们通过对企业的利润和收入进行深入分析，评估企业的盈利能力是否可持续、是否存在操纵或虚增利润的情况。

这些财务分析方法可以提供关于企业财务状况、经营绩效和潜在风险的信息，帮助投资者、管理人员和其他利益相关者做出更明智的决策。

财务分析法是本书最基础的分析方法，包括附加分法在内的其他分析方法都将财务分析法作为基础方法。

2.3.5　统计分析法

统计分析法是一种利用统计学方法来处理和解释数据的方法，旨在对数据进行描述、分析和推断，并从中得出结论。它可以帮助我们理解数据的特征、趋势、关联和变异情况，并用于进行预测和做出决策。以下是一些常用的统计分析方法：

（1）描述统计分析：通过计算和总结数据的中心趋势（如均值、中位数）和离散程度（如标准差、极差），来描述数据的特征。具体操作包括计算和分析频数、百分比、平均数、中位数、标准差等。

（2）探索性数据分析：通过数据可视化和数据挖掘技术，探索和发现数据中的模式、趋势和异常情况。具体操作包括绘制直方图、散点图、箱线图等图表，以及使用聚类、关联规则等算法进行数据挖掘。

（3）假设检验：用于验证或推断关于总体参数的假设。具体操作包括设置假设、选择适当的检验统计量和显著性水平，并计算和解释统计结果。

（4）方差分析：用于比较两个或多个样本之间的差异是否显著。具体操作包括设置假设、设置方差分析表、进行显著性检验和进行后续的事后比较。

（5）相关分析：用于研究变量之间的关系程度。具体操作包括计算相关系数（如皮尔逊相关系数、斯皮尔曼相关系数）、绘制散点图，并进行显著性检验和解释结果。

（6）回归分析：用于建立和评估自变量和因变量之间的关系。具体操作包括选择合适的回归模型（如线性回归、逻辑回归），进行系数估计和显著性检验，并解释模型结果。

这些统计分析方法可以帮助我们理解数据中的模式和关系，发现问题和趋势，进行推断和预测，并辅助决策和策略制定。在具体操作时，我们需要根据数据类型和研究目的选择合适的统计工具和技术，并进行适当的数据预处理和结果解释。

附加分法是以财务分析法和统计分析方法为基础生成的综合评价方法。在附加分法中间指标计算过程中，我们将运用均值与标准差原理对行情涨跌幅和附分增长率进行相关性分析，对人均创收、人均创利和人均薪酬等指标进行相关性分析等。统计分析法还被我们广泛应用到大量图表分析之中。

2.3.6　模型构建法

模型构建法是一种建立定量模型来解决复杂问题的方法。它通过将现实问题转化为数学或统计模型的形式，基于理论假设和数据分析，推导出问题的解决方案或预测结果。模型构建法的内涵包括以下五个方面：

（1）设立目标和变量：明确问题的目标，并明确定义与问题相关的自变量和因变量。自变量是用来预测或解释因变量的变量。

（2）理论模型的选择：根据问题的特点和背景选择合适的理论模型，该模型能够揭示自变量与因变量之间的关系，并能被数学或统计方法进行处理和分析。

（3）参数估计和模型拟合：基于现有的数据，通过统计方法对模型的参数进行估计，即确定自变量与因变量之间的定量关系。这可以通过最小二乘法、极大似然估计等方法来实现。

（4）模型评估和验证：通过统计指标和方法评估模型的拟合度和可靠性，如确定系数、拟合优度检验、残差分析等。同时，模型构建法还可以使用独立的数据进行验证，检测模型的预测准确性。

（5）模型应用和解释：基于已建立的模型，对未知情境或数据进行预测，也可以利用模型的参数和结论来解释现实问题中的关系或影响因素。

模型构建法在各领域应用广泛。在实践中，我们需要结合具体问题的特点和数据的可用性，选择适合的模型类型，合理设定变量和假设，进行参数估计和模型检验，以得出对问题的定量解答。

附加分法就是模型构建法的典型应用之一。我们通过附加分法评价模型对中医药上市公司发展质量进行评价，并根据评价结果进行上市公司类别划分，再找寻不同类别上市公司特征，寻找中医药上市公司发展路径。

2.3.7 文献研究法

文献研究法是一种通过系统收集、整理和分析相关领域内已有的文献资料来解决问题或回答研究问题的方法。文献研究法在中医药上市公司发展研究方面可以涵盖以下五个方面的探讨：

（1）中医药上市公司的发展轨迹。我们通过文献研究法，可以深入了解中医药上市公司的发展轨迹；可以研究相关文献资料，了解中医药上市公司的成立背景、发展阶段和重要里程碑，并分析其发展趋势和特点。

（2）中医药产业政策与法规。我们通过文献研究法，可以系统地研究中医药行业的政策法规框架，包括国家和地方层面的相关政策文件、法律法规等；可以了解中医药行业政策的制定宗旨、目标和措施，并分析对中医药上市公司的影响和引导作用。

（3）中医药上市公司的经营模式与策略。我们通过文献研究法，可以了解中医药上市公司的经营模式和策略；可以了解不同中医药上市公司的商业模式、市场定位、销售和盈利策略，并从中总结出成功的经营策略和商业模式的共性和特点。

（4）中医药上市公司的科研与创新。我们通过文献研究法，可以了解中医药上市公司在科研与创新方面的成果与进展；可以了解中医药上市公司的研发投入、科研项目、技术创新和专利成果等，并分析其对公司发展的影响和作用。

（5）中医药上市公司的品牌建设与市场推广。我们通过文献研究法，可以了解中医药上市公司的品牌建设和市场推广实践；可以了解中医药上市公司在品牌塑造、推广渠道和广告宣传等方面的策略和手段，并分析其对品牌影响力和市场份额的影响。

通过文献研究法的应用，我们可以深入了解中医药上市公司的发展历程、政策环境、经营模式、创新能力和市场推广策略。这种基于文献资料的研究方法，有助于全面把握中医药上市公司的情况和问题，并为公司发展提供历史经验和行业参考。

本书的主要观点包括但不限于中医药上市公司发展路径的论点与论据，除了作者自行演算推理外，主要源于大量中文、外文文献的研究成果。

2.3.8　调查研究法

调查研究法是一种通过设计问卷、面谈或观察等方式，收集样本数据，并对其进行分析和解读的方法。调查研究法可以获取被调查对象的主观意见和行为数据。

调查研究法在中医药上市公司发展研究方面可以涵盖以下五个方面的探讨：

（1）市场需求与消费者行为。通过调查研究法，我们可以了解中医药市场的实际需求和消费者行为；可以就中医药产品的使用频率、购买偏好、消费决策过程等方面进行调查，探究中医药上市公司应该如何根据市场需求进行产品定位和市场推广。

（2）产品质量与安全。通过调查研究法，我们可以探究中医药产品的质量和安全状况，了解消费者对产品质量的关注点和评价标准；可以了解中医药上市公司的质量管理体系、药品监管机构的评价和消费者的反馈，从而改进产品质量和提高消费者满意度。

（3）品牌形象与市场竞争力。通过调查研究法，我们可以了解中医药上市公司的品牌形象和市场竞争力；可以了解消费者对中医药品牌的认知、信赖度和购买意愿，也可以对竞争对手的品牌形象和市场份额进行调查，为中医药上市公司的品牌建设提供数据支持。

（4）企业文化与员工满意度。通过调查研究法，我们可以了解中医药上市公司的企业文化和员工满意度；可以调查员工对企业文化的认同程度、工作环境的满意度以及对公司发展的期望，从而提出改善措施，增强组织凝聚力和员工满意度。

（5）创新能力与研发投入。通过调查研究法，我们可以了解中医药上市公司的创新能力和研发投入情况；可以了解企业的创新意识、研发团队的专业能力以及研发投入占比等方面，探讨如何提升创新能力和增加研发投入，为中医药上市公司的产品创新和科技发展提供参考。

通过调查研究法的应用，我们可以从市场需求、消费者行为、产品质量、品牌形象、企业文化、员工满意度、创新能力等多个维度深入了解中医药上市公司的发展状况与问题所在。这种基于实证数据的研究方法，能够为中医药上市公司提供客观的决策依据和改进方向，从而提升企业竞争力和可持续发展能力。

我们应用调查研究方法重点对市场需求与消费者行为进行了调查，经过对中医药社会形象测评调查研究后提出了中医上市公司宣传推广对中医药社会形象提升非常重要、对中医药文化推广和社会形象维护会起到重要作用等论点。

2.3.9 历史研究法

历史研究法通过对过去事件、社会现象和文化演变进行研究，以了解历史变迁和影响因素。历史研究法可以通过归纳、演绎和比较等方法进行，有助于揭示历史发展规律和经验教训。

本书运用历史研究法对以下三个方面进行分析：

（1）中医药行业历史演变。本书通过对中医药行业的历史演变进行研究，包括中医药理论的形成与发展、传统临床实践的演进、中医药教育体系的建立等方面，可以从历史的角度了解中医药行业的起源、发展轨迹和影响因素，为中医药上市公司的战略规划和市场定位提供参考。

（2）中医药企业的历史经验与智慧。本书通过对中医药企业的历史经验和智慧进行研究，包括中医药企业家的经营理念、管理经验、创新思维等方面，可以挖掘出中医药企业在传统医学和商业文化相结合的特点下所积累的管理智慧和商业策略，为中医药上市公司的商业决策提供参考和借鉴。

（3）中医药文化与品牌建设。本书通过对中医药文化与品牌建设的历史研究，可以探讨中医药企业如何结合传统文化元素和市场需求，营造具有文化认同和商业价值的品牌形象，可以研究中医药企业在品牌建设方面的历史经验与成功案例，为中医药上市公司的品牌定位和文化推广提供启示。

通过历史研究法的应用，我们可以深入了解中医药行业和中医药企业的历史背景、发展轨迹和经验智慧，为中医药上市公司的商业决策、战略规划和市场操作提供有益的参考和借鉴。这种跨越时空的研究方法，能够帮助中医药上市公司更好地理解和应对当前行业环境的挑战，实现可持续发展。

我们将历史研究法的重点放在中医药发展历史上。中医药历史是中医药文化的根，它承载着悠久的传统和深厚的文化底蕴。作为第一章的重点，我们通过研究中医药的历史演变，包括理论的形成与发展、临床实践的演进以及教育体系的建立等方面，深入了解中医药的起源和发展轨迹。

中医药上市公司作为传统文化与现代商业文明结合的典范，要处理传统与创新的关系，探讨如何通过发挥中医药文化的优势，构建具有自己特色和品牌竞争力的中医药企业文化。中医药上市公司的兴起，有其历史演变逻辑基础，了解其历史，才能更好地研究中医药上市公司的发展问题。

2.3.10 案例研究法

案例研究法通过深入研究个别事例或个体，分析其特征、发展过程和影响因素。

本书采用案例研究法对中医药上市公司以下四个方面进行分析：

（1）中医药上市公司的商业模式。通过对中医药上市公司的商业模式进行案例研究，我们可以深入了解其组织结构、产业链布局、市场定位和盈利模式等，可以通过比较不同中医药上市公司的案例，探讨具有成功商业模式的关键要素和创新点，为中医药上市公司的商业模式设计和优化提供借鉴。

（2）中医药产品研发与创新。通过对中医药上市公司的产品研发与创新案例进行研究，我们可以了解其研发过程、技术路径和市场商业化策略等，可以分析不同中医药上市公司的案例，探讨在传统中医药的基础上如何进行新药创制、药物优化和新剂型开发等方面的创新，为中医药上市公司的产品研发提供经验和启示。

（3）中医药企业的市场推广与品牌建设。通过对中医药上市公司的市场推广与品牌建设案例进行研究，我们可以了解其市场推广策略、渠道布局和品牌塑造等，可以研究中医药上市公司在传统医学文化和现代市场需求之间如何进行有效的市场推广，以及如何通过品牌建设提升中医药产品的竞争力和知名度。

（4）中医药企业的国际化发展。通过对中医药上市公司国际化发展案例进行研究，我们可以了解其国际战略、市场拓展和文化适应等，可以研究中医药上市公司在国际市场中的案例，探讨在跨文化环境中如何推动中医药传统文化的输出和产品的国际化发展，为中医药上市公司实现国际化发展提供借鉴和参考。

通过案例研究法的应用，我们可以深入了解优秀中医药上市公司的商业模式、产品研发与创新、市场推广与品牌建设以及国际化发展等方面的经验和实践。这种具体而实际的研究方法，能够帮助中医药上市公司把握市场机遇，学习成功经验，从而实现可持续发展和创新突破。我们重点对优秀类别公司进行案例研究，研究其共同特征，以期找到中医药上市公司发展路径。

3 中医药上市公司整体发展质量分析

3.1 中医药上市公司发展质量评价基础

3.1.1 中医药上市公司发展质量评价要素

3.1.1.1 中医药上市公司发展质量评价一般要素

一般来说，评价一家上市公司的发展质量可以从以下五个方面进行：

（1）财务状况。查看公司的财务报告，可以帮助我们了解公司的盈利能力、资产负债情况、现金流状况等。

（2）市场地位。我们可以分析公司在其所在行业的市场份额，以及行业的竞争格局，来评估公司的市场地位。

（3）管理层能力。我们可以通过公司的业绩表现以及管理层的战略决策评估管理层的能力。

（4）产品竞争力。我们可以评估公司的核心产品在市场上的受欢迎程度和产品的技术含量。

（5）成长潜力。我们可以通过分析公司所在行业的发展前景，以及公司本身的扩张策略，来评估公司的未来成长潜力。

3.1.1.2 中医药上市公司发展质量评价重点要素

中医药上市公司发展质量评价的重点要素是公司的财务状况，包括公司的财务状况、经营成果和现金流量情况等信息，这些信息分别由公司不同的财务报表反映。为了方便表述，我们就简单以财务状况概括之。其实，这里说到的财务状况所反映出来的信息，就是公司的财务综合竞争力。

我们评价了财务状况，就评价了公司的财务综合竞争力，也就大体上评价了公司的发展质量。因为评价财务状况所需的财务报表就是评估一家公司健康性和运营效率的重要工具，它可以大体反映出公司的市场地位、管理层能力、产品竞争力、成长潜力等各个方面的信息。

（1）市场地位。公司的营业收入和营业利润可以反映其在市场上的竞争地位和盈利能力。如果一家公司能够持续保持高额的营业收入和利润，说明其产品或服务在市场上有很强的竞争力，市场地位稳固。

（2）管理层能力。会计报表中的各项财务比率，如资产负债率、流动比率、速动比率等，可以反映出管理层的财务管理能力。如果这些比率都在合理范围内，说明管理层能够有效控制公司的财务风险。

（3）产品竞争力。一家公司的毛利率可以反映其产品的竞争力。如果一家公司的毛利率较高，说明其产品在市场上有较强的竞争力，能够带来更高的利润。

（4）成长潜力。会计报表中的净利润增长率和投资活动现金流可以反映公司的成长潜力。如果一家公司持续投资研发和扩大生产，那么它的成长潜力可能比较大。

虽然财务报表信息很重要，但一切信息都仅从会计报表中获取可能会导致偏差。因此，在实际评估公司发展情况时，我们还需要结合公司的实际运营情况、行业状况、宏观经济环境等多方面进行综合分析。

综上所述，一家公司的财务竞争力大体上能反映出一家公司的发展质量。我们后面将重点对中医药上市公司进行财务竞争力分析。为了更全面评价中医药上市公司发展质量，除了对中医药上市公司进行财务竞争力分析外，我们还会结合公司投资价值和公司社会效益评价，综合得出公司发展质量，从而完成对公司发展质量的评价，并探讨中医药上市公司的发展路径。

综上所述，我们将重点对中医药上市公司进行财务竞争力分析，以完成对公司发展质量的主体评价。同时，我们还会综合考虑对中医药上市公司投资价值和公司社会效益的评价，以全面评价中医药上市公司的发展质量。通过这样的综合评价，我们将完成对中医药上市公司发展质量的评价，并探讨中医药上市公司未来的发展路径。

3.1.2 中医药上市公司行业界定与成份股构成

3.1.2.1 中医药行业界定

根据不同的分类标准,上市公司可以分为不同类型。常见的分类标准包括 Wind 行业分类、证监会①行业分类、长江证券②行业分类等。对于中医药行业的分类,具体的隶属关系见图 3-1。

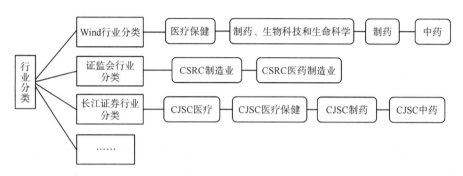

图 3-1 中药行业部分分类隶属关系

Wind 行业分类简单明晰,受到更为广泛的关注。Wind 行业分类以全球行业分类系统(GICS)为基础,采用的是四级行业分类体系,其中包括 11 个一级行业、24 个二级行业、62 个三级行业以及 136 个四级行业。中医药行业隶属于四级行业,指数名称为万得中药行业指数,英文名称为 Wind Chinese Medicine Industry Index,指数代码为 882572.WI。

我们称图 3-1 中的 Wind 行业为全 A 行业,指数代码为 881001.WI;称医疗保健行业为医疗行业,简称为医疗,指数代码为 882006.WI;中医药行业简称为中医药,指数代码为 882572.WI。

为了更清晰地展示医疗保健行业下各级行业隶属关系,本书将它们的关系整理成表 3-1。

---

① 此处的证监会全称为中国证券监督管理委员会,英文简称为 CSRC,下同。

② 长江证券的英文简称为 CJSC,下同。

表 3-1　Wind 系统中医疗保健行业下各级行业隶属关系

一级分类	二级分类	三级分类	四级分类
医疗保健	医疗保健设备与服务	医疗保健设备与用品	医疗保健设备
			医疗保健用品
		医疗保健提供商与服务	保健护理产品经销商
			保健护理服务
			保健护理设施
			管理型保健护理
		生物科技 Ⅲ	生物科技
	制药、生物科技与生命科学	制药	中药
			西药

　　特别地,本书多处将中医药行业、医疗保健行业、全 A 行业相关指标平均值并列分析,然后得出相关结论,并未因此否定它们的级次关系。虽然并列分析,但属于部分与整体的比较,因为它们各自边界清晰,分析结论也仅适用分析对象本身,不会引起理解上的混乱或矛盾。

　　3.1.2.2　中医药行业成份股构成

　　中药行业指数(882572.WI)共有 78 只成份股,成份股代码及公司简称如表 3-2 所示。

表 3-2　中医药行业 78 只成份股一览表

(参考时间点:2023 年 7 月 30 日)

序号	代码	公司简称	序号	代码	公司简称	序号	代码	公司简称
1	600436.SH	片仔癀	27	300181.SZ	佐力药业	53	002864.SZ	盘龙药业
2	000538.SZ	云南白药	28	002737.SZ	葵花药业	54	002412.SZ	汉森制药
3	600085.SH	同仁堂	29	000989.SZ	九芝堂	55	002873.SZ	新天药业
4	000423.SZ	东阿阿胶	30	002773.SZ	康弘药业	56	300534.SZ	陇神戎发
5	600332.SH	白云山	31	603896.SH	寿仙谷	57	688799.SH	华纳药厂
6	002603.SZ	以岭药业	32	002390.SZ	信邦制药	58	600538.SH	国发股份
7	600518.SH	*ST 康美	33	002349.SZ	精华制药	59	002107.SZ	沃华医药
8	000999.SZ	华润三九	34	300049.SZ	福瑞股份	60	002566.SZ	益盛药业

表3-2(续)

序号	代码	公司简称	序号	代码	公司简称	序号	代码	公司简称
9	000623.SZ	吉林敖东	35	603567.SH	珍宝岛	61	002750.SZ	龙津药业
10	600771.SH	广誉远	36	600351.SH	亚宝药业	62	002287.SZ	奇正藏药
11	600535.SH	天士力	37	300039.SZ	上海凯宝	63	600613.SH	神奇制药
12	603858.SH	步长制药	38	300158.SZ	振东制药	64	002826.SZ	易明医药
13	002424.SZ	贵州百灵	39	000766.SZ	通化金马	65	300108.SZ	*ST 吉药
14	600566.SH	济川药业	40	600594.SH	益佰制药	66	002433.SZ	*ST 太安
15	600329.SH	达仁堂	41	600479.SH	千金药业	67	000590.SZ	启迪药业
16	300026.SZ	红日药业	42	600381.SH	青海春天	68	300519.SZ	新光药业
17	600572.SH	康恩贝	43	002198.SZ	嘉应制药	69	301111.SZ	粤万年青
18	600422.SH	昆药集团	44	300147.SZ	香雪制药	70	300878.SZ	维康药业
19	002317.SZ	众生药业	45	603998.SH	方盛制药	71	603139.SH	康惠制药
20	600976.SH	健民集团	46	000790.SZ	华神科技	72	603963.SH	大理药业
21	600993.SH	马应龙	47	600222.SH	太龙药业	73	301331.SZ	恩威医药
22	600557.SH	康缘药业	48	603439.SH	贵州三力	74	600671.SH	*ST 目药
23	000650.SZ	仁和药业	49	002275.SZ	桂林三金	75	833266.BJ	生物谷
24	600285.SH	羚锐制药	50	002082.SZ	万邦德	76	002118.SZ	*ST 紫鑫
25	600750.SH	江中药业	51	002644.SZ	佛慈制药	77	836433.BJ	大唐药业
26	600252.SH	中恒集团	52	300391.SZ	长药控股	78	900904.SH	神奇 B 股

3.2　中医药上市公司整体财务竞争力分析

3.2.1　上市公司财务竞争力分析内涵与重点

3.2.1.1　上市公司财务竞争力分析内涵

上市公司财务竞争力是指上市公司在财务方面相对于其他竞争对手的优势和竞争能力。它是评估公司财务表现的综合指标，包括公司的财务健康度、财务成长性、盈利质量、资本运作能力和资本市场价值等方面的表现。

特别地，这里的中医药上市公司财务竞争力分析是指对中医药上市公司整体财务竞争力进行评价，区别于后面章节中对中医药上市公司进行的分类评价。

上市公司财务综合竞争力分析包括以下五个方面：

（1）财务健康度。分析公司的偿债能力、盈利能力和运营能力等财务指标，评估公司的财务健康状况。这是财务竞争力最为重要的评价维度，是财务竞争力评价的核心部分。

（2）财务成长性。分析公司的营业收入增长率、利润增长率、资产增长率等指标，评估公司的成长潜力和业绩增长能力。

（3）盈利质量。分析公司的盈利来源，用净资产收益率、销售净利率、毛利率等指标，评估公司盈利的质量和可持续性。

（4）资本运作能力。分析公司的资本结构，即财务杠杆、资产周转率等指标，评估公司利用资本的效率和能力。

（5）资本市场价值。分析公司的市盈率、市净率、股价表现等指标，评估公司在资本市场中的价值和投资吸引力。

综合以上方面的分析，我们可以对中医药上市公司的财务竞争力进行较为全面的评估，为投资者和利益相关方提供参考和决策依据。

3.2.1.2　上市公司财务竞争力分析重点

在对上市公司的财务竞争力评价中，财务健康度是最为重要的指标。财务健康度反映了公司的财务状况和稳定性，是评价公司优秀程度的基础。如果没有健康的财务状况，中医药上市公司的财务竞争力就失去了基础。

通过衡量财务健康度，我们可以更准确地评估上市公司的财务竞争力。财务健康度包括偿债能力、盈利能力、运营能力和发展能力等方面的指标评价。

综合以上讨论，我们可以得出上市公司财务竞争力分析的重点是财务健康度。因此，我们下面重点对上市公司财务健康度进行讨论。

3.2.2　中医药上市公司财务竞争力评价基础

3.2.2.1　中医药上市公司的财务竞争力评价方法

中医药上市公司的财务竞争力评价方法主要是附加分法。

这种评价方法对上市公司的偿债能力、盈利能力、运营能力和发展能力等方面进行全面综合评估，并将这四项指标作为财务健康度指标。通过对这些方面的能力进行评估，我们可以得出一个综合的财务竞争力评分，从而反映公司的整体财务竞争力表现。

3.2.2.2 中医药上市公司的财务竞争力比较思想

除了做时间维度的纵向比较外，我们还需要做空间维度的横向比较。中医药上市公司的财务竞争力比较思想是将中医药行业、医疗保健行业和全 A 行业与其他一级行业作为一个集合体，采用附加分法进行评价。这种比较的优势在于所比较基础相同。同时，这种比较既能测评中医药行业的财务竞争力，又能看到有着更丰富内涵的医疗保健行业和全 A 行业财务竞争力总体表现，有助于对中医药行业财务竞争力进行全面比较和评价。

综合以上内容可知，中医药上市公司的财务竞争力评价方法是附加分法，本书将中医药行业、医疗保健行业和全 A 行业进行比较评价。这样的设计与安排可以提供较为全面和客观的财务竞争力评估结论。

3.2.3 中医药上市公司附分值演算

本书以 2022 年为例，用附加分法计算中医药行业的附分值，采用附加分法计算附分值的过程如下：

3.2.3.1 中医药行业原始数据准备

我们直接从 Wind 金融终端分别获取 2022 年中医药行业 11 个一级行业相关指标原始数据，与中医药行业数据共同组成所需数据表，但因资产负债率不是正向指标，因此我们需要将资产负债率指标更换为资产权益率，以重新计算资产权益率数据（见表 3-3）。

表 3-3　2022 年中医药行业附加分法评价数据

行业	销售毛利率/%	净资产收益率/%	净利润增长率/%	应收账款周转率/次	存货周转率/次	流动比率/倍	速动比率/倍	资产权益率/%
中医药	44.635	5.451	-46.651	4.727	2.463	1.918	1.496	63.107
能源	22.678	15.723	41.845	36.935	14.018	1.072	0.852	54.229
通信服务	27.239	8.848	12.365	17.418	105.789	0.712	0.695	61.247
金融	—	9.84	1.245	—	—	—	—	9.022
日常消费	25.784	13.123	52.65	24.387	3.746	1.474	1.012	51.364
医疗保健	36.896	9.655	-6.304	4.335	3.871	1.952	1.594	62.122

表3-3(续)

行业	销售 毛利率 /%	净资产 收益率 /%	净利润 增长率 /%	应收账款 周转率 /次	存货 周转率 /次	流动 比率 /倍	速动 比率 /倍	资产 权益率 /%
材料	13.057	10.882	-18.184	15.443	6.265	1.149	0.811	47.269
信息技术	20.821	7.666	-9.188	5.114	4.46	1.765	1.377	54.141
工业	12.389	6.885	-9	6.161	4.508	1.221	0.943	35.162
可选消费	18.954	5.379	-10.018	8.977	3.941	1.235	0.928	42.518
公用事业	16.365	5.726	55.398	5.77	13.57	0.739	0.659	36.698
房地产	17.506	-3.248	-233.104	10.728	0.322	1.329	0.463	20.951

注：资产权益率＝1-资产负债率，数据由作者计算得到。

3.2.3.2 计算附加分法中间数据

本书按照附加分法计算原理，根据表3-3的数据分别计算11个行业8个指标的均值、标准差、单倍标准差最低限值、单倍标准差最高限值、双倍标准差最低限值、双倍标准差最高限值数据（见表3-4）。

表3-4 2022年中医药行业附加分法评价数据的均值、标准差等

指标	销售 毛利率 /%	净资产 收益率 /%	净利润 增长率 /%	应收账款 周转率 /次	存货 周转率 /次	流动 比率 /倍	速动 比率 /倍	资产 权益率 /%
均值	21.17	8.23	-11.12	13.53	16.05	1.26	0.93	43.16
标准差	7.02	4.67	74.69	9.91	30.2	0.37	0.32	15.89
单倍标准差 最低限值	14.15	3.55	-85.81	3.61	-14.15	0.89	0.61	27.26
单倍标准差 最高限值	28.18	12.9	63.57	23.44	46.25	1.64	1.25	59.05
双倍标准差 最低限值	7.14	-1.12	-160.49	-6.3	-44.35	0.51	0.3	11.37
双倍标准差 最高限值	35.2	17.58	138.26	33.36	76.45	2.01	1.57	74.94

注：单倍标准差最低限值＝标准值-标准差；单倍标准差最高限值＝标准值+标准差；双倍标准差最低限值＝标准值-2×标准差；双倍标准差最高限值＝标准值+2×标准差。

3.2.3.3　计算中医药行业附加分法得分

下面分三步计算中医药行业附加分法得分，即计算中医药行业附分值。

（1）计算单倍标准差下附加分法得分

本书按照附加分法计算方法，计算中医药行业 2022 年单倍标准差高低限值下附加分法得分（见表 3-5）。

表 3-5　中医药行业 2022 年单倍标准差高低限值下附加分法得分

单位：分

选择的指标	分配的权重①	指标的标准值②	指标的实际值③	实际值得分④=①×③÷②	最低限值分⑤	最高限值分⑥	直接得分⑦	附分值⑧=⑦÷⑥×①	超分⑨	备注
一、偿债能力指标	25						33.71	25	3.82	
1.资产权益率/%	15	43.16	63.11	21.93	9.48	20.52	20.52	15	1.41	比较优秀
2.流动比率/倍	5	1.26	1.92	7.58	3.52	6.48	6.48	5	1.1	比较优秀
3.速动比率/倍	5	0.93	1.5	8.01	3.29	6.71	6.71	5	1.31	比较优秀
二、盈利能力指标	50						46.51	32.68	15.54	
1.净资产收益率/%	30	8.23	5.45	19.88	12.95	47.05	19.88	12.68	0	
2.销售毛利率/%	20	21.17	44.64	42.17	13.37	26.63	26.63	20	15.54	非常优秀
三、运营能力指标	15						3.28	1.54	0	
1.存货周转率/次	10	16.05	2.46	1.53	-2.17	28.82	1.53	0.53	0	
2.应收账款周转率/次	5	13.53	4.73	1.75	1.34	8.66	1.75	1.01	0	
四、发展能力指标	10						-41.96	0	0	
1.净利润增长率/%	10	-11.12	-46.65	-41.96	-77.18	57.18	-41.96	0	0	
五、综合得分/分	100						41.54	59.22	19.36	

注：作者根据附加分法计算原理自行计算得出数据。

由表 3-5 可知，单倍标准差下，利用附加分法评价中医药行业 2022 年的财务情况可以得到其"附分值"为 59.22 分，"超分"为 19.36 分。

因为销售毛利率"超分"分值高，中医药行业的销售毛利率被评价为"非常优秀"；因为资产权益率、流动比率、速动比率"超分"分值较高，中医药行业的这三个指标被评价为"比较优秀"。

2022 年中医药行业"附分""超分"分值表现的财务竞争力如何，还需要进行纵横向得分值比较才能得出结论。

（2）计算双倍标准差下附加分法得分

本书按照附加分法计算方法，计算中医药行业2022年双倍标准差高低限值下附加分法得分（见表3-6）。

表3-6　中医药行业2022年双倍标准差高低限值下附加分法得分

单位：分

选择的指标	分配的权重①	指标的标准值②	实际值③	实际值得分④=①×③÷②	最低限值分⑤	最高限值分⑥	直接得分⑦	附分值⑧=⑦÷⑥×①	超分⑨	备注
一、偿债能力指标	25						37.53	22.15	0	
1.资产权益率/%	15	43.16	63.11	21.93	3.95	26.05	21.93	12.63	0	
2.流动比率/倍	5	1.26	1.92	7.58	2.04	7.96	7.58	4.76	0	
3.速动比率/倍	5	0.93	1.5	8.01	1.59	8.41	8.01	4.76	0	
二、盈利能力指标	50						53.14	29.3	8.91	
1.净资产收益率/%	30	8.23	5.45	19.88	−4.1	64.1	19.88	9.3	0	
2.销售毛利率/%	20	21.17	44.64	42.17	6.74	33.26	33.26	20	8.91	优秀
三、运营能力指标	15						3.28	1.03	0	
1.存货周转率/次	10	16.05	2.46	1.53	−6.81	47.63	1.53	0.32	0	
2.应收账款周转率/次	5	13.53	4.73	1.75	−2.33	12.33	1.75	0.71	0	
四、发展能力指标	10						−41.96	0	0	
1.净利润增长率/%	10	−11.12	−46.65	−41.96	−144.36	124.36	−41.96	0	0	
五、综合得分/分	100						51.99	52.49	8.91	

由表3-6可知，双倍标准差下，中医药行业2022年得到"附分值"为52.49分，获得"超分"为8.91分。因为销售毛利率"超分"分值高，中医药行业的销售毛利率被评价为"优秀"。

2022年双倍标准差下中医药行业"附分值"和"超分"的财务竞争力如何，还需要进行纵横向得分值比较才能得出结论。

（3）计算附加分法最后附分值

本书根据单倍标准差和双倍标准差高低限值下附加分法附分值平均值，计算出最后附分值。

最后附分值=（59.22+52.49）÷2=55.85（分）

一般情况下，我们说到的附分值都是最后附分值。

2022年附加分法最后得分为55.85分，这个得分显然不太理想。如果要对这个得分进行最终评价，还需要与其他参数进行比较才能得出结论。

3.2.4 中医药上市公司时间维度整体评价

3.2.4.1 计算汇总中医药行业 2018—2022 年附分值

本书利用附加分法计算原理，在已计算出的 2022 年附加分法得分的基础上，再计算 2018—2021 年中医药行业的附分值，汇总各年附加分法得分值并计算平均值、标准差，如表 3-7 所示。

表 3-7 中医药行业 2018—2022 年的附分值均值 单位：分

代码	行业简称	2018 年	2019 年	2020 年	2021 年	2022 年	平均值	标准差
882572.WI	中医药	67.97	57.74	51.83	83.73	55.85	63.42	11.46

3.2.4.2 中医药上市公司整体附加分法评价

本书按照时间维度对中医药行业 2018—2022 年附加分法得分值进行分析，得到中医药行业上市公司整体附加分法评价。

通过对表 3-7 的数据进行分析，我们可以得出以下结论：

第一，中医药行业的得分呈现出下降趋势。

第二，2021 年中医药行业的得分显著提高，可能是因为该年发生了某些事件或采取了某些措施，使整个行业的发展情况得到改善。

第三，除了 2021 年之外，中医药行业的得分都比较低，说明行业在这几年面临了一些挑战或困难。

第四，2022 年中医药行业的得分回落至 55.85 分，可能是因为 2021 年的高得分不可持续，说明中医药行业仍然存在一些问题。

第五，标准差为 11.46 分，数值偏大，说明得分值不够稳定。

综合来看，中医药行业的发展态势并不是很乐观，需要进一步研究和探讨，以找到改进和提升的方式。

为使数据关系更加直观清晰，我们使用表 3-7 的数据创建了一个折线图，图 3-2 展示了 2018—2022 年中医药行业附加分法得分变化情况。

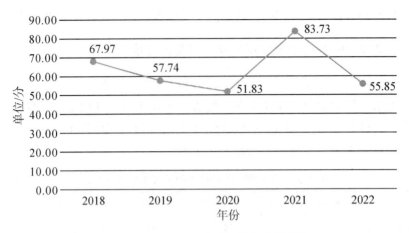

图 3-2　2018—2022 年中医药行业附分值

从图 3-2 可以直观看出，中药行业附分值总体上呈下降趋势，2021 年波动较大，2022 年附分值是对 2021 年附分值波动的修正。

3.2.5　中医药上市公司空间维度整体评价

3.2.5.1　医疗保健行业附分值演算

（1）医疗保健行业原始数据准备

本书以 2022 年为例，用附加分法计算医疗保健行业的附分值，采用附加分法计算附分值的过程如下：

本书直接从 Wind 金融终端分别获取 11 个一级行业相关指标原始数据，与医疗保健行业数据共同组成评价计算所需数据表，但需要将资产负债率指标更换为资产权益率（见表 3-8）。

表 3-8　2022 年医疗保健行业附加分法评价数据

行业	销售毛利率/%	净资产收益率/%	净利润增长率/%	应收账款周转率/次	存货周转率/次	流动比率/倍	速动比率/倍	资产权益率/%
医疗保健	36.896	9.655	-6.304	4.335	3.871	1.952	1.594	62.122
能源	22.678	15.723	41.845	36.935	14.018	1.072	0.852	54.229
通信服务	27.239	8.848	12.365	17.418	105.789	0.712	0.695	61.247
金融	—	9.84	1.245	—				9.022
日常消费	25.784	13.123	52.65	24.387	3.746	1.474	1.012	51.364

表3-8(续)

行业	销售毛利率/%	净资产收益率/%	净利润增长率/%	应收账款周转率/次	存货周转率/次	流动比率/倍	速动比率/倍	资产权益率/%
材料	13.057	10.882	-18.184	15.443	6.265	1.149	0.811	47.269
信息技术	20.821	7.666	-9.188	5.114	4.46	1.765	1.377	54.141
工业	12.389	6.885	-9	6.161	4.508	1.221	0.943	35.162
可选消费	18.954	5.379	-10.018	8.977	3.941	1.235	0.928	42.518
公用事业	16.365	5.726	55.398	5.77	13.57	0.739	0.659	36.698
房地产	17.506	-3.248	-233.104	10.728	0.322	1.329	0.463	20.951

注：资产权益率＝1-资产负债率。

（2）计算医疗保健行业附加分法中间数据

本书按照附加分法计算原理，依据表3-8中的数据，分别计算表3-8中11个行业8个指标的均值、标准差、单倍标准差最低限值、单倍标准差最高限值、双倍标准差最低限值、双倍标准差最高限值数据，供后面继续计算时使用（见表3-9）。

表3-9 2022年医疗保健行业附加分法评价数据均值、标准差等

指标	销售毛利率/%	净资产收益率/%	净利润增长率/%	应收账款周转率/次	存货周转率/次	流动比率/倍	速动比率/倍	资产权益率/%
均值	21.17	8.23	-11.12	13.53	16.05	1.26	0.93	43.16
标准差	7.02	4.67	74.69	9.91	30.2	0.37	0.32	15.89
单倍标准差最低限值	14.15	3.55	-85.81	3.61	-14.15	0.89	0.61	27.26
单倍标准差最高限值	28.18	12.9	63.57	23.44	46.25	1.64	1.25	59.05
双倍标准差最低限值	7.14	-1.12	-160.49	-6.3	-44.35	0.51	0.3	11.37
双倍标准差最高限值	35.2	17.58	138.26	33.36	76.45	2.01	1.57	74.94

（3）计算医疗保健行业附加分法得分

下面分三步计算医疗保健行业附加分法得分。

第一步，计算单倍标准差下附加分法得分。

本书按照附加分法计算方法，计算医疗保健行业2022年单倍标准差高低限值下附加分法得分（见表3-10）。

表3-10　2022年医疗保健行业单倍标准差高低限值下附加分法得分

单位：分

选择的指标	分配的权重①	指标的标准值②	指标的实际值③	实际值得分④=①×③÷②	最低限值分⑤	最高限值分⑥	直接得分⑦	附分值⑧=⑦÷⑥×①	超分⑨	备注
一、偿债能力指标	25						33.75	25.00	4.16	
1.资产权益率/%	15	43.16	62.12	21.59	9.47	20.52	20.52	15.00	1.07	比较优秀
2.流动比率/倍	5	1.26	1.95	7.75	3.53	6.51	6.51	5.00	1.24	比较优秀
3.速动比率/倍	5	0.93	1.59	8.57	3.28	6.72	6.72	5.00	1.85	优秀
二、盈利能力指标	50						61.82	42.45	8.23	
1.净资产收益率/%	30	8.23	9.66	35.19	12.94	47.02	35.19	22.45	0.00	
2.销售毛利率/%	20	21.17	36.90	34.86	13.37	26.62	26.62	20.00	8.23	优秀
三、运营能力指标	15						4.01	1.76	0.00	
1.存货周转率/次	10	16.05	3.87	2.41	-3.41	28.82	2.41	0.84	0.00	
2.应收账款周转率/次	5	13.53	4.34	1.60	1.33	8.66	1.60	0.92	0.00	
四、发展能力指标	10						5.67	0.99	0.00	
1.净利润增长率/%	10	-11.12	-6.30	5.67	-77.17	57.17	5.67	0.99	0.00	
五、综合得分/分	100						105.25	70.21	12.39	

由表3-10可知，单倍标准差下，2022年医疗保健行业得到"附分值"为70.21分，获得"超分"为12.39分。

因为速动比率和销售毛利率"超分"分值高，所以医疗保健行业的速动比率和销售毛利率被评价为"优秀"；因为资产权益率、流动比率"超分"分值较高，所以医疗保健行业的这两个指标被评价为"比较优秀"。

2022年医疗保健行业"附分值""超分"表现的财务竞争力如何，还需要进行纵横向得分值比较才能得出结论。

第二步，计算双倍标准差下附加分法得分。

本书按照附加分法计算方法，计算2022年医疗保健行业双倍标准差高低限值下附加分法得分（见表3-11）。

表 3-11　2022 年医疗保健行业双倍标准差高低限值下附加分法得分

单位：分

选择的指标	分配的权重①	指标的标准值②	指标的实际值③	实际值得分④=①×③÷②	最低限值分⑤	最高限值分⑥	直接得分⑦	附分值⑧=⑦÷⑥×①	超分⑨	备注
一、偿债能力指标	25						37.78	22.29	0.13	
1.资产权益率/%	15	43.16	62.12	21.59	3.95	26.04	21.59	12.43	0.00	
2.流动比率/倍	5	1.26	1.95	7.75	2.02	7.98	7.75	4.86	0.00	
3.速动比率/倍	5	0.93	1.59	8.57	1.61	8.44	8.44	5.00	0.13	比较优秀
二、盈利能力指标	50						68.45	36.48	1.60	
1.净资产收益率/%	30	8.23	9.66	35.19	-4.08	64.08	35.19	16.48	0.00	
2.销售毛利率/%	20	21.17	36.90	34.86	6.75	33.25	33.25	20.00	1.60	比较优秀
三、运营能力指标	15						4.01	1.16	0.00	
1.存货周转率/次	10	16.05	3.87	2.41	-10.70	47.63	2.41	0.51	0.00	
2.应收账款周转率/次	5	13.53	4.34	1.60	-2.33	12.33	1.60	0.65	0.00	
四、发展能力指标	10						5.67	0.46	0.00	
1.净利润增长率/%	10	-11.12	-6.30	5.67	-144.33	124.33	5.67	0.46	0.00	
五、综合得分/分	100						115.91	60.38	1.73	

由表 3-11 可知，在双倍标准差下，2022 年医疗保健行业得到"附分值"为 60.38 分，获得"超分"为 1.73 分。因为速动比率和销售毛利率"超分"分值比较高，所以这两个指标被评价为"比较优秀"。

2022 年双倍标准差下医疗保健行业"附分"和"超分值"的财务竞争力如何，还需要进行纵横向得分值比较才能得出结论。

第三步，计算单双倍标准差下附加分法最后得分。

计算单倍和双倍标准差高低限值下附加分法最后得分平均值：

附分值＝（70.21+60.38）÷2＝65.29（分）

医疗保健行业单倍和双倍标准差下附加分法得分平均分，即附加分法的最后得分为 65.29 分。

2022 年附加分法最后得分 65.29 分，这个得分及格了，但仍不够理想。如果要对这个得分进行最终评价，还需要与其他参数进行比较才能得出结论。

（4）计算医疗保健行业 2018—2022 年附加分法得分

本书利用附加分法计算原理，在已计算出的 2022 年附加分法分值基础上，再计算 2018—2021 年医疗保健行业的附加分法最后得分，汇总各年附加分法得分值并计算平均值、标准差，如表 3-12 所示。

表 3-12　医疗保健行业 2018—2022 年的附加分法得分及均值

单位：分

代码	行业简称	2018 年	2019 年	2020 年	2021 年	2022 年	平均值	标准差
882006.WI	医疗保健	65.91	60.66	64.93	78.01	65.29	66.96	5.83

3.2.5.2　全 A 行业附分值演算

（1）全 A 行业原始数据准备

本书以 2022 年为例，用附加分法计算全 A 行业附分值，演示其计算过程。

本书直接从 Wind 金融终端分别获取 11 个一级行业相关指标原始数据，与全 A 行业数据共同组成评价计算所需数据表，但需要将资产负债率指标更换为资产权益率，计算结果见表 3-13。

表 3-13　2022 年全 A 行业附加分法评价数据

代码	行业简称	销售毛利率/%	净资产收益率/%	净利润增长率/%	应收账款周转率/次	存货周转率/次	流动比率/倍	速动比率/倍	资产权益率/%
881001.WI	万得全 A	17.738	9.04	−0.731	8.579	3.169	1.245	0.867	17.151
882007.WI	金融	—	11.775	2.019	—	—	—	—	8.802
882011.WI	房地产	31.905	13.612	11.259	14.622	0.281	1.435	0.516	20.008
882005.WI	日常消费	30.27	13.26	9.615	20.051	3.673	1.52	1.08	56.33
882006.WI	医疗保健	36.58	9.705	−12.427	4.37	3.475	1.698	1.309	56.691
882001.WI	能源	20.793	7.598	36.17	27.043	11.749	0.916	0.69	53.033
882002.WI	材料	17.03	11.026	17.397	15.746	5.282	1.014	0.707	45.567
882004.WI	可选消费	19.862	7.231	−32.396	9.339	5.052	1.299	1	44.311
882003.WI	工业	14.129	6.875	−16.908	5.281	3.185	1.183	0.849	35.072
882010.WI	公用事业	20.023	6.761	17.612	7.408	11.882	0.549	0.475	34.719
882008.WI	信息技术	20.779	4.021	−63.788	4.153	4.914	1.452	1.176	48.704
882009.WI	通信服务	27.247	3.105	270.065	16.008	90.859	0.36	0.349	57.476

注：资产权益率＝1−资产负债率。

（2）计算全 A 行业附加分法中间数据

本书按照附加分法计算原理，根据表 3-13 的数据，分别计算表 3-8 中 11 个行业 8 个指标的均值、标准差、单倍标准差最低限值、单倍标准差最高限值、双倍标准差最低限值、双倍标准差最高限值等数据，供后面继续计算时使用（见表 3-14）。

表 3-14　2022 年全 A 行业附加分法评价数据均值、标准差等

指标	销售毛利率/%	净资产收益率/%	净利润增长率/%	应收账款周转率/次	存货周转率/次	流动比率/倍	速动比率/倍	资产权益率/%
均值	23.86	8.32	23.66	12.4	14.04	1.14	0.82	45.19
标准差	6.86	3.37	86.62	7.21	25.84	0.41	0.3	11.52
单倍标准差最低限值	17.01	4.95	-62.96	5.19	-11.81	0.73	0.51	33.67
单倍标准差最高限值	30.72	11.69	110.28	19.61	39.88	1.55	1.12	56.72
双倍标准差最低限值	10.15	1.58	-149.59	-2.01	-37.65	0.32	0.21	22.14
双倍标准差最高限值	37.57	15.06	196.91	26.82	65.72	1.97	1.42	68.24

（3）计算全 A 行业附加分法得分

下面分三步计算全 A 行业附加分法得分。

第一步，计算单倍标准差下附加分法得分。

本书按照附加分法计算方法，计算 2022 年全 A 行业单倍标准差高低限值下附加分法得分，见表 3-15。

表 3-15　2022 年全 A 行业单倍标准差高低限值下附加分法得分

单位：分

选择的指标	分配的权重①	指标的标准值②	指标的实际值③	实际值得分④=①×③÷②	最低限值分⑤	最高限值分⑥	直接得分⑦	附分值⑧=⑦÷⑥×①	超分⑨
一、偿债能力指标	25						20.33	14.9	-3.42
1.资产权益率/%	15	41.88	17.15	6.14	9.57	20.43	9.57	7.02	-3.42
2.流动比率/倍	5	1.14	1.25	5.45	3.2	6.8	5.45	4.01	0
3.速动比率/倍	5	0.82	0.87	5.32	3.13	6.87	5.32	3.87	0

表3-15(续)

选择的指标	分配的权重①	指标的标准值②	指标的实际值③	实际值得分④=①×③÷②	最低限值分⑤	最高限值分⑥	直接得分⑦	附分值⑧=⑦÷⑥×①	超分⑨
二、盈利能力指标	50						46.28	34.16	0
1.净资产收益率/%	30	8.63	9.04	31.41	18.31	41.69	31.41	22.61	0
2.销售毛利率/%	20	23.86	17.74	14.87	14.25	25.75	14.87	11.55	0
三、运营能力指标	15						5.72	2.98	0
1.存货周转率/次	10	14.04	3.17	2.26	-2.67	28.41	2.26	0.79	0
2.应收账款周转率/次	5	12.4	8.58	3.46	2.09	7.91	3.46	2.19	0
四、发展能力指标	10						-0.34	0	0
1.净利润增长率/%	10	21.69	-0.73	-0.34	-28.18	48.18	-0.34	0	0
五、综合得分/分	100						71.99	52.04	-3.42

由表 3-15 可知，单倍标准差下，2022 年全 A 行业得到"附分值"为 52.04 分，获得"超分"为 -3.42 分。

2022 年全 A 行业"附分值""超分"表现的财务竞争力如何，还需要进行纵横向得分值比较才能得出结论。

第二步，计算双倍标准差下附加分法得分。

本书按照附加分法计算方法，计算 2022 年全 A 行业双倍标准差高低限值下附加分法得分（见表 3-16）。

表 3-16 2022 年全 A 行业双倍标准差高低限值下附加分法得分

单位：分

选择的指标	分配的权重①	指标的标准值②	指标的实际值③	实际值得分④=①×③÷②	最低限值分⑤	最高限值分⑥	直接得分⑦	附分值⑧=⑦÷⑥×①	超分⑨
一、偿债能力指标	25						16.91	9.77	0
1.资产权益率/%	15	41.88	17.15	6.14	4.13	25.87	6.14	3.56	0
2.流动比率/倍	5	1.14	1.25	5.45	1.4	8.6	5.45	3.17	0
3.速动比率/倍	5	0.82	0.87	5.32	1.26	8.74	5.32	3.04	0
二、盈利能力指标	50						46.28	27.1	0
1.净资产收益率/%	30	8.63	9.04	31.41	6.63	53.37	31.41	17.66	0

表3-16（续）

选择的指标	分配的权重①	指标的标准值②	指标的实际值③	实际值得分④=①×③÷②	最低限值分⑤	最高限值分⑥	直接得分⑦	附分值⑧=⑦÷⑥×①	超分⑨
2.销售毛利率/%	20	23.86	17.74	14.87	8.51	31.49	14.87	9.44	0
三、运营能力指标	15						5.72	2.08	0
1.存货周转率/次	10	14.04	3.17	2.26	-8.5	46.82	2.26	0.48	0
2.应收账款周转率/次	5	12.4	8.58	3.46	-0.81	10.81	3.46	1.6	0
四、发展能力指标	10						-0.34	0	0
1.净利润增长率/%	10	21.69	-0.73	-0.34	-66.36	86.36	-0.34	0	0
五、综合得分/分	100						68.57	38.95	0

由表3-16可知，在双倍标准差下，2022年医疗保健行业的"附分值"为38.95分，"超分"为0分。

2022年双倍标准差下医疗保健行业"附分值"和"超分"的财务竞争力如何，还需要进行纵横向得分值比较才能得出结论。

第三步，计算单双倍标准差下附加分法最后得分。

计算单倍和双倍标准差高低限值下附加分法最后得分平均值：

附分值＝（52.04+38.95）÷2＝45.49（分）

全A行业单倍和双倍标准差下附加分法得分平均分，即附加分法的附分值为45.49分。

2022年附加分法的附分值为45.49分，这个得分未及格，分值不理想。如果要对这个得分进行最终评价，还需要与其他比较参数进行比较，如与其他年份的得分进行比较。

（4）计算全A行业2018—2022年附加分法得分

本书利用附加分法计算原理，在已计算出的2022年附加分法得分的基础上，再计算2018—2021年全A行业的附加分法最后得分，然后汇总各年附加分法得分值并计算平均值和标准差（见表3-17）。

表3-17 2018—2022年全A行业的附加分法得分及均值 单位：分

代码	行业简称	2018年	2019年	2020年	2021年	2022年	平均值	标准差
881001.WI	万得全A	47.52	47.08	45.43	48.20	45.49	46.74	1.11

数据来源：作者自行计算。

3.2.5.3 中医药上市公司整体财务竞争力分析

(1) 数据汇总

本书依照上面对中医药行业、医疗保健行业和全 A 行业整体附加分法进行评价的结果，将各类行业附加分法评分值汇总成表（见表 3-18）。

表 3-18 中医药行业与医疗保健行业、全 A 行业 2018—2022 年附加分法得分比较

单位：分

代码	行业简称	2018 年	2019 年	2020 年	2021 年	2022 年	平均值	标准差
882572.WI	中医药行业	67.97	57.74	51.83	83.73	55.85	63.42	11.46
882006.WI	医疗保健行业	65.91	60.66	64.93	78.01	65.29	66.96	5.83
881001.WI	全 A 行业	47.52	47.08	45.43	48.20	45.49	46.74	1.11

(2) 中医药上市公司整体财务竞争力分析

对中医药行业 2018—2022 年附加分法得分值进行分析后，我们可以得到中医药上市公司整体财务竞争力。附加分法得分越高，公司的财务竞争力越强。

从表 3-18 可以看出，中医药行业在 2018—2022 年的得分中，2021 年达到最高值 83.73 分，远高于其他年份医疗保健行业以及全 A 行业的得分。然而在其他年份，尤其是 2019 年和 2020 年，中医药行业的得分相对较低，只有 57.74 分和 51.83 分。中医药行业 2018—2022 年的得分平均值为 63.42 分，处于医疗保健行业和全 A 行业的平均得分之间，更靠近医疗保健行业。

此外，中医药行业的标准差为 11.46 分，远高于医疗保健行业和全 A 行业，中医药行业附分值波动较大。这意味着中医药行业在 2018—2022 年的财务表现不稳定，受到多种因素的影响，如政策调整、市场需求变化等。

虽然中医药行业在某些年份，尤其是 2021 年的表现突出，但其得分的大幅波动暗示着该行业可能存在一定的风险。中医药行业的发展需要更全面的行业研究来进行深入的分析和预测。

为使数据关系更加直观清晰，我们使用表 3-18 的数据创建了一个折线图，图 3-3 展示了三者之间的关系。

由图 3-3 可以直观看出，中医药行业与医疗保健行业的附分值远高于全 A 行业，中医药行业附分值总体上略低于医疗保健行业附分值，但波动更大一些。

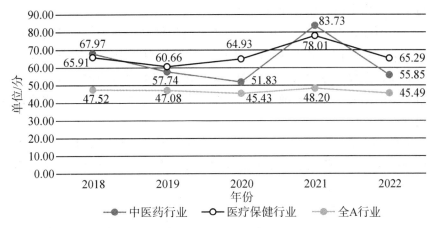

图 3-3 2018—2022 年中医药行业、医疗保健行业、全 A 行业附加分法得分

数据来源：作者自行计算。

3.3 中医药上市公司整体投资机会与价值分析

3.3.1 中医药上市公司整体投资机会分析

3.3.1.1 投资机会分析思路

根据实际行情涨跌与附加分法得分变化的比较，我们可以对中医药行业市场行情的涨跌幅和附加分法得分的增长率进行相关性分析，以此判断投资机会的大小。

附加分法得分是根据中医药行业各项指标进行评估和加权得出的分数，而市场行情的涨跌幅则反映了投资品的价格走势。通过对这两个指标的相关性分析，我们可以评估它们之间的关联程度。

进一步地，我们可以根据附加分法得分的变化情况来判断投资机会的大小。如果附加分法得分增长率与市场行情的涨跌幅正相关，即得分增长与市场行情的上涨相一致，且附加分法得分增长率更高，则意味着中医药行业的投资机会较大；反之，投资机会较小。如果附加分法得分增长率与市场行情的涨跌幅呈负相关，即附加分法得分增长与市场行情增长呈相反走势，且附加分法得分增长率为正，行情增长率为负，那么中医药行业的投资机会较大；反之，投资机会较小。总之，只要附加分法得分增长率相比行情增长率更高，就有投资机会。

综上所述，通过分析中医药行业市场行情涨跌幅与附加分法得分增长率的相关性，我们可以从附加分法得分的视角判断中医药行业的投资机会。然而，需要注意的是，这个判断仅仅是从数据分析角度出发，还需要结合更多的因素，如行业前景、公司财务状况、竞争环境等，做出更准确的投资决策。

最后，为了简便起见，上面提到的相关性分析有时只是两个时点上的两组数据对比，两组数据只要不是同向同步变化的，总能找到进场或出场的机会，这也是投资机会分析技巧之一。

3.3.1.2　中医药行业市场表现

根据表 3-19 的数据，我们可以对 2018—2022 年中医药行业市场的走势进行分析。

（1）开盘点位。2018—2022 年，每年的开盘点位呈增长的趋势，从 7 266.77 上升到 9 772.49，平均每年约增长 13.5%。这表明市场整体呈现出稳定增长的态势。

（2）收盘价。同样地，2018—2022 年，每年的收盘价也呈增长的趋势，从 7 251.94 上升到 9 654.23，平均每年增长约 10.5%。这说明投资者在这段时间内能够获得一定的收益。

（3）涨跌和涨跌幅。从涨跌的数值和涨跌幅的百分比来看，市场的波动较大。2018—2022 年，涨跌幅分别为 - 29.63%、5.86%、14.63%、28.62% 和 -14.71%。这意味着市场存在一定的风险，尤其是在 2018 年和 2022 年，市场出现了较大幅度的下跌。

表 3-19　2018—2022 年中医药行情涨跌幅及平均值计算

年份	2018 年	2019 年	2020 年	2021 年	2022 年	平均值
开盘点位	7 266.77	7 495.39	8 678.11	10 800.75	9 772.49	8 802.70
收盘价	7 251.94	7 677.10	8 800.56	11 319.52	9 654.23	8 940.67
涨跌	-3 053.06	425.16	1 123.45	2 518.97	-1 665.29	-130.15%
涨跌幅	-29.63%	5.86%	14.63%	28.62%	-14.71%	0.95%

注：①为连续计算涨跌幅，以上年收盘点数作为本年开盘点数（下同）。

②行情涨跌与行情涨跌幅系作者计算得到。

综上所述，从历史数据来看，市场整体呈现出稳定增长的趋势，投资者在这段时间内能够获得一定的收益。

3.3.1.3　中医药行业附加分法评价

根据表 3-20 的数据，我们可以对附加分法得分及其增长率进行分析。

（1）附加分法得分

2018—2022 年，中医药行业的附加分法得分出现了一定的波动，得分从 67.97 分下降到 51.83 分，然后上升到 83.73 分，最后又下降到 55.85 分。

（2）增长率

从增长率的角度来看，中医药行业的附加分法得分呈现出不同的趋势。在 2019 年和 2020 年，得分增长率分别为 -15.06% 和 -10.23%，得分在这两年呈现出下降趋势。然而，在 2021 年，得分增长率突然达到了 61.54%，这是一个相对较大的增长。而 2022 年，得分增长率再次下降到 -33.29%。由此可见，中医药行业的附加分法得分增长率存在较大的波动性，特别是在 2021 年的得分增长比较显著。

（3）小结

综合以上分析，中医药行业的附加分法得分在 2018—2022 年呈现出波动趋势，并且增长率也存在较大的波动。这反映出中医药行业在不同年份之间面临着不同的挑战和机遇。投资者和利益相关方需要注意这种变动，并结合其他指标综合评估中医药行业的发展状况。

表 3-20　2018—2022 年中医药行业附加分法得分及增长率、平均值

指标	2018 年	2019 年	2020 年	2021 年	2022 年	平均值
附加分法得分/分	67.97	57.74	51.83	83.73	55.85	63.424
增长率/%		-15.06	-10.23	61.54	-33.29	0.74

3.3.1.4　中医药行业行情与评分值的相关性分析

据表 3-21 的数据，我们可以进行行情涨跌幅与附加分法得分增长率的相关性分析。相关系数是衡量两个变量相关程度的统计指标，范围在 -1 到 1 之间，接近 1 表示正相关，接近 -1 表示负相关，等于 0 表示不相关。

行情涨跌幅与附加分法得分增长率的相关系数为 0.87，表明行情涨跌幅和附加分法得分增长率存在较强的正相关关系。从市场角度看，附加分法得分评价有一定客观性和科学性。

相关系数为正数，表示行情涨跌幅和附加分法得分增长率之间呈现正相关关系，说明当行情涨幅较大时，附加分法得分增长率往往也较高；反之，当行情下跌时，附加分法得分增长率往往也会下降。

综上所述，根据相关系数的计算结果，行情涨跌幅与附加分法得分增长率存在较强的正相关关系，分析者可以考虑这两个指标之间的关联性。然而，相关性并不能说明因果关系，分析者仍需要综合考虑多个因素来做出合理的决策。

表 3-21   2018—2022 年行情涨跌幅与附加分法得分增长率相关性分析

指标	2018 年	2019 年	2020 年	2021 年	2022 年
行情涨跌幅/%	—	5.86	14.63	28.62	−14.71
附加分法得分增长率/%	—	−15.06	−10.23	61.54	−33.29
相关系数	0.87				

3.3.1.5   中医药行业投资机会分析

（1）中医药行业投资环境分析

医疗保健行业和全 A 行业的投资机会可以直接影响中医药行业的投资机会。下面先对医疗保健行业、全 A 行业进行投资机会分析。

① 医疗保健行业投资机会

医疗保健行业投资机会分析分为以下三个步骤：

首先，准备行情数据。下载 2018—2022 年医疗保健行业行情涨跌数据，并计算其平均值，见表 3-22。

表 3-22   2018—2022 年医疗保健行业行情涨跌及平均值

年份	2018 年	2019 年	2020 年	2021 年	2022 年	平均值
开盘点位	6 654.44	8 963.53	13 524.94	12 970.80	10 495.37	10 521.82
收盘价	6 685.66	9 165.25	13 683.08	13 070.11	10 441.71	10 609.16
行情涨跌	−2 327.18	2 479.58	4 517.83	−612.97	−2 628.40	285.77
行情涨跌幅/%	−25.82	37.09	49.29	−4.48	−20.11	7.194

根据表 3-22 的数据，我们可以对行情涨跌和行情涨跌幅进行分析：

开盘点位。2018—2022 年，每年的开盘点位呈现出波动的趋势。最低开盘点位为 6 654.44，最高开盘点位为 13 524.94，平均每年开盘点位为 10 521.82。这表明市场的开盘价格存在一定的波动性。

收盘价。同样地，2018—2022 年，每年的收盘价也呈现出波动的趋势，但整体上收盘价比开盘价有所上涨。最低收盘价为 6 685.66，最高收盘价为 13 683.08，平均每年收盘价为 10 609.16。

行情涨跌和行情涨跌幅。从行情涨跌的数值和行情涨跌幅的百分比来看，市场的波动性较大。2018—2022 年行情涨跌幅分别为 −25.82%、37.09%、49.29%、−4.48% 和 −20.11%。其中，2019 年和 2020 年的行情涨幅较为显著，分别为 37.09%、49.29%。

综上所述，从历史数据来看，市场的开盘点位和收盘价都存在一定的波动性，但整体上收盘价比开盘价有所上涨。同时，行情涨跌和行情涨跌幅显示出市场存在较大的波动性，分析者在决策时需要注意市场波动特性，并结合其他因素进行综合考量。

其次，计算附加分法得分等数据，包括医疗保健行业附加分法得分及增长率、平均值，见表 3-23。

表 3-23　2018—2022 年医疗保健行业附加分法得分及其增长率

指标	2018 年	2019 年	2020 年	2021 年	2022 年	平均值
附加分法得分/分	65.91	60.66	64.93	78.01	65.29	66.96
增长率/%		−7.97	7.04	20.14	−16.31	0.73

根据表 3-23 的数据，我们可以对医疗保健行业附加分法得分及其增长率进行分析。

附加分法得分。2018—2022 年，医疗保健行业的附加分法得分呈现出一定的波动，从 2018 年的 65.91 分下降到 2019 年的 60.66 分，然后在 2020 年上升到 64.93 分，再到 2021 年达到最高点的 78.01 分，最后在 2022 年又下降到 65.29 分。这种波动显示出医疗保健行业附加分法得分的不稳定性。

增长率。从年度增长率来看，医疗保健行业的附加分法得分增长率也存在一定的波动。在 2019 年，得分增长率为 −7.97%，呈现出下降的趋势。然而，在 2020 年得分增长率出现了回升，为 7.04%。2021 年的增长率达到了 20.14%，呈现出较显著的增长。然而，2022 年的增长率再次下降到 −16.31%。增长率的波动性显示了医疗保健行业附加分法得分在不同年份之间的变动。

综上所述，医疗保健行业的附加分法得分在2018—2022年呈现出波动性，且其增长率也存在较大的波动。这反映出医疗保健行业面临着不同挑战和机遇。投资者和利益相关方需要结合其他指标进行综合评估，形成对医疗保健行业竞争力更全面的认识。

最后，得出关于医疗保健行业投资机会的结论。

由表3-23可知，医疗保健行业附加分法得分的增长率平均值为0.73%；由表3-22可知，医疗保健行业行情涨跌幅平均值为7.194%，行情增长率比附加分法得分的增长率高出了6.464%。从这个数据角度来看，目前行情被高估较多，不宜对医疗保健行业进行投资。

特别地，附加分法得分与行情涨跌关联性的不确定变动，会影响我们对医疗保健行业投资机会的判断。

②全A行业投资机会分析

全A行业投资机会分析分为以下三个步骤：

首先，准备行情数据（见表3-24）。

表3-24　2018—2022年全A行业行情涨跌及平均值

交易日期	2018年	2019年	2020年	2021年	2022年	平均值
收盘价	3 244.90	4 316.49	5 422.20	5 919.40	4 815.11	4 743.62
涨跌	−1 277.83	1 071.59	1 105.71	497.2	−1 104.29	58.48
涨跌幅	−28.25%	33.02%	25.62%	9.17%	−18.66%	4.18%

根据表3-24的数据，我们可以对收盘价、涨跌和涨跌幅进行分析：

收盘价。2018—2022年，收盘价呈增长的趋势。最低收盘价为3 244.90，最高收盘价为5 919.40，平均每年收盘价为4 743.62。这表明在这段时间内市场整体上是增长的，并且投资者能够获得相对可观的收益。

涨跌和涨跌幅。从涨跌的数值和涨跌幅的百分比来看，市场存在较大的波动性。2018—2022年涨跌幅分别为−28.25%、33.02%、25.62%、9.17%和−18.66%。这意味着市场存在较大的风险，并且投资者在这段时间内需要面对涨跌幅的波动。

综上所述，从历史数据来看，市场整体呈现出逐年增长的趋势，投资者在这段时间内能够获得一定的收益。然而，由于市场存在较大的波动性和风险，分析者在决策时需要十分谨慎，并结合其他因素进行综合考量。

此外，分析者可以考虑收盘价与附加分法得分的相关性，以获得更全面的市场分析数据。

其次，计算附加分法得分等数据（见表3-25）。

表3-25　2018—2022年全A行业附加分法得分及其增长率

指标	2018年	2019年	2020年	2021年	2022年	平均值
附加分法得分/分	47.52	47.08	45.43	48.2	45.49	46.74
增长率/%		-0.93	-3.50	6.10	-5.62	-0.99

根据表3-25的数据，我们可以对全A行业附加分法得分及其增长率进行分析。

全A行业的附加分法得分在2018—2022年呈现出一定的波动。从平均值来看，得分为46.74分，整体维持在一个相对稳定的水平。

而从年度增长率来看，全A行业的附加分法得分也存在一定程度的波动性。在2019年，得分增长率为-0.93%，出现了轻微的下降。在2020年，得分增长率进一步下降到-3.5%。然而，在2021年得分增长率出现了回升，达到6.10%。但在2022年，得分增长率又下降到-5.62%。

综上所述，全A行业的附加分法得分整体处于一个相对稳定的水平，并不呈现明显的上升或下降趋势。而增长率的波动性显示了附加分法得分在不同年份之间的变动。为了更全面地评估全A行业的竞争力，我们需要结合其他指标进行综合分析。

最后，得出关于全A行业投资机会的结论。

由表3-24和表3-25可知，2018—2022年全A行业行情增长率平均值为4.18%，附加分法得分的增长率平均值-0.99%，二者差异是5.17%。相对于中医药行业的财务评价变化幅度，行情点位被高估较多。相对于附加分法得分增长率均值而言，2018—2022年全A行业行情走势过高，不宜在此时进行投资。

特别地，我们需要注意附加分法得分与行情涨跌关联性的不确定变动，以及其他行业市场行情变化的影响，所有其他可能会影响我们对全A行业投资机会判断的因素都应该考虑进来。

（2）中医药行业投资机会比较分析

根据表3-26的数据可知，不同行业的行情涨跌幅和附加分法得分增长率均值之间存在差异。

表 3-26　2018—2022 年中医药行业与医疗保健行业、全 A 行业投资机会比较

行业简称	行情涨跌幅均值/%	附加分法得分增长率平均值/%	差异/%
中医药行业	0.95	0.74	0.21
医疗保健行业	7.19	0.73	6.46
全 A 行业	4.18	-0.99	5.17

首先，根据中医药行业行情涨跌幅与附加分法得分增长率相关性分析的显著相关性结论，我们可以合理地使用附加分法得分增长率来比较投资机会。从表 3-26 可以看出，2018—2022 年中医药行情涨跌幅的平均值为 0.95%，而 2018—2022 年附加分法得分增长率平均值为 0.74%。相对而言，市场行情表现超过中医药公司财务竞争力的提升，虽然只超过 0.21%，但这意味着中医药行业没有太好的投资机会。

其次，医疗保健行业的行情涨幅为 7.19%，涨幅较大，而附加分法得分增长率涨幅为 0.73%，涨幅较小，意味着医疗保健行业没有投资机会。

全 A 行业在行情行情涨幅为 4.18%，涨幅偏大，但附加分法得分增长率涨幅为-0.99%，涨幅为负值，意味着全 A 行业也没有投资机会。

（3）中医药行业投资机会分析结论

根据之前的讨论，我们可以得出以下结论：以附加分法评分值与行情涨跌的相对位置为依据，中医药行业没有好的投资机会。2018—2022 年的数据分析也显示中医药行业没有很好的投资机会。然而，我们需要注意当前的投资环境，目前医疗保健行业和全 A 行业都没有好的投资机会，这也反映出中医药行业的投资机会确实不大。

需要注意的是，这个结论是基于 2018 年以来行情与附加分法得分涨跌幅对比，并假设了中医药行业的行情相对于医疗保健行业和全 A 行业是合理的。如果没有考虑到这些前提条件，就可能会误导投资者，从而做出错误的投资判断。

另外，使用附加分法得分来评判行情是一种相对评价思维，其逻辑是有合理性的，但不能够绝对化处理。股票价格的涨跌除了受到基本面因素的影响，还受到宏观经济、行业发展、货币政策、汇率、投资者偏好、市场环境等因素的影响。因此，仅仅使用财务状况来预测股票价格的变化仍有许多不确定因素，使用附加分法得分来进行投资机会分析的方法仅供参考。

使用市盈率法、股票折现法和资产法等方法来衡量公司的价值更具有

科学性和可靠性，能够得出更加准确的结论。

3.3.1.6 中医药行业投资机会扩展分析

从近期的政策、市场动态和行业发展趋势来看，中医药行业在当前确实存在一些较好的投资机会。

首先，从政策角度来看，《中药注册管理专门规定》《中医药振兴发展重大工程实施方案》（以下简称《实施方案》）为中医药行业的发展提供了有力的政策支持。其中，《实施方案》提出，八大工程旨在进一步加大"十四五"期间对中医药发展的支持力度，推动中医药振兴发展。这些政策将有助于催生行业内的投资机会。

其次，从市场和行业发展趋势角度考虑，中医药行业在疫情背景下得到了进一步的发展，特别是中医药在预防疾病中起到了积极作用，提升了中医药行业在市场中的地位。随着人们对健康生活的重视程度越来越高，中医药产品的需求也在持续增加。同时，投资者也需要注意行业内的投资风险。例如，行业内的竞争程度、研发创新能力、监管政策等都可能影响投资的回报率。因此，投资者在选择投资机会时，需要对行业前景有清晰的认识，综合多方面的信息进行考虑，并适当分散投资以降低风险。

最后，虽然中医药行业、医疗保健行业和全 A 行业都没有投资机会，但由表 3-26 可知，中医药行业行情涨跌幅与附加分法得分增长率均值差异只有 0.21%，远低于医疗保健行业的 6.46% 和全 A 行业的 5.17%。从这个角度来看，如果需要投资，那么选择中医药行业无疑是最理性的。

总的来说，中医药行业在目前确实存在一些较好的投资机会，但投资者需要进行全面和深入的分析，以便做出明智的投资决策。

3.3.2 中医药上市公司整体投资价值分析

3.3.2.1 投资价值分析理论指标

投资价值分析方法有多种，虽然方法不同，但目的都一样，都是使用相关指标来评估特定时期的股价水平是否合理。这里选取常用的四个价值判断指标进行分析判断，这四个指标分别是市盈率、市净率、市现率和市销率。

（1）市盈率（price earnings ratio，简称 P/E 或 PER），也称"本益比""股价收益比率"或"市价盈利比率（简称市盈率）"。市盈率是指股票价格除以每股收益（EPS）的比率。

市盈率是最常用来评估股价水平是否合理的指标之一，是很具参考价值的股市指针。一般情况下，一只股票市盈率越低，市价相对于股票的盈利能力越低，表明投资回收期越短，投资风险就越小，股票的投资价值就越大；反之则反。

（2）市净率（Price-to-book Ratio，简称 P/B PBR）是指每股股价与每股净资产的比率。市净率可用于股票投资分析。一般来说，市净率较低的股票的投资价值较高；相反，投资价值较低。我们在判断投资价值时还要考虑当时的市场环境以及公司经营情况。

（3）市现率（rice-to-cash flow ratio，P/C ratio）是指股票价格与每股现金流量的比率。市现率可用于评价股票的价格水平和风险水平。市现率越小，表明上市公司的每股现金增加额越多，经营压力越小。对于参与资本运作的投资机构，市现率还意味着其运作资本的增加效率。

（4）市销率（price-to-sales，PS），PS＝总市值÷主营业务收入或者 PS＝股价÷每股销售额。市销率越低，说明该公司股票的投资价值越大。收入分析是评估企业经营前景至关重要的一步。没有销售收入，就不可能有收益[①]。

3.3.2.2　最新数据下的投资价值分析

在 Wind 行业标准分类下，本书将 882572.WI 中医药行业与 11 个一级行业价值指标进行比较分析，判断中医药行业在最新数据下的投资价值。

从 Wind 金融终端系统中下载的市盈率等指标的实时数据如表 3-27 所示。

表 3-27　中医药行业与 Wind 一级行业价值指标实时数据比较

代码	行业简称	收盘价	市盈率	市净率	市现率	市销率
882572.WI	中医药	10 954.73	48.31	3.13	22.56	3.29
882007.WI	金融	4 395.25	6.75	0.72	1.57	1.73
882003.WI	工业	4 359.96	27.58	1.91	13.56	0.83
882008.WI	信息技术	4 515.30	54.25	3.69	26.26	2.73
882002.WI	材料	4 763.67	21.65	1.90	13.63	0.94
882004.WI	可选消费	5 286.54	37.66	2.24	13.69	1.34

---

① 资料来源：https://baike.baidu.com/item/%E5%B8%82%E7%9B%88%E7%8E%87/90136。

表3-27（续）

代码	行业简称	收盘价	市盈率	市净率	市现率	市销率
882005.WI	日常消费	12 163.47	33.48	4.60	22.83	2.82
882006.WI	医疗保健	10 362.02	43.00	3.41	29.14	3.10
882001.WI	能源	3 347.58	7.93	1.15	3.89	0.55
882010.WI	公用事业	4 030.13	27.19	1.83	6.56	1.51
882009.WI	通信服务	3 366.24	17.72	1.52	5.57	1.60
882011.WI	房地产	2 549.30	—	0.88	4.51	0.52

根据表3-27的数据，我们可以对中医药行业的投资价值进行分析判断。

（1）中医药行业的市盈率为48.31，相对较高。这意味着投资者愿意为中医药行业每单位的盈利支付较高的价格。这可能是因为中医药行业被认为具有较强的增长潜力和盈利能力，吸引了投资者的关注。较高的市盈率意味着市场对该行业的前景有较高的期望，但也意味着该行业的股价被高估。

（2）中医药行业的市净率为3.13，表明其估值相对较高。市净率高表明市场对中医药行业的资产价值和潜在增长抱有较高期望。这可能是因为中医药行业拥有独特的文化和传统知识，以及其对健康和养生的重要性，吸引了投资者的兴趣。但较高的市净率也意味着该行业的股价高于其净资产价值。

（3）中医药行业的市现率为22.56，表明投资者愿意为中医药行业每单位的现金流支付较高的价格。这反映出市场对中医药行业的现金流稳定性和品牌价值保持乐观态度。

（4）中医药行业的市销率为3.29，表明市场愿意以较高的价格评估中医药行业每单位的销售额。这意味着投资者对中医药行业的市场规模和销售增长潜力持乐观态度，但也意味着市场对该行业的估值较高。

综上所述，中医药行业相对于金融行业以及其他行业而言在投资价值上具有一定的特点：市盈率、市净率、市现率和市销率的相对较高，表明市场对该行业的前景有一定的期望，中医药行业具备一定的投资潜力和价值。需要注意的是，投资决策不仅仅取决于一个行业的投资价值，还需要综合考虑市场环境、行业趋势、个股基本面等因素。投资者应该仔细研究该行业的具体情况，以便做出更准确的投资价值判断。

另外，中医药行业目前的估值水平处于历史中位水平，且政府对中医药发展的政策支持力度较大。此外，中医药行业在支付端有一定的优势，包括医保对中药饮片和配方颗粒的覆盖、中医医疗机构的特殊政策等。品牌中药也具有消费医疗属性和进入壁垒，可以享受更高的估值水平。

医疗保健行业在市盈率、市净率、市现率和市销率等方面也展示出较高的数值，总体上与中医药行业数据接近。这表明医疗保健行业在市场估值和现金流方面具有一定的优势。此外，医疗保健行业受到人口老龄化和健康意识增强等因素的推动，有望持续受益于行业发展。因此，医疗保健行业可能具有较好的投资价值，但仍需要注意风险因素，如政策调整和行业竞争等。

3.3.2.3 历史数据下的投资价值分析

在 Wind 行业标准分类下，本书分别选取中医药行业、医疗保健行业、全 A 行业 2018—2022 年相关价值指标进行比较分析，从历史数据视角探讨中医药行业投资价值。

（1）中医药及相关行业 2018—2022 年价值分析

我们从 Wind 金融终端下载中医药行业、医疗保健行业、全 A 行业数据并计算其平均值。

① 中医药行业 2018—2022 年价值分析

首先，摘录中医药行业 2018—2022 年价值指标数据并计算平均值，见表 3-28。

表 3-28 中医药行业 2018—2022 年价值指标及均值

指标	2018 年	2019 年	2020 年	2021 年	2022 年	平均值
市盈率	18.557	29.909	59.485	472.519	30.582	122.210
市净率	2.334	2.356	2.681	3.650	2.79	2.762
市现率	22.915	25.928	26.283	27.619	24.964	25.542
市销率	2.397	2.539	3.034	3.675	3.050	2.939

其次，进行价值分析。

根据表 3-28 的数据，我们可以对中医药行业市盈率、市净率、市现率和市销率进行分析。

市盈率。2018—2022 年，中医药行业的市盈率经历了较大的波动，从

18.557 增长到 472.519，然后回落到 30.582。这种波动反映出市场对中医药行业未来盈利能力的不确定性。

市净率。中医药行业的市净率相对稳定，从 2018 年的 2.334 增长到 2021 年的 3.650。这表明投资者对中医药行业的资产价值有持续的认可。

市现率。从 2018 年的 22.915 略微上升到 2022 年的 24.964，波动较小。市现率反映了企业每股市值与每股现金流量之间的关系。这种相对稳定的趋势表明中医药行业具有相对稳定的现金流。

市销率。中医药行业的市销率在 2018—2022 年中有波动，从 2018 年的 2.397 增长到 2022 年的 3.050。这表明市场对中医药行业的销售增长预期存在一定的波动性。

综合来看，中医药行业的市盈率在 2018—2022 年中呈现出波动趋势，市净率有持续上升的趋势，市现率相对稳定，市销率也有一定的波动性。投资者在考虑中医药行业的投资价值时，需要综合考虑这些指标的变化趋势以及行业的长期发展趋势等因素。此外，投资者还需要注意，市盈率的大幅波动反映出行业内的不确定性和风险，还应当进行深入的研究和风险评估，以做出明智的投资价值判断。

②医疗保健行业 2018—2022 年价值分析

首先，摘录医疗保健行业 2018—2022 年价值指标数据并计算平均值，见表 3-29。

表 3-29　医疗保健行业 2018—2022 年价值指标及均值

指标	2018 年	2019 年	2020 年	2021 年	2022 年	平均值
市盈率	25.627	42.433	65.642	51.093	34.276	43.814
市净率	2.876	3.724	5.453	4.861	3.54	4.091
市现率	29.928	32.659	40.689	36.365	30.219	33.972
市销率	2.269	2.874	4.743	4.266	3.338	3.498

其次，进行价值分析。

根据表 3-29 的数据，我们可以对医疗保健行业市盈率、市净率、市现率和市销率进行分析。

市盈率。医疗保健行业的市盈率在 2018—2022 年中经历了波动，从 2018 年的 25.627 上升到 2020 年的 65.642，然后回落到 2022 年的 34.276。与前一组数据相比，市盈率较高且波动较大，表明医疗保健行业的盈利能力可能存在一定的不确定性和风险。

市净率。医疗保健行业的市净率在2018—2022年中逐渐上升，从2018年的2.876增长到2022年的3.54。与前一组数据相比，市净率有所增加，这表明市场可能对医疗保健行业的资产价值有持续的认可。

市现率。在2018—2022年中也有一定的波动，从2018年的29.928增长到2022年的30.219，相对稳定。与前一组数据相比，市现率保持在较稳定的水平，表明医疗保健行业具有相对稳定的现金流。

市销率。医疗保健行业的市销率也有波动，从2018年的2.269增长到2022年的3.338。与前一组数据相比，市销率有所增加，这表明市场对医疗保健行业的销售增长有一定的期望。

综上所述，医疗保健行业的市盈率在2018—2022年中呈现波动，市净率有持续上升的趋势，市现率相对稳定，市销率也有一定的波动性。投资者在考虑医疗保健行业的投资价值时，需要综合考虑这些指标的变化趋势以及行业的长期发展趋势等因素。值得注意的是，市盈率的较高波动性可能反映了行业内的不确定性和风险。

③ 全A行业2018—2022年价值指标数据计算汇总

首先，摘录全A行业2018—2022年价值指标数据并计算平均值，见表3-30。

表3-30 全A行业2018—2022年价值指标及均值

指标	2018年	2019年	2020年	2021年	2022年	平均值
市盈率	13.144	17.498	23.358	20.109	16.721	18.166
市净率	1.415	1.701	2.027	2.030	1.59	1.752
市现率	9.930	12.136	10.645	12.046	8.011	10.554
市销率	1.110	1.341	1.680	1.564	1.241	1.387

其次，进行价值分析。

根据表3-30的数据，我们可以对全A行业市盈率、市净率、市现率和市销率进行分析。

市盈率。全A行业的市盈率从2018年的13.144逐渐上升到2020年的23.358，然后再略微回落。整体来看，全A行业的市盈率在2018—2022年中维持在相对较低的水平，波动幅度较小。

市净率。全A行业的市净率从2018年的1.415逐渐上升至2022年的

1.59。与市盈率相比，全 A 行业的市净率相对较低且波动范围较小。

市现率。全 A 行业的市现率在 2018—2022 年中有波动，从 2018 年的 9.930 增长至 2022 年的 8.011。整体来看，市现率保持在相对较低的水平，波动幅度较小。

市销率。全 A 行业的市销率从 2018 年的 1.110 上升至 2022 年的 1.241。与前三个指标相比，市销率在全 A 行业中的波动幅度相对较小。

综上所述，全 A 行业的市盈率、市净率、市现率和市销率在 2018—2022 年中整体上保持在相对较低的水平，并且波动范围较小。这反映了全 A 行业整体盈利能力、资产价值、现金流以及销售增长的稳定性。投资者在考虑全 A 行业的投资价值时，还需要综合考虑行业的发展前景、风险因素、竞争情况等因素。最终的投资价值判断应该基于全面的研究和风险评估。

（2）中医药行业 2018—2022 年投资价值比较分析

本书利用表 3-28、表 3-29、表 3-30 中的数据，在中医药行业、医疗保健行业和全 A 行业之间分别对市盈率、市净率、市现率和市销率进行比较分析，从而更加全面地分析中医药行业的投资价值。

① 市盈率比较分析

首先，摘录中医药行业、医疗保健行业和全 A 行业 2018—2022 年市盈率数据并计算平均值，见表 3-31。

表 3-31　三大行业 2018—2022 年市盈率比较

行业类别	2018 年	2019 年	2020 年	2021 年	2022 年	平均值
中医药行业	18.557	29.909	59.485	472.519	30.582	122.210
医疗保健行业	25.627	42.433	65.642	51.093	34.276	43.814
全 A 行业	13.144	17.498	23.358	20.109	16.721	18.166
中医-医疗[①]	-7.07	-12.524	-6.157	421.426	-3.694	78.396 2
中医-全 A[②]	5.413	12.411	36.127	452.41	13.861	104.044 4

注：① "中医-医疗" 是指中医药行业的市盈率与医疗行业的市盈率的差值，下同。

② "中医-全 A" 是指中医药行业的市盈率与医疗行业的市盈率的差值，下文中出现类似表达时，也意即相应指标值的两行业差值。

其次，进行价值分析。

根据表 3-31 的数据，我们可以对中医药行业的市盈率进行分析。

中医药行业的市盈率的变化。中医药行业的市盈率在2018—2022年中呈现出较大的波动，从2018年的18.557上升到2021年的472.519，然后回落到2022年的30.582。这种市盈率的波动可能与中医药行业的盈利能力的不稳定性和风险有关。

中医药行业的市盈率的平均值。中医药市盈率的平均值为122.210，相对较高。这表明中医药行业整体上具有较高的估值水平，可能是因为市场对该行业的增长潜力和前景抱有较高的期望。

中医药行业与医疗行业的比较。中医药行业的市盈率相对于医疗保健行业的市盈率波动更大。2018—2022年，中医药行业与医疗保健行业的市盈率的差异较大，为78.3962。这可能意味着中医药行业相对于医疗保健行业来讲具有更强的盈利能力和更高的估值。

中医药行业与全A行业的比较。中医药行业的市盈率相对于全A行业的市盈率也有较大的差异。2018—2022年，中医药行业与医疗保健行业的市盈率的差异较大，平均为104.0444。这表明中医药行业的市盈率表现相对较强，高于全A行业的平均水平。

综上所述，中医药行业的市盈率波动较大，医疗保健行业的市盈率相对稳定，全A行业的市盈率也保持在较稳定的水平。中医药行业的市盈率相对较高，并且在与医疗保健行业和全A行业的比较中表现出较强的性能，具有相对较高的估值水平。投资者在考虑中医药行业的投资价值时，需要综合考虑行业的长期发展趋势、市场竞争和盈利能力等因素，并进行深入的研究和风险评估，以做出明智的投资价值判断。

② 市净率比较分析

首先，摘录中医药行业、医疗保健行业和全A行业2018—2022年市净率数据并计算平均值，见表3-32。

表3-32 三大行业等2018—2022年市净率比较

行业类别	2018年	2019年	2020年	2021年	2022年	平均值
中医药行业	2.334	2.356	2.681	3.650	2.79	2.762
医疗保健行业	2.876	3.724	5.453	4.861	3.54	4.091
全A行业	1.415	1.701	2.027	2.030	1.59	1.752
中医-医疗	-0.542	-1.368	-2.772	-1.211	-0.751	-1.3288
中医-全A	0.919	0.655	0.654	1.62	1.201	1.0098

其次，进行价值分析。

根据表3-32数据，我们可以对中医药行业的市净率进行分析。

中医药行业市净率的变化。中医药行业市净率在2018—2022年中呈现逐渐增长的趋势，从2018年的2.334上升到2022年的2.79。这表明中医药行业的资产价值逐年增加，可能是因为行业内企业的资产规模扩大或者资产质量改善。

中医药行业市净率的平均值。中医药行业的市净率的平均值为2.762，处于中等水平。这表明中医药行业的资产价值相对稳定，不过需要注意的是，市净率仅仅是一种估值指标，不能完全反映资产的实际价值。

中医药行业与医疗保健行业的市净率比较。中医药行业的市净率相对于医疗保健行业的市净率波动较小。2018—2022年，中医药行业的市净率相对医疗保健行业的市净率的差异平均为-1.3288。这意味着中医药行业的资产价值相对较稳定，相对于医疗保健行业具有较高的资产质量。

中医药行业与全A行业的市净率比较。中医药行业的市净率相对于全A行业的市净率波动较大。2018—2022年，中医药行业的市净率相对全A行业的市净率的差异平均为1.0098。这表明中医药行业的资产价值相对较高，相对于全A行业具有更高的资产质量。

综上所述，中医药行业的市净率逐年增长，整体上具有较高的资产价值和资产质量。投资者在分析中医药行业的投资价值时，需要综合考虑行业的长期发展趋势、资产质量以及其他相关因素，并进行深入的研究和风险评估，以做出明智的投资价值判断。需要注意的是，市净率仅仅是一种估值指标，投资者还需要综合考虑其他指标和因素以获得更准确全面的投资价值判断信息。

③ 市现率比较分析

首先，摘录中医药行业、医疗保健行业和全A行业2018—2022年市现率数据并计算平均值，见表3-33。

表3-33　三大行业2018—2022年市现率及均值计算比较

行业类别	2018年	2019年	2020年	2021年	2022年	平均值
中医药行业	22.915	25.928	26.283	27.619	24.964	25.542
医疗保健行业	29.928	32.659	40.689	36.365	30.219	33.972
全A行业	9.930	12.136	10.645	12.046	8.011	10.554
中医-医疗	-7.013	-6.731	-14.406	-8.746	-5.255	-8.4302
中医-全A	12.985	13.792	15.638	15.573	16.953	14.9882

其次，进行价值分析。

根据表 3-33 的数据，分析结论如下：

中医药行业的市现率的变化。中医药行业的市现率在 2018—2022 年中呈现逐年增长的趋势，从 2018 年的 22.915 上升到 2022 年的 24.964。这表明中医药行业的现金流量逐年增加，可能是因为行业内企业的经营效率改善或者盈利能力增强。

中医药行业的市现率的平均值。中医药行业的市现率的平均值为25.542，相对较高。这表明中医药行业的经营活动产生的现金流量相对稳定且较高。

中医药行业的市现率与医疗保健行业的比较。中医药行业的市现率相对于医疗保健行业的市现率波动较小。2018—2022 年，中医药行业的市现率相对医疗行业的市现率的差异平均为-8.430 2。这意味着中医药行业的现金流量相对较稳定且高于医疗行业。

中医药行业的市现率与全 A 行业的比较。中医药行业的市现率相对于全 A 行业的市现率波动较大。2018—2022 年，中医药行业的市现率相对全 A 行业的市现率的差异平均为 14.988 2。这表明中医药行业的现金流量相对较高，相对于全 A 行业具有更好的经营活动产生现金流量的能力。

综上所述，中医药行业的市现率逐年增长，整体上具有较高的经营活动产生现金流量能力。投资者在考虑中医药行业的投资价值时，除了关注行业的长期发展趋势和盈利能力外，还需要关注行业的现金流量情况，以获得更全面的投资信息。需要注意的是，市现率仅仅是一种估值指标，投资者还需要综合考虑其他指标和因素，以做出明智的投资价值判断。

④ 市销率比较分析

首先，摘录中医药行业、医疗保健行业和全 A 行业 2018—2022 年市销率数据并计算平均值，见表 3-34。

表 3-34　三大行业 2018—2022 年市销率比较

行业类别	2018 年	2019 年	2020 年	2021 年	2022 年	平均值
中医药行业	2.397	2.539	3.034	3.675	3.050	2.939
医疗保健行业	2.269	2.874	4.743	4.266	3.338	3.498
全 A 行业	1.110	1.341	1.680	1.564	1.241	1.387
中医-医疗	0.128	-0.335	-1.709	-0.591	-0.288	-0.559
中医-全 A	1.287	1.198	1.354	2.111	1.809	1.551 8

其次，进行价值分析。

根据表3-34的数据，我们可以对中医药行业的市销率进行分析。

中医药行业的市销率的变化。中医药行业的市销率在2018—2022年呈现出增长的趋势，从2018年的2.397上升到2022年的3.050。这表明中医药行业的销售收入逐年增加，这可能是因为行业内企业的产品销售收入增长或者市场份额扩大。

中医药行业的市销率的平均值。中医药行业的市销率的平均值为2.939，处于中等水平。这表明中医药行业的销售收入相对稳定，说明行业具有一定的市场吸引力。

中医药行业的市销率与医疗行业的比较。中医药行业的市销率相对于医疗行业的销率波动较小。2018—2022年，中医药行业的市销率相对医疗行业的销率的差异平均为-0.559。这意味着中医药行业的销售收入具有相对较稳定的增长能力，相对于医疗行业表现较强。

中医药行业的市销率与全A行业的比较。中医药行业的市销率相对于全A行业的销率波动较大。2018—2022年，中医药行业的市销率相对全A行业的销率的差异平均为1.5518。这表明中医药行业的销售收入相对较高，相对于全A行业具有较强的市场竞争力。

综上所述，中医药行业的市销率逐年增长，整体上具有较强的销售收入增长能力和市场竞争力。投资者在考虑中医药行业的投资价值时，需要关注行业的长期发展趋势、市场份额以及产品销售增长情况等因素，并进行深入的研究和风险评估，以做出明智的投资价值判断。需要注意的是，市销率仅仅是一种估值指标，投资者还需要综合考虑其他指标和因素，以获得更全面准确的投资价值信息。

（3）中医药行业2018—2022年投资价值分析结论

根据以上内容和市场指标数据，我们可以得出以下结论：

从市盈率、市净率、市现率、市销率等指标来看，中医药行业相对于医疗保健行业表现出较低的数值，表明中医药行业具有较大上涨空间，在这些指标上具有相对较高的投资价值。尤其是与全A行业相比，中医药行业的指标数值更高，这进一步显示出中医药行业的投资价值相对较高。

然而，投资者需要考虑每个指标的权重以及个人对指标的偏好和评估标准的不同。在判断投资价值时，投资者还应结合市场环境、行业趋势、公司基本面等因素进行综合分析。此外，过去的表现不一定能完全代表未来的投资价值，投资者要谨慎而全面地评估中医药行业的投资价值。

总体而言，虽然中医药行业有一定的投资价值，但仍需要深入研究和分析。

（4）中医药行业的投资价值综述

从已有数据来看，中医药上市公司的整体投资价值表现不错，但也存在一定风险。

首先，从 2018—2022 年的附加分法得分来看，中医药行业大部分时间的得分都高于全 A 行业的得分。尤其是在 2021 年，中医药行业得分达到最高点 83.73 分，远高于全 A 行业的 48.20 分，说明 2021 年中医药行业的投资回报可能远超大部分行业。然而，据我们了解，近几年中医药行业虽然附加分法得分普遍较高，但不同公司间的表现还存在着较大的差异。一部分优质的中药企业因为具有核心技术或者独特的市场优势通过上市获得了大量的融资，实现了快速的发展。而另一部分公司可能因为种种原因，如市场竞争压力大、困扰等问题，投资价值并不高。

其次，值得注意的是中医药行业的附加分法得分标准差较大，达到11.46，表明行业附加分法得分的波动性较大，存在较高的风险。中医药行业在某个时间段内投资价值较高，但在另一个时间段内投资价值就较低。因此，投资者在投资中医药上市公司时，不能仅仅看行业附加分法平均得分，还需要针对具体的公司进行深入的调研和评估，才能准确把握投资价值。同时，投资者也需要充分考虑行业的风险，做好风险管理和控制。

最后，对于中医药上市公司的投资价值，投资者需要综合考虑公司的营业收入、净利润、市盈率、抗风险能力等多种指标。从近年来的数据看，中医药行业的整体发展态势良好，中医药上市公司的业绩也在稳步提升，显示出良好的投资价值。特别是在医疗保健需求增加、国家政策扶持等多重因素的推动下，中医药行业的发展空间还将进一步拓宽。

总的来说，对于投资中医药上市公司，投资者需要深入了解其所在的行业动态以及具体公司的经营状况，并结合自己的实际情况进行投资价值判断。

3.4 中医药上市公司整体社会效益分析

3.4.1 中医药上市公司社会效益评价要素

这里的中医药上市公司整体社会效益分析是区别于后面的中医药分类别上市公司分析的特称。

3.4.1.1 中医药上市公司社会效益评价一般要素

中医药上市公司社会效益评价一般要素通常指以下五个方面：

（1）促进就业和经济发展。中医药上市公司的运营和发展可以创造大量工作机会，为社会提供就业岗位。中医药上市公司还能够带动相关产业的发展，促进经济增长和地方经济的发展。

（2）保护和传承中药文化。中医药上市公司通过研发、生产和销售优质中药产品，促进中药的保护和传承。中医药上市公司可以推动中药文化的传播，增强公众对中药的认知和认同，提高中药的社会地位。

（3）提供健康保健产品。中医药上市公司生产的中药产品，具有一定的保健和治疗功效，可以帮助人们治疗疾病和维持健康。中医药上市公司通过提供优质的中药产品，为人们提供健康管理和护理的选择。

（4）促进科技创新和研发能力提升。中医药上市公司在研发创新方面发挥着重要作用。中医药上市公司投入资金和资源开展研发工作，推动中药领域的科技创新和技术进步。这有助于提升中医药行业的整体水平和竞争力。

（5）社会慈善和公益事业支持。中医药上市公司积极参与社会慈善和公益事业，通过捐款、物资支持和志愿活动等方式，帮助改善弱势群体的生活条件，支持社会公益事业的发展。

总的来说，中医药上市公司的社会效益体现在促进就业和经济发展、保护和传承中药文化、提供健康保健产品、促进科技创新和研发能力提升、社会慈善和公益事业支持等多个方面。通过履行社会责任和提供有益的产品和服务，中医药上市公司对社会的发展和福祉做出了积极贡献。

3.4.1.2 中医药上市公司社会效益评价重点要素

中医药上市公司社会效益评价重点要素就是经济发展和就业促进。

经济发展良好，通常能够带动就业，从而使个人收入增加，消费能力提高，进一步刺激经济增长，形成良性循环。同时，稳定的就业环境也能保证社会的稳定和谐。

对于中医药上市公司来说，其经济发展主要体现在公司的营业收入、利润等方面。公司发展壮大后，能够提供更多的就业机会，从而促进经济社会的发展。同时，公司发展壮大后，也能为保护和传承中药文化、提供健康保健产品、推动科技创新以及支持社会慈善和公益事业提供更有力的保障和支持。比如，公司的利润增长，可以为公司提供更多的资金用于研发和公益事业。因此，经济发展和就业促进可以说是其他各项工作的基础和保障。

综上所述，在上面提到的五个方面的社会效益评价要素中，我们选择就业促进和经济发展要素进行讨论，重点讨论就业、员工薪酬、企业创收与创利以及股东分红等几方面的具体表现。

另外，为了避免重复叙述，下面的重点是纵向分析，中医药行业的横向比较内容在后面中医药上市公司发展问题一章中有相关介绍。

3.4.2 中医药上市公司就业贡献分析

3.4.2.1 2013—2022 年员工人数总体上呈增长趋势

本书选取中医药上市公司 2013—2022 年员工人数数据，并计算其增长率和平均值，如表 3-35 所示。

表 3-35 2013—2022 年中医药上市公司员工人数及增长率

指标	2013年	2014年	2015年	2016年	2017年	2018年	2019年	2020年	2021年	2022年	平均值
员工人数/万人	16.4	17.1	22.5	25.4	27.0	27.8	28.0	28.9	28.7	28.01	24.98
增长率/%		4.08	31.95	12.56	6.31	2.90	0.80	3.36	-0.59	-2.34	6.56

由表 3-35 可以得出以下分析结果：

（1）员工人数在 2013—2022 年总体上呈增加趋势。员工人数最多的年份是 2020 年，为 28.9 万人。

（2）员工人数增长率在 2015 年达到最高峰，为 31.95%，之后的增长率逐年下降，2021 年和 2022 年呈现负增长。

（3）平均增长率为6.56%。这意味着员工人数在这个时期内整体上呈现出较快的增长趋势。

综上所述，中医药上市公司在2013—2022年的员工人数稳步增长，但增长率总体上呈现逐年下降的趋势。

为使数据关系更加直观清晰，我们使用表3-35中的数据创建了一个折线图，图3-4展示了2013—2022年中医药上市公司员工人数及增长率变化情况。

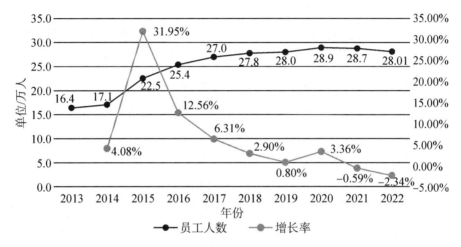

图 3-4　2013—2022 年中医药上市公司员工人数及增长率

3.4.2.2　中医药上市公司带动社会就业人数较多

根据文献资料分析，截至2022年年末，沪市主板公司员工总数达到1 691万人，相较2021年增加了18万人。其中有近300家公司的员工总数超过1万人。以国内生产总值（GDP）占比来测算，这些上市公司间接带动了超过2亿人的就业。根据这些数据可以得出以下结论：每个上市公司的员工平均带动了至少11.8人的就业。而仅在中医药行业，截至2022年年底，上市公司的员工人数即达到28.01万人，这些公司还间接带动了330.54万人的就业。

中医药行业在前端的培育和种植环节大量利用农业人口。虽然农业人口在生产效率和薪酬方面存在限制，但由于其特殊性质在相同产值下能够带动更多的就业人口。

与此同时，供销和技术维护等活动进一步促进了人员之间的交流，有助于繁荣农村经济，也更符合乡村振兴政策的导向。因此，中医药上市公司不仅能够直接带动就业，而且具有良好的间接社会效应。

3.4.3　中医药上市公司月人均薪酬、人均创收和人均创利分析

3.4.3.1　月人均薪酬、人均创收和人均创利数据准备

本书选择中医药上市公司 2013—2022 年月人均薪酬、人均创收和人均创利数据，并将其汇总成表 3-36。

表 3-36　中医药上市公司 2013—2022 年月人均薪酬、人均创收和人均创利汇总表

年份	月人均薪酬/万元	人均创收/万元	人均创利/万元
2013	1.073	76.641	10.304
2014	1.069	84.239	11.929
2015	1.178	83.313	11.469
2016	1.305	88.471	11.807
2017	1.387	96.703	12.813
2018	1.492	107.216	11.095
2019	1.894	118.166	7.254
2020	2.177	108.254	-0.884
2021	2.071	114.043	15.423
2022	2.806	126.259	7.269
平均值	1.645	100.330	9.848

3.4.3.2　月人均薪酬、人均创收和人均创利数据分析

根据表 3-36 的数据，我们可以得出以下分析结论：

（1）月人均薪酬在 2013—2020 年逐年增加，从 1.073 万元增加到 2.177 万元，在 2021 年略有下降，为 2.071 万元，但在 2022 年有显著增长，达到 2.806 万元，增长 35.49%。这显示了中医药上市公司在员工薪酬方面逐年提升。

（2）人均创收呈现出波动的趋势。2013—2015 年人均创收有轻微增长，在 2016—2017 年有较为显著的增长，然而在 2018—2020 年呈现下降

趋势，尤其是 2020 年出现了负增长。在 2021 年和 2022 年，人均创收再度增长。2022 年人均创收高达 126.259 万元，为十年来最高值。

（3）人均创利在 2013—2017 年呈现增长的趋势，在 2018—2019 年出现下降，接着在 2020 年出现负增长，亏损 0.884 万元。然而，在 2021 年和 2022 年，人均创利再次大幅增长。2021 年人均创利高达 15.423 万元，为十年来最高值。

综上所述，中医药上市公司在月人均薪酬、人均创收和人均创利方面经历了波动的变化。月人均薪酬和人均创收呈现逐年增长的趋势，但在某些年份出现了波动。而人均创利在一段时间内呈现增长，然后又出现下降。这些数据反映出中医药上市公司在对经济发展贡献方面表现出的变动和挑战。

为使数据关系更加直观清晰，我们使用表 3-36 的数据创建了折线图，见图 3-5 和图 3-6。

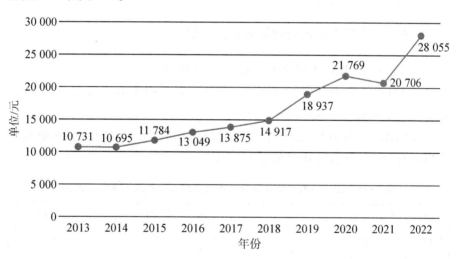

图 3-5　2013—2022 年中医药上市公司月人均薪酬变化

由图 3-5 可以直观看出，中医药上市公司 2013—2022 年月人均薪酬总体上呈上升态势，2021 年有所回调，但 2022 年又开始大幅上涨。

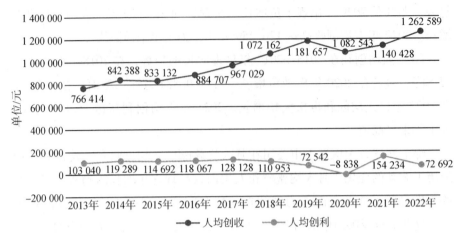

图 3-6 2013—2022 年中医药上市公司人均创收和创利比较图

由图 3-6 可以直观看出，中医药上市公司 2013—2022 年人均创收和创利差距有进一步拉大趋势。

3.4.4 中医药上市公司现金分红分析

3.4.4.1 中医药上市公司现金分红数据准备

对于中医药行业，现金分红是股东实际获得回报的重要途径。为此，我们将重点对现金分红数据进行分析。

我们选取中医药上市公司 2013—2022 年的现金分红及相关指标数据作为研究对象，并将其分别列在表 3-37 中。

表 3-37 2013—2022 年中医药上市公司现金分红及相关指标数据

年份	归母净利润①/亿元	现金分红总额/亿元	股息支付率/%	分红公司数量/个
2013 年	169.09	50.78	30.03	43
2014 年	203.74	61.14	30.01	45
2015 年	258.48	75.2	29.09	47
2016 年	299.51	102.86	34.34	51
2017 年	345.55	120.6	34.90	61
2018 年	307.92	119.96	38.96	51

---

① "归母净利润"是归属于母公司所有者的净利润的简称，下同。

表3-37(续)

年份	归母净利润/亿元	现金分红总额/亿元	股息支付率/%	分红公司数量/个
2019 年	202.94	153.37	75.57	51
2020 年	-25.56	149.66	-585.63	49
2021 年	443.35	166.95	37.66	54
2022 年	204.07	160.19	78.49	50

3.4.4.2 中医药上市公司现金分红分析

对于表 3-37 中现金分红及相关指标数据统计分析如下：

（1）归母净利润

10 年间，归母净利润呈现波动上升的趋势，从最低值-25.56 亿元（2020 年）增长至最高值 443.35 亿元（2021 年）。在整个期间内，归母净利润的总体趋势是增长的。

（2）现金分红总额

10 年间，现金分红总额呈现波动上升的趋势，从最低值 50.78 亿元（2013 年）增长至最高值 166.95 亿元（2021 年）。现金分红总额在 2020 年出现了一个异常值，现金分红总额为 149.66 亿元，出现了-585.63% 的负增长。

（3）股息支付率

股息支付率指的是现金红利与归母净利润之间的比率。不考虑负值的情况下，10 年间，股息支付率整体呈上升趋势，从最低值 29.09%（2015 年）增长至最高值 78.49%（2022 年）。

2019 年和 2022 年的股息支付率超过了 75%，呈现出较好的现金分红能力。

（4）分红公司数量

10 年间，分红公司数量波动较小，维持在 43 至 61 个之间。

总体而言，中医药上市公司的现金分红总额和归母净利润在 2013—2022 年呈现波动上升的趋势。其中，2021 年是现金分红总额和股息支付率的高峰年份，而 2019 年和 2022 年则是现金分红能力较好的年份。

3.4.5 中医药上市公司社会效益评价

根据前面的分析，我们可以得出中医药上市公司的社会效益总体评价。

（1）员工人数增加

2013—2022 年，中医药上市公司的员工人数呈小幅波动，平均维持在24.98 万人左右。员工人数的增长是中医药上市公司在就业和人力资源方面的重要贡献，为社会创造了大量就业机会。

（2）人均薪酬增长

2013—2022 年，中医药上市公司的人均薪酬呈增长趋势，这表明中医药上市公司在人力资源管理上具有一定的福利提高和薪资水平提升的能力，为员工创造了更好的福利待遇。

（3）人均创收和人均创利走势分化

中医药上市公司的人均创收和人均创利也呈现出增长的趋势。人均创收从 2013 年的 76.641 万元增长到 2022 年的 126.259 万元，人均创利从2013 年的 10.304 万元下降至 2020 年的 −0.884 万元，再增长到 2022 年的7.269 万元。这反映了中医药上市公司的经营能力和盈利能力的持续提升，为企业和行业创造了更高的价值。

（4）归母净利润和现金分红震荡上升

中医药上市公司的归母净利润和现金分红也呈现出增长的趋势，这表明中医药上市公司的经济运营稳定并且盈利能力逐渐增加。另外，现金分红总额也呈现出逐年增长的趋势。这对股东和投资者来说是一个积极的信号。

总体来说，根据提供的数据，中医药上市公司在就业创造、员工薪酬提高、经济效益与盈利能力等方面都表现出一定的增长和改善。这可以被视为中医药上市公司的总体社会效益的体现。

然而，需要注意的是，这仅是从经济指标的角度对中医药上市公司的总体社会效益进行分析，还需要综合考虑其他因素，如医疗服务质量、患者满意度以及整个社会对中医的认可和需求，才能全面评估中医药上市公司的社会效益。

综上所述，中医药上市公司在经济和社会效益方面取得了一定的成绩，但也面临着挑战。政府要加大政策支持力度，加强公司科技研发、提高质量标准和推动国际化合作，中医药上市公司有望进一步提升其社会经济效益。

4 不同类别中医药上市公司发展质量分析

4.1 中医药上市公司财务竞争力评价与分类

4.1.1 中医药上市公司财务竞争力评价

4.1.1.1 确定样本公司

本书的财务综合竞争力评价的对象不是所有中医药上市公司,我们以有 2018—2022 年完整数据的公司作为样本公司。

(1) 剔除上市未满五年的股票:833266.BJ/生物谷与 836433.BJ/大唐药业;

(2) 剔除 ST、＊ST 和退市股票,因此剔除:600518.SH/ST 康美、002411.SZ/＊ST 必康、300108.SZ/＊ST 吉药、002433.SZ/＊ST 太安、002118.SZ ＊ST/紫鑫、600671.SH/＊ST 目药、600781.SH/退市辅仁、002411.SZ/必康退等。

本书共选择 64 个中医药上市公司作为财务综合竞争力评价对象,其股票代码与公司简称见表 4-1。

表 4-1 中医药样本公司代码与简称表

序号	代码	公司简称	序号	代码	公司简称	序号	代码	公司简称
1	000539.SZ	云南白药	23	600993.SH	马应龙	45	002644.SZ	佛慈制药
2	000423.SZ	东阿阿胶	24	000650.SZ	仁和药业	46	603998.SH	方盛制药
3	600750.SH	江中药业	25	002107.SZ	沃华医药	47	002737.SZ	葵花药业

表4-1（续）

序号	代码	公司简称	序号	代码	公司简称	序号	代码	公司简称
4	000623.SZ	吉林敖东	26	600351.SH	亚宝药业	48	600566.SH	济川药业
5	000766.SZ	通化金马	27	000590.SZ	启迪药业	49	600771.SH	广誉远
6	600085.SH	同仁堂	28	600252.SH	中恒集团	50	600332.SH	白云山
7	600211.SH	西藏药业	29	002198.SZ	嘉应制药	51	002750.SZ	龙津药业
8	600222.SH	太龙药业	30	002275.SZ	桂林三金	52	603567.SH	珍宝岛
9	000999.SZ	华润三九	31	002287.SZ	奇正藏药	53	002773.SZ	康弘药业
10	000989.SZ	九芝堂	32	300026.SZ	红日药业	54	00790.SZ	华神科技
11	600285.SH	羚锐制药	33	002317.SZ	众生药业	55	300519.SZ	新光药业
12	600422.SH	昆药集团	34	300039.SZ	上海凯宝	56	300534.SZ	陇神戎发
13	600329.SH	达仁堂	35	300049.SZ	福瑞股份	57	603858.SH	步长制药
14	600535.SH	天士力	36	002349.SZ	精华制药	58	002826.SZ	易明医药
15	600557.SH	康缘药业	37	002390.SZ	信邦制药	59	603139.SH	康惠制药
16	600436.SH	片仔癀	38	002412.SZ	汉森制药	60	603896.SH	寿仙谷
17	600479.SH	千金药业	39	002424.SZ	贵州百灵	61	002873.SZ	新天药业
18	600594.SH	益佰制药	40	300147.SZ	香雪制药	62	600538.SH	国发股份
19	600572.SH	康恩贝	41	300158.SZ	振东制药	63	603963.SH	大理药业
20	600976.SH	健民集团	42	300181.SZ	佐力药业	64	002864.SZ	盘龙药业
21	600613.SH	神奇制药	43	002566.SZ	益盛药业			
22	900904.SH	神奇B股	44	002603.SZ	以岭药业			

4.1.1.2　确定附加分法评分模型

本书用附加分法进行综合财务评价。如前所述，附加分法具有较强的科学性，评价结果更加客观可靠。

（1）确定附加分法计算参数

① 指标选择

偿债能力指标包括资产权益率、流动比率、速动比率；盈利能力指标包括净资产收益率、销售毛利率；运营能力指标包括存货周转率、应收账款周转率；发展能力指标只包括净利润增长率（见表4-2）。

② 权重设计

按照综合财务分析的原则，偿债能力、盈利能力、运营能力和发展能力都是财务评价中重要的指标。然而，根据常规财务评价的观点，盈利能力与偿债能力被认为是最为重要的能力。

盈利能力可以反映企业的盈利水平，对企业的持续经营和发展潜力有着重要影响。偿债能力是指企业偿还债务的能力，包括偿还到期债务和支付利息的能力。偿债能力会直接影响企业的信用风险和长期稳定运营的能力。如果一家企业无法按时偿还债务，则信用评级将降低，进而威胁到企业的生存与发展。

为了突出盈利能力与偿债能力重要性，其相应评价指标权重应该更大一些。

本书的权重设计如下：资产权益率、流动比率、速动比率、净资产收益率、销售毛利率、存货周转率、应收账款周转率、净利润增长率 8 个指标的权重分别为：15、5、5、30、20、10、5、10。

③ 指标标准值、最低限值、最高限值

本书将 64 个中医药上市公司指标值的均值作为指标标准值，计算 64 个中医药上市公司相应指标值的标准差，将指标标准值减去单倍标准差或双倍标准差作为最低限值，将指标标准值加上单倍标准差或双倍标准差作为最高限值。

④ 直接得分、附分值和超分

本书根据附加分法计算原理分别计算 64 个中医药上市公司直接得分、附分值和超分。附分值就是附加分法得分，即附加分法评价的"基准分"。超分是附加分法超限之上的分值，是真正意义上的"附加分"。

（2）附加分法计算模型

表 4-2 中，附分值就是附加分法得分。附加分法评价的"基准分"为 63.75 分，这个分数虽然不高但及格了。超分得分为-3.50 分，是附加分法超限之上的分值，是真正意义上的"附加分"。表 4-2 中销售毛利率表现太差，因此需要特别关注被评价对象有超分尤其是超分值过高或过低的指标。

表 4-2　附加分法计算模型设计表

选择的指标	分配的权重①	指标的标准值②	指标的实际值③	实际值得分④＝①×③÷②	最低限值分⑤	最高限值分⑥	直接得分⑦	附分值⑧＝⑥×①÷⑦	超分⑨
一、偿债能力指标	25						20.19	15.70	0.00
1.资产权益率	15	73.62	65.58	13.36	12.53	17.47	13.36	11.47	0.00
2.流动比率	5	3.35	2.68	4.00	2.06	7.93	4.00	2.52	0.00
3.速动比率	5	0.03	0.02	2.83	1.67	8.33	2.83	1.70	0.00
二、盈利能力指标	50						74.61	40.66	-3.50
1.净资产收益率	30	8.57	17.49	61.21	-0.70	60.70	60.70	30.00	0.51
2.销售毛利率	20	61.76	30.55	9.89	13.91	26.10	13.91	10.66	-4.01
三、运营能力指标	15						16.11	7.19	0.00
1.存货周转率	10	2.68	1.99	7.42	0.66	16.72	7.42	4.44	0.00
2.应收账款周转率	5	9.95	17.30	8.69	-5.80	15.81	8.69	2.75	0.00
四、发展能力指标	10						0.85	0.21	0.00
净利润增长率	10	-60.38	5.14	0.85	-60.41	40.41	0.85	0.21	0.00
五、综合得分	100						111.76	63.75	-3.50

4.1.1.3　中医药上市公司财务竞争力评价过程

（1）附加分法演算过程展示

本书以计算云南白药公司 2022 年附加分法得分为例，分四个步骤计算附加分法得分。

第一步，计算中间指标。

本书先计算八大指标的平均值和单倍标准差下的高低限值、双倍标准差下的高低限值，然后计算中间指标值，如表 4-3 所示。

表 4-3　附加分法评分计算中间指标案例（云南白药公司 2022 年）

指标	资产权益率/%	流动比率/倍	速动比率/倍	净资产收益率/%	销售毛利率/%	存货周转率/次	应收账款周转率/次	净利润增长率/%
平均值	68.9	2.82	0.02	7.17	56.52	2.84	8.32	-0.64
标准差	12.05	1.55	0.01	9.46	18.32	1.89	7.32	471.36
修正标准差	12.05	1.55	0.01	9.46	18.32	1.89	7.32	3.21
减双倍标差	44.8	-0.29	-0.01	-11.74	19.88	-0.94	-6.31	-7.07

表4-3（续）

指标	资产权益率/%	流动比率/倍	速动比率/倍	净资产收益率/%	销售毛利率/%	存货周转率/次	应收账款周转率/次	净利润增长率/%
加双倍标差	93	5.93	0.05	26.09	93.16	6.62	22.95	5.78
减单倍标差	56.85	1.27	0.01	-2.29	38.2	0.95	1	-3.85
加单倍标差	80.95	4.37	0.04	16.63	74.84	4.73	15.64	2.57

表 4-3 中的减单倍标差等于平均值减去标准差，这个差值就是单倍标准差下的指标最低限值，超过这个最低限值的直接得分会计入"超分"；同样，加标准差后的数值就是单位倍标准差下的指标最高限值。

减双倍标差就是用平均值减去标准差的 2 倍，这个差值就是双倍标准差下的指标最低限值，同样，加双倍标准差后得到的数值就是最高限值。

第二步，计算单倍标准差下附加分法得分。

本书按照附加分法模型计算原理，分别计算被评价对象会计报表八大指标实际值，运用表 4-3 中的平均值和单倍标准差下的高低限值，计算单倍标准差下的附加分法得分，如表 4-4 所示。

表 4-4　云南白药公司 2022 年单倍标准差下附加分法得分计算

选择的指标	分配的权重①	指标的标准值②	指标的实际值③	实际值得分④=①×③÷②	最低限值分⑤	最高限值分⑥	直接得分⑦	附分值⑧=⑦÷⑥×①	超分⑨	备注
一、偿债能力指标	25						25.40	18.90	0.00	
1.资产权益率	15	68.90	72.26	15.73	12.38	17.62	15.73	13.39	0.00	
2.流动比率	5	2.82	2.63	4.66	2.25	7.75	4.66	3.01	0.00	
3.速动比率	5	0.02	0.02	5.00	2.50	10.00	5.00	2.50	0.00	
二、盈利能力指标	50						46.25	24.32	-4.20	
1.净资产收益率	30	7.17	7.82	32.73	-9.58	69.58	32.73	14.11	0.00	
2.销售毛利率	20	56.52	26.32	9.31	13.52	26.48	13.52	10.21	-4.20	
三、运营能力指标	15						14.26	8.38	0.00	
1.存货周转率	10	2.84	3.28	11.56	1.10	16.65	11.56	6.94	0.00	
2.应收账款周转率	5	8.32	4.48	2.69	0.60	9.40	2.69	1.43	0.00	
四、发展能力指标	10						40.16	10.00	69.14	
净利润增长率	10	-0.64	7.00	109.30	-60.16	40.16	40.16	10.00	69.14	非常优秀
五、综合得分	100	145.95					126.06	61.60	64.94	

由表4-4可知，附加分法得分为61.60分。净利润增长率得到超分值69.14分，这个指标表现非常优秀，需要重点关注。

第三步，计算双倍标准差下附加分法得分。

同计算单倍标准差附加分法一样，运用表4-4中的平均值和双倍标准差下的高低限值，计算双倍标准差下的附加分法得分，如表4-5所示。

表 4-5　云南白药公司 2022 年双倍标准差下附加分法得分计算

选择的指标	分配的权重①	指标的标准值②	指标的实际值③	实际值得分④=①×③÷②	最低限值分⑤	最高限值分⑥	直接得分⑦	附分值⑧=⑦÷⑥×①	超分⑨	备注
一、偿债能力指标	25						25.40	15.87	0.00	
1.资产权益率	15	68.90	72.26	15.73	9.75	20.25	15.73	11.65	0.00	
2.流动比率	5	2.82	2.63	4.66	-0.51	10.51	4.66	2.22	0.00	
3.速动比率	5	0.02	0.02	5.00	-2.50	12.50	5.00	2.00	0.00	
二、盈利能力指标	50						42.05	14.65	0.00	
1.净资产收益率	30	7.17	7.82	32.73	-49.12	109.16	32.73	9.00	0.00	
2.销售毛利率	20	56.52	26.32	9.31	7.03	32.97	9.31	5.65	0.00	
三、运营能力指标	15						14.26	5.94	0.00	
1.存货周转率	10	2.84	3.28	11.56	-1.09	23.31	11.56	4.96	0.00	
2.应收账款周转率	5	8.32	4.48	2.69	-3.79	13.79	2.69	0.98	0.00	
四、发展能力指标	10						90.31	10.00	18.98	
净利润增长率	10	-0.64	7.00	109.30	-110.47	90.31	90.31	10.00	18.98	优秀
五、综合得分	100						172.01	46.46	18.98	

由表4-5可知，在双倍标准差下，附加分法得分为46.46分。净利润增长率仍得到超分值18.98分，因此需要重点关注净利润增长率指标。

第四步，计算全A行业单倍和双倍标准差下附加分法得分平均分。

附加分法得分 = （61.60 + 46.46）÷ 2 = 54.03（分）

最终得分54.03分，就是云南白药的附加分法得分。

（2）计算样本公司附加分法附分值

本书运用附加分法计算原理，分别计算出 64 个中医药样本公司2018—2022年附加分得分，将计算结果汇总成一张表，附加分法得分简称附分（见表4-6）。

表 4-6　2018—2022 年中医药样本公司附加分法得分

序号	公司简称	2018 年	2019 年	2020 年	2021 年	2022 年
1	济川药业	54	59.51	61.12	41.11	54.03
2	奇正藏药	63.44	33.25	49.3	56.13	65.6
3	片仔癀	70.58	66.05	68.92	62.65	74.95
4	马应龙	50.15	60.89	55.91	51.18	46.92
5	江中药业	47.93	33.08	41.66	42.72	35.4
6	寿仙谷	49.26	46.24	50.52	56.17	63.85
7	葵花药业	59.32	72.5	78.16	49.29	71.35
8	新光药业	25.49	41.32	28.05	23.6	24.47
9	西藏药业	54.84	68.5	54.84	61.89	66.86
10	康弘药业	49.48	43.31	56.2	43.75	60.35
11	沃华医药	51.47	61.08	64.55	64.03	74.08
12	仁和药业	43.06	53.74	46.44	49.94	40.41
13	桂林三金	48.97	50.04	51.75	57.36	61.91
14	以岭药业	54.19	42.52	53.82	76.19	43.07
15	羚锐制药	57	62.35	47.74	57.98	66.4
16	华润三九	63.96	67.71	70.9	77.59	74、18
17	盘龙药业	56.39	60.42	58.31	52.85	58.48
18	上海凯宝	36.17	54.52	57.04	50.68	36.29
19	健民集团	53.18	31.96	57.32	73.87	43.22
20	康缘药业	44.28	47.86	61.81	70.55	73.48
21	千金药业	47.12	44.39	39.28	53.6	43.08
22	汉森制药	47.12	44.39	39.28	53.6	43.08
23	新天药业	55.68	75.11	71.36	72.64	75.15
24	达仁堂	64.41	66.01	66.62	67.13	59.85
25	天士力	51.51	71.38	78.19	65.44	60.16
26	云南白药	45.55	32.57	49.23	52.19	40.94
27	白云山	31.94	58.21	45.53	55.32	38.3
28	福瑞股份	57.28	65.11	51.12	42.93	37.64
29	东阿阿胶	54.05	38.11	58.04	44.64	66.15
30	同仁堂	65.54	66.5	60.18	66.47	60.91

表4-6（续）

序号	公司简称	2018 年	2019 年	2020 年	2021 年	2022 年
31	吉林敖东	75.95	73.45	73.37	80.23	65.15
32	红日药业	47.97	57.24	55.58	57.13	45.29
33	众生药业	54.02	47.8	37.91	60.61	61.14
34	嘉应制药	59.95	62.18	52.1	61.98	64.49
35	康恩贝	43.55	47.95	55.34	59.73	61.96
36	振东制药	46.05	28.95	52.73	53.01	64.4
37	中恒集团	28.97	44.46	34.39	47.96	38.38
38	佐力药业	53.27	56.69	50.1	58.9	62.98
39	九芝堂	52.72	38.63	34.94	33.24	46.08
40	方盛制药	28.82	35.74	34.59	22.89	33.76
41	步长制药	34.86	51.19	53.93	79.76	37.87
42	精华制药	33.27	40.13	54.35	58.79	67.47
43	华神科技	40.51	45.47	43.41	52.43	43.39
44	龙津药业	53.82	53.38	71.57	62.2	74.74
45	益佰制药	32.39	32.72	47.01	35.92	48.79
46	昆药集团	45.51	44.87	41.25	46.22	71.74
47	大理药业	60.62	59.2	63.58	72.93	77.63
48	启迪药业	73.31	71.96	70.92	79.09	84.21
49	神奇制药	64.78	41.64	34.88	31.76	32.93
50	神奇 B 股	55.61	50.16	48.46	56.24	58.66
51	益盛药业	46.82	44.21	57.24	42.56	45.05
52	易明医药	44.56	41.08	45.21	35.4	32.44
53	亚宝药业	70.37	66.61	44.22	65.81	81.57
54	国发股份	44.02	59.03	47.03	54.42	35.57
55	陇神戎发	61.11	63.86	67.27	72.22	67.11
56	广誉远	43.87	41.14	36.12	36.95	53.44
57	贵州百灵	56.58	56.28	58.22	43.53	33.92
58	康惠制药	45.85	53.64	49.54	17.68	57.38
59	通化金马	48.72	45.95	39.76	38.96	27.86
60	珍宝岛	56.04	61.94	69.12	72.78	75.97

表4-6(续)

序号	公司简称	2018 年	2019 年	2020 年	2021 年	2022 年
61	佛慈制药	52.49	50.21	51.25	59.82	62.46
62	信邦制药	37.47	49.07	33.51	46.82	52.03
63	香雪制药	42.9	52.75	43.59	40.27	53.72
64	太龙药业	58.73	57.92	57.99	63.28	63.38

由表4-6可知,所有样本公司各年财务竞争力可以在表4-6中查到相关评价得分。得分高低决定了财务竞争力强弱。

4.1.2　中医药上市公司财务竞争力分类

4.1.2.1　中医药上市公司分类标准及必要性

（1）中医药上市公司分类标准

中医药上市公司的分类是根据其财务竞争力进行划分的。财务竞争力评价主要是通过附加分法进行评价,以反映出公司的财务竞争力。具体来说,附加分法通过对公司的财务指标进行分析和评估,给予相应的得分,从而判断公司的财务竞争力。

因此,中医药上市公司的分类标准是附加分法评分,即附分值。

附分值评价能够客观地反映出中医药上市公司的财务状况和能力,为分类和比较提供了依据。我们通过对不同公司的财务竞争力进行评价,可以更好地理解不同类别公司之间的差异,从而有助于投资者和其他分析者做出合理的投资决策。

（2）中医药上市公司分类必要性

① 公司之间差异客观存在

中医药上市公司之间的经济效益存在差异。根据前面得出的数据,我们可以看到中医药行业和医疗保健行业的附加分法得分在不同年份有所波动,无论是从时间维度还是从空间维度看,差异无处不在。

这种差异与波动可能是因为各个公司的经营策略、产品市场表现、研发能力、市场竞争状况、管理团队的能力和市场环境等因素的不同。一些中医药上市公司可能在创新研发、市场推广、品牌建设等方面取得了较好的表现,从而实现了较好的经济效益,而另一些公司可能面临竞争压力、产品质量问题等困扰,导致经济效益的下降。

此外，中医药行业作为一个经营环境较为复杂的行业，其经济效益受到许多因素的影响，如政策支持、市场需求、科研投入、品牌影响力等。不同公司在这些方面的差异也会导致经济效益的差异。

② 分类是为了寻找类别间财务差异特征

中医药上市公司之间的经济效益存在一定的差异，这取决于公司自身的经营情况和外部环境的影响。具体的差异程度需要通过进一步深入研究和比较来进行全面评估。

所有的差异最后都会体现在经济效益上。财务状况会反映这种差异，因此我们只需要按照财务状况的不同将公司分为不同类别，然后进行类别之间的比较分析，就能够找出不同类别公司的共同财务特征。

另外，分类以后，我们可以对优秀公司的表现进行案例分析，借鉴它们的先进做法，提升整个中医药行业的财务竞争力。

总之，不同类别特征差异也许会帮助我们找到提升中医药上市公司竞争力的路径。这就是我们对样本公司进行分类的必要性。

4.1.2.2　中医药上市公司财务竞争力排序

本书根据 2018—2022 年中医药样本公司附加分法得分汇总表，分别计算各样本公司附加分法得分的平均值，并按分值从高到低排序，如表 4-7 所示。

表 4-7　中医药样本公司 2018—2022 年附分平均值及排序

公司简称	得分平均值	平均值序	公司简称	得分平均值	平均值序
济川药业	75.9	1	众生药业	52.3	33
奇正藏药	73.63	2	嘉应制药	52.2	34
片仔癀	70.87	3	康恩贝	51.91	35
马应龙	69.99	4	振东制药	51.52	36
江中药业	68.63	5	中恒集团	50.82	37
寿仙谷	67.17	6	佐力药业	50.8	38
葵花药业	66.79	7	九芝堂	50.62	39
新光药业	66.31	8	方盛制药	49.92	40
西藏药业	66.13	9	步长制药	49.71	41
康弘药业	65.72	10	精华制药	49.03	42
沃华医药	65.34	11	华神科技	48.01	43

表4-7(续)

公司简称	得分平均值	平均值序	公司简称	得分平均值	平均值序
仁和药业	64.8	12	龙津药业	47.18	44
桂林三金	63.92	13	益佰制药	46.94	45
以岭药业	63.14	14	昆药集团	46.72	46
羚锐制药	63.04	15	大理药业	46.65	47
华润三九	61.39	16	启迪药业	45.86	48
盘龙药业	60.26	17	神奇制药	45.5	49
上海凯宝	60.14	18	神奇B股	45.5	50
健民集团	59.6	19	益盛药业	45.04	51
康缘药业	58.29	20	易明医药	44.82	52
千金药业	57.29	21	亚宝药业	44.1	53
汉森制药	56.39	22	国发股份	43.78	54
新天药业	55.25	23	陇神戎发	42.3	55
达仁堂	54	24	广誉远	41.2	56
天士力	53.96	25	贵州百灵	41.12	57
云南白药	53.95	26	康惠制药	40.25	58
白云山	53.83	27	通化金马	40.16	59
福瑞股份	53.71	28	珍宝岛	39.74	60
东阿阿胶	53.54	29	佛慈制药	39.37	61
同仁堂	53.21	30	信邦制药	38.83	62
吉林敖东	53.01	31	香雪制药	31.16	63
红日药业	52.64	32	太龙药业	28.59	64

4.1.2.3　中医药上市公司财务竞争力分类

按照财务综合竞争力排名的思路，我们可以将根据附加分法计算的2018—2022年得分平均值进行排序，将行业内的64个公司分为三类。

排名前十的公司为A类公司，排名最后的十个公司为C类公司，其余44个公司是财务表现一般的公司，即B类公司。其中，A类公司和C类公司都是后续的重点研究对象。

（1）A类公司

财务综合竞争力最强的A类公司共10个（见表4-8）。

表 4-8 A 类公司名单

公司简称	得分平均值	平均值序
济川药业	75.9	1
奇正藏药	73.63	2
片仔癀	70.87	3
马应龙	69.99	4
江中药业	68.63	5
寿仙谷	67.17	6
葵花药业	66.79	7
新光药业	66.31	8
西藏药业	66.13	9
康弘药业	65.72	10

（2）B 类公司

财务综合竞争力排中间的 B 类公司共 44 个，公司名单见表 4-9。

表 4-9 B 类公司名单

公司简称	得分平均值	平均值序	公司简称	得分平均值	平均值序
沃华医药	65.34	11	众生药业	52.3	33
仁和药业	64.8	12	嘉应制药	52.2	34
桂林三金	63.92	13	康恩贝	51.91	35
以岭药业	63.14	14	振东制药	51.52	36
羚锐制药	63.04	15	中恒集团	50.82	37
华润三九	61.39	16	佐力药业	50.8	38
盘龙药业	60.26	17	九芝堂	50.62	39
上海凯宝	60.14	18	方盛制药	49.92	40
健民集团	59.6	19	步长制药	49.71	41
康缘药业	58.29	20	精华制药	49.03	42
千金药业	57.29	21	华神科技	48.01	43
汉森制药	56.39	22	龙津药业	47.18	44

表4-9（续）

公司简称	得分平均值	平均值序	公司简称	得分平均值	平均值序
新天药业	55.25	23	益佰制药	46.94	45
达仁堂	54	24	昆药集团	46.72	46
天士力	53.96	25	大理药业	46.65	47
云南白药	53.95	26	启迪药业	45.86	48
白云山	53.83	27	神奇制药	45.5	49
福瑞股份	53.71	28	神奇B股	45.5	50
东阿阿胶	53.54	29	益盛药业	45.04	51
同仁堂	53.21	30	易明医药	44.82	52
吉林敖东	53.01	31	亚宝药业	44.1	53
红日药业	52.64	32	国发股份	43.78	54

（3）C类公司

财务综合竞争力最弱的C类公司共10个，公司名单见表4-10。

表4-10　C类公司名单

公司简称	得分平均值	平均值序
陇神戎发	42.3	55
广誉远	41.2	56
贵州百灵	41.12	57
康惠制药	40.25	58
通化金马	40.16	59
珍宝岛	39.74	60
佛慈制药	39.37	61
信邦制药	38.83	62
香雪制药	31.16	63
太龙药业	28.59	64

4.2 不同类别的中医药上市公司投资价值分析

4.2.1 样本公司财务竞争力总体评价

4.2.1.1 样本公司与中医药行业的附分值分析

（1）样本公司与中医药行业的附分及平均值比较

本书分别计算中医药行业（882572.WI）与样本公司（64 个公司）附加分法评分，按年统计附分值的平均值与标准差。

特别地，为了保持相同的比较基础，本书将中医药行业数据与 64 样本公司作为一个集合进行附加分法评分，将中医药行业的实际值用样本公司平均值、标准差等中间指标为计算基数，单独计算中医药行业附分值。计算结果见表 4-11。

表 4-11　2018—2022 年样本公司与中医药行业的附分及平均值比较

单位：分

代码或解释	行业简称	2018 年	2019 年	2020 年	2021 年	2022 年	平均值	标准差
882572.WI	中医药行业（专算）	46.42	39.59	31.31	61.96	42.38	44.33	10.11
64 个公司	样本公司	50.76	52.28	52.87	54.61	55.37	53.18	1.65

注：样本公司数据是根据表 4-5 中的附加分法得分计算得到的。

为避免造成前后数据混乱，此处将中医药行业特别标注为中医药行业（专算），即表示专门计算，只用于此处比较之用。

根据表 4-11 数据，我们可以对中医药行业和样本公司进行分析。

对于中医药行业（专算）：

① 附加分值：中医药行业在 2018—2022 年的附加分值分别为 46.42 分、39.59 分、31.31 分、61.96 分和 42.38 分，平均为 44.33 分。

② 波动程度：标准差为 10.11 分，表明中医药行业的附加分值在不同年份之间波动较大。

③ 年度变化：2018—2020 年，中医药行业的附加分值呈下降趋势，而在 2021 年有较大的提升，可能受到了市场需求变化或公司业绩等因素的影响。

对于样本公司：

① 附加分值：样本公司在 2018—2022 年的附加分值分别为 50.76 分、52.28 分、52.87 分、54.61 分和 55.37 分，平均为 53.18 分。

② 波动程度：标准差为 1.65 分，表明样本公司的附加分值在不同年份之间波动较小。

③ 年度变化：样本公司的附加分值在 2018—2022 年变化不大，整体上保持相对稳定的水平。

综合分析：

① 中医药行业的附加分值低于样本公司的附加分值，表明样本公司在评价指标上相对出色。

② 中医药行业的附加分值在不同年份之间波动较大，可能受到了市场波动、政策变化等因素的影响。

③ 样本公司的附加分值相对稳定，显示出较为可靠的绩效表现。

这些分析结果可以帮助我们理解中医药行业和样本公司在附加分值方面的表现，但具体原因需要进一步分析和研究。

为使数据关系更加直观清晰，我们使用表 4-11 的数据创建了一个折线图（见图 4-1）。

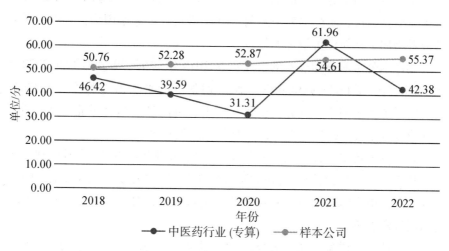

图 4-1 2018—2022 年中医药行业（专算）与样本公司附分值比较

从图 4-1 中可以看出，2018—2022 年样本公司附分值总体上高于中医药行业的附分，且附分值相对稳定。二者的差异是近几年成立的新公司和

ST 公司等未纳入样本公司所致，这说明未纳入样本的这些公司的财务状况表现较差，且财务表现不如样本公司稳定。

显然，对样本公司财务表现进行分析更有规律可循，分析结果更加可靠。筛选后的样本公司比全部中医药上市公司更适合当作分析评估对象。

（2）样本公司 2018—2022 年附分值的均值与标准差分析

本书分别计算 64 个样本公司的 2018—2022 年附分值的平均值、标准差及标准离差率，计算结果见表 4-12。

表 4-12　2018—2022 年样本公司各年附分值标准差及标准离差率

单位：分

年份	2018 年	2019 年	2020 年	2021 年	2022 年
附分平均值	50.76	52.28	52.87	54.61	55.37
附分标准差	10.79	11.82	11.74	14.2	14.94
附分标准离差率	0.21	0.23	0.22	0.26	0.27

其中，标准离差率＝标准差÷平均值

根据表 4-12 的数据，本书对样本公司的附分情况分析如下：

①样本公司附分平均值的变化：从 2018 年的 50.76 分增加到 2022 年的 55.37 分。这表明样本公司的附分逐年增长，可能是因为公司业绩的提升或者增加了其他评价指标的权重。

②样本公司附分标准差的变化：从 2018 年的 10.79 分增加到 2022 年的 14.94 分，增长率为 38.46%，而同期附分的平均值增长率才 9.08%。这表明样本公司的附分变异程度逐年增大，可能是因为公司业绩波动性的增加或者样本公司之间业务模式、规模差异的扩大。

③样本公司附分标准离差率的变化：从 2018 年的 0.21 分增加到 2022 年的 0.27 分。这表明样本公司的附分标准差相对于附分平均值的比例逐年增加，这可能意味着附分差异在整体上相对较大，总体上样本公司内部分化情况逐渐严重。

综上所述，样本公司的附分水平呈逐年增长的趋势，但是附分差异度也在逐年增大，公司之间财务竞争力内部分化越来越严重。分析者在评估样本公司的综合实力时，需要综合考虑其附分平均值、标准差以及标准离差率等指标。

4.2.1.2 样本公司财务竞争力总体评价

我们以样本公司各指标实际值平均数为基础，用11个一级行业指标平均值、标准差作为中间数据重新计算样本公司的附分值。由于样本公司与中医药行业的公司、全A行业的公司附分值计算基础都相同，因此它们的附分值可以直接比较。

为避免造成前后数据比较混乱，此处将样本公司特别标注为样本公司（专算），意即专门计算，只用于此处比较之用（见表4-13）。

表4-13 2018—2022年样本公司与医疗保健行业、全A行业附分及平均值比较表

单位：分

行业简称	2018年	2019年	2020年	2021年	2022年	平均值	标准差
全A行业	47.52	47.08	45.43	48.20	45.49	46.74	1.11
医疗保健行业	65.91	60.66	64.93	78.01	65.29	66.96	5.83
样本公司（专算）	59.53	58.67	59.26	58.85	57.63	58.58	0.65

从表4-13中可以看出，全A行业指数的附分在2018—2022年有所波动，从47.52分下降到45.49分，平均值为46.74分，标准差为1.11分。这表明该指数在这段时间内整体上呈现出下降的趋势，且波动较小。

医疗保健行业的附分在2018—2022年中也有所波动，从2018年的65.91分下降到2020年的64.93分，然后在2021年大幅上升到78.01分，最后在2022年回归到65.29分，平均值为66.96分，标准差为5.83分。这说明医疗保健行业的附分波动较大，且整体上呈现出增长的趋势。

样本公司的附分在2018—2022年保持稳定，在59分左右波动，平均值为58.58分，标准差为0.65分。这表明样本公司的附分值相对较稳定。

综上所述，从附分的波动情况来看，全A行业指数整体下降，医疗保健行业整体上增长，而样本公司相对稳定。从平均值来看，样本公司总体上财务竞争力高于全A行业，但医疗保健行业财务竞争力表现更为亮眼。

为使数据关系更加直观清晰，我们使用表4-13的数据创建了一个折线图（见图4-2）。

从图4-2中可以直观看出，样本公司与医疗保健行业得分值更高，财务竞争力比全A行业更强。

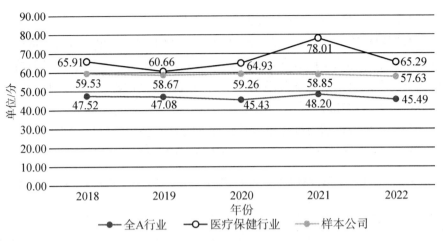

图 4-2 样本公司与医疗保健行业、全 A 行业 2018—2022 年附加分法得分比较

4.2.2 不同类别中医药上市公司财务竞争力比较

4.2.2.1 不同类别样本公司附分值统计分析

（1）A 类公司附分值统计分析

本书分别计算 A 类公司 2018—2022 年附分值的均值和标准差，计算结果见表 4-14。

表 4-14 A 类公司 2018—2022 年附分平均值、标准差

公司简称	2018 年	2019 年	2020 年	2021 年	2022 年	平均值	标准差
济川药业	73.31	71.96	70.92	79.09	84.21	75.9	5.02
奇正藏药	75.95	73.45	73.37	80.23	65.15	73.63	4.92
片仔癀	63.96	67.71	70.9	77.59	74.18	70.87	4.77
马应龙	55.68	75.11	71.36	72.64	75.15	69.99	7.3
江中药业	70.58	66.05	68.92	62.65	74.95	68.63	4.15
寿仙谷	56.04	61.94	69.12	72.78	75.97	67.17	7.26
葵花药业	60.62	59.2	63.58	72.93	77.63	66.79	7.23
新光药业	61.11	63.86	67.27	72.22	67.11	66.31	3.73
西藏药业	59.32	72.5	78.16	49.29	71.35	66.13	10.42
康弘药业	70.37	66.61	44.22	65.81	81.57	65.72	12.13
平均值	64.69	67.84	67.78	70.52	74.73	69.11	6.69

根据表 4-14 的数据，我们可以对 A 类公司的附分表现进行分析。以下是对各公司附分表现的主要分析结果：

从平均值和标准差来看，A 类公司平均附分得分为 69.11，标准差为 6.69。这表明 A 类公司在附分表现上较为稳定，且得分相对集中。

从平均得分来看，表现较好的公司有济川药业（75.9 分）、奇正藏药（73.63 分）和片仔癀（70.87 分）。这些公司在附分指标上取得了相对较高的得分。

表现一般的公司包括马应龙（69.99 分）、江中药业（68.63 分）、葵花药业（66.79 分）和新光药业（66.31 分）。这些公司的附分得分在平均水平附近。

表现较差的公司包括西藏药业（66.13 分）和康弘药业（65.72 分）。这些公司的附分得分相对较低。

另外，公司之间的得分差距较大。例如，济川药业的附分得分最高（75.9 分），而康弘药业的得分最低（65.72 分）。这表明不同公司在附分表现上存在明显的差异。

（2）B 类公司附分值统计分析

本书分别计算 B 类公司 2018—2022 年附分值的均值和标准差，计算结果见表 4-15。

表 4-15　B 类样本公司 2018—2022 年附分平均值、标准差　单位：分

公司简称	2018 年	2019 年	2020 年	2021 年	2022 年	平均值	标准差
沃华医药	51.51	71.38	78.19	65.44	60.16	65.34	9.16
仁和药业	64.41	66.01	66.62	67.13	59.85	64.8	2.64
桂林三金	65.54	66.5	60.18	66.47	60.91	63.92	2.79
以岭药业	53.82	53.38	71.57	62.2	74.74	63.14	8.82
羚锐制药	51.47	61.08	64.55	64.03	74.08	63.04	7.25
华润三九	54.84	68.5	54.84	61.89	66.86	61.39	5.77
盘龙药业	58.73	57.92	57.99	63.28	63.38	60.26	2.53
上海凯宝	59.95	62.18	52.1	61.98	64.49	60.14	4.27
健民集团	44.28	47.86	61.81	70.55	73.48	59.6	11.74
康缘药业	57	62.35	47.74	57.98	66.4	58.29	6.25

表4-15（续）

公司简称	2018年	2019年	2020年	2021年	2022年	平均值	标准差
千金药业	56.39	60.42	58.31	52.85	58.48	57.29	2.56
汉森制药	53.27	56.69	50.1	58.9	62.98	56.39	4.45
新天药业	52.49	50.21	51.25	59.82	62.46	55.25	4.93
达仁堂	48.97	50.04	51.75	57.36	61.91	54	4.9
天士力	54.19	42.52	53.82	76.19	43.07	53.96	12.2
云南白药	54	59.51	61.12	41.11	54.03	53.95	7.03
白云山	55.61	50.16	48.46	56.24	58.66	53.83	3.86
福瑞股份	43.55	47.95	55.34	59.73	61.96	53.71	6.98
东阿阿胶	63.44	33.25	49.3	56.13	65.6	53.54	11.66
同仁堂	49.26	46.24	50.52	56.17	63.85	53.21	6.22
吉林敖东	50.15	60.89	55.91	51.18	46.92	53.01	4.88
红日药业	47.97	57.24	55.58	57.13	45.29	52.64	5.02
众生药业	54.02	47.8	37.91	60.61	61.14	52.3	8.69
嘉应制药	54.05	38.11	58.04	44.64	66.15	52.2	9.88
康恩贝	53.18	31.96	57.32	73.87	43.22	51.91	14.05
振东制药	34.86	51.19	53.93	79.76	37.87	51.52	15.92
中恒集团	57.28	65.11	51.12	42.93	37.64	50.82	9.82
佐力药业	33.27	40.13	54.35	58.79	67.47	50.8	12.45
九芝堂	49.48	43.31	56.2	43.75	60.35	50.62	6.75
方盛制药	45.51	44.87	41.25	46.22	71.74	49.92	11.04
步长制药	56.58	56.28	58.22	43.53	33.92	49.71	9.49
精华制药	46.05	28.95	52.73	53.01	64.4	49.03	11.64
华神科技	44.02	59.03	47.03	54.42	35.57	48.01	8.17
龙津药业	46.82	44.21	57.24	42.56	45.05	47.18	5.22
益佰制药	36.17	54.52	57.04	50.68	36.29	46.94	8.98
昆药集团	43.06	53.74	46.44	49.94	40.41	46.72	4.75
大理药业	42.9	52.75	43.59	40.27	53.72	46.65	5.5

表4-15(续)

公司简称	2018年	2019年	2020年	2021年	2022年	平均值	标准差
启迪药业	31.94	58.21	45.53	55.32	38.3	45.86	9.93
神奇制药	47.12	44.39	39.28	53.6	43.08	45.5	4.78
神奇B股	47.12	44.39	39.28	53.6	43.08	45.5	4.78
益盛药业	40.51	45.47	43.41	52.43	43.39	45.04	4.02
易明医药	45.85	53.64	49.54	17.68	57.38	44.82	14.11
亚宝药业	45.55	32.57	49.23	52.19	40.94	44.1	6.88
国发股份	37.47	49.07	33.51	46.82	52.03	43.78	7.08
平均值	49.63	51.64	52.94	55.46	55.06	52.95	7.50

根据表4-15的数据,我们可以对B类公司的附分表现进行分析。以下是对各公司附分表现的主要分析结果:

从平均值和标准差来看,B类公司的平均附分得分为52.95,标准差为7.50。这表明B类公司在附分表现上较为稳定,且得分相对集中。

从平均得分来看,表现较好的公司有以岭药业(63.14分)、羚锐制药(63.04分)、桂林三金(63.92分)和华润三九(61.39分)。这些公司在附分指标上取得了相对较高的得分。

表现较差的公司包括启迪药业(45.86分)、易明医药(44.82分)、康恩贝(51.91分)和方盛制药(49.92分)。这些公司的附分得分相对较低。

另外,公司之间的得分差距较大。例如,振东制药的附分得分最高(51.52分),而康缘药业的得分最低(58.29分)。这表明不同公司在附分表现上存在明显的差异。

(3)C类公司附分值统计分析

本书分别计算C类公司2018—2022年附分值的均值和标准差,计算结果见表4-16。

表4-16　C类公司2018—2022年附分平均值、标准差

公司简称	2018年	2019年	2020年	2021年	2022年	平均值	标准差
陇神戎发	43.87	41.14	36.12	36.95	53.44	42.3	6.24
广誉远	64.78	41.64	34.88	31.76	32.93	41.2	12.28

表4-16(续)

公司简称	2018 年	2019 年	2020 年	2021 年	2022 年	平均值	标准差
贵州百灵	52.72	38.63	34.94	33.24	46.08	41.12	7.29
康惠制药	48.72	45.95	39.76	38.96	27.86	40.25	7.21
通化金马	47.93	33.08	41.66	42.72	35.4	40.16	5.33
珍宝岛	44.56	41.08	45.21	35.4	32.44	39.74	5.04
佛慈制药	32.39	32.72	47.01	35.92	48.79	39.37	7.1
信邦制药	28.97	44.46	34.39	47.96	38.38	38.83	6.81
香雪制药	28.82	35.74	34.59	22.89	33.76	31.16	4.76
太龙药业	25.49	41.32	28.05	23.6	24.47	28.59	6.54
C 类平均值	41.83	39.58	37.66	34.94	37.36	38.27	6.86

根据表 4-16 的数据，我们可以对 C 类公司的附分表现进行分析。以下是对 C 类公司附分表现的主要分析结果：

从平均值和标准差来看，C 类公司平均附分得分为 38.27，标准差为 6.86。这表明 C 类公司在附分表现上整体较为稳定，且得分相对集中。

从平均得分来看，表现较好的公司有康惠制药（40.25 分）、通化金马（40.16 分）和珍宝岛（39.74 分）。这些公司在附分指标上取得了相对较高的得分。

表现一般的公司包括佛慈制药（39.37 分）、信邦制药（38.83 分）和香雪制药（31.16 分）。这些公司的附分得分在平均水平附近。

表现较差的公司包括太龙药业（28.59 分）、贵州百灵（41.12 分）、陇神戎发（42.3 分）和广誉远（41.2 分）。这些公司的附分得分相对较低。

另外，公司之间的得分差距较大。例如，太龙药业的附分得分最低（28.59 分），而康惠制药的得分最高（40.25 分）。这表明不同公司在附分表现上存在明显的差异。

4.2.2.2 不同类别样本公司财务竞争力比较

本书分别计算 A 类公司、B 类公司、C 类公司 2018—2022 年附分平均值即附分，并进一步计算附分的平均值，结果见表 4-17。

表 4-17　2018—2022 年 A 类、B 类、C 类公司附分及平均值　单位：分

类别	2018 年	2019 年	2020 年	2021 年	2022 年	平均值
A 类公司	64.69	67.84	67.78	70.52	74.73	69.11
B 类公司	49.63	51.64	52.94	55.46	55.06	52.95
C 类公司	41.83	39.58	37.66	34.94	37.36	38.27

根据表 4-17 的数据，我们可以对不同类别简称的附分进行分析。

（1）不同类别的附加分法附分平均值和趋势：从平均值来看，A 类公司的附分平均值最高，为 69.11 分，其次是 B 类公司的附分平均值为 52.95 分，而 C 类公司的附分平均值最低为 38.27 分。这说明 A 类公司整体上在各个年份都具有较高的附分水平，而 C 类公司则整体上在各个年份都具有较低的附分水平。此外，公司还可以观察到，A 类公司的附分平均值随着年份逐年增长，而 C 类公司的附分平均值则逐年下降。

（2）不同类别的附分波动情况：通过观察附分的数值变化，我们可以发现 A 类公司的附分波动幅度较大，波动范围较大；B 类公司和 C 类公司的附分波动幅度相对较小。

（3）不同类别的附分差异：根据附分的平均值和数值变化，我们可以看出不同类别之间存在明显的附分差异。A 类公司的附分平均值较高，而 B 类公司和 C 类公司的附分平均值相对较低。同时，从附分的数值变化趋势来看，A 类公司的附分变化幅度最大，B 类公司和 C 类公司的附分变化幅度相对较小。

综上所述，不同类别公司的附分水平存在较大差异。投资者在评估公司的综合实力时，可以关注其附分水平，但也需要综合考虑其他重要因素，如财务状况、业绩表现和市场竞争力等。此外，附分的波动情况和趋势也可以为投资者提供一定的参考，但并不是唯一的决策因素，需要综合考虑其他市场和行业因素，以做出符合自己投资目标和风险承受能力的决策。

为使数据关系更加直观清晰，我们使用表 4-17 的数据创建了一个折线图（见图 4-3）。

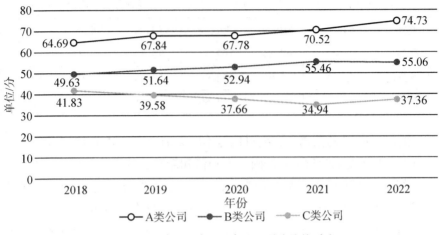

图4-3　A类、B类、C类公司附分均值对比

从图4-3可以看出，对于A类公司与C类公司的附分表现，A类公司附分越来越高，C类公司的附分呈下滑之势，虽然2022年附分有所升高，但仍然低于2020年附分。

4.2.3　不同类别中医药上市公司财务竞争力特征分析

本书分别计算A、B、C类样本公司财务竞争力明细指标，对A、B、C类样本公司分别进行财务竞争力分析，重点对A类与C类样本公司的财务竞争力进行对比分析。这里的财务竞争力特征主要是偿债能力、盈利能力、运营能力和成长能力的附分值所反映出来的能力强弱比较。

4.2.3.1　A类样本公司财务竞争力特征

为了更直观地判断偿债能力、盈利能力、运营能力和成长能力得分情况，本书以各指标权重为基础计算各指标附分的得分率。为了精简篇幅，提高分析效率，本书仅对单倍标准差下各指标附分值及得分率进行分析。使用双倍标准差下各指标附分值及得分率进行分析结果与单倍标准差分析相差不大。

（1）计算并统计A类公司2018—2022年各指标附分值得分率

本书分别计算2018—2022年A类公司各指标附分值。为更清晰地表达，本书将所有的附分值对照权重值转化为得分率。换算结果见表4-18。

表 4-18 2018—2022 年 A 类公司各指标附分值得分率

选择的指标	2018 年	2019 年	2020 年	2021 年	2022 年	平均值
一、偿债能力指标	0.87	0.84	0.87	0.86	0.85	0.86
1. 资产权益率	0.94	0.93	0.92	0.91	0.89	0.92
2. 流动比率	0.79	0.73	0.8	0.75	0.78	0.77
3. 速动比率	0.74	0.7	0.77	0.79	0.79	0.76
二、盈利能力指标	0.83	0.84	0.85	0.81	0.88	0.84
1. 净资产收益率	0.82	0.85	0.85	0.78	0.9	0.84
2. 销售毛利率	0.83	0.83	0.84	0.86	0.85	0.84
三、运营能力指标	0.54	0.62	0.57	0.46	0.64	0.57
1. 存货周转率	0.57	0.56	0.54	0.5	0.57	0.55
2. 应收账款周转率	0.48	0.75	0.63	0.38	0.77	0.6
四、发展能力指标	0.09	0.42	0.29	0.87	0.76	0.49
净利润增长率	0.09	0.42	0.29	0.87	0.76	0.49
平均值	0.72	0.77	0.76	0.78	0.82	0.71

注：作者直接使用附加分法计算得到附分，特定指标得分率＝该指标附分÷该指标权重。

（2）A 类公司 2018—2022 年财务竞争力特征分析

本书根据表 4-18 的数据分析 A 类公司各指标的变化，按照偿债能力指标、盈利能力指标、运营能力指标和发展能力指标依次进行分析。

① 偿债能力指标特征分析。资产权益率在 2018—2021 年呈现逐年下降的趋势，但在 2022 年有所回升。这可能意味着 A 类公司的负债较高，对应的资本结构较为松散。然而，2022 年，资产权益率有所回升，可能表明公司加强了财务稳定性的经营措施。

流动比率在 2018—2021 年略有波动，并且整体趋势较为平稳。此指标显示公司有足够的流动资金来偿还短期债务。

速动比率在 2018—2021 年略有波动，整体来看保持在较稳定的水平。这同样说明公司有较强的短期偿债能力。

A 类公司在偿债能力方面表现较好，平均得分率为 0.86。其中，资产权益率得分率的平均值为 0.92，说明 A 类公司具有相对较高的资产权益率。而流动比率和速动比率得分率相对较高，分别为 0.77 和 0.76，这意味着 A 类公司有相对较低的流动性风险和短期偿付能力风险。

② 盈利能力指标特征分析。净资产收益率在 2018—2021 年呈现下降的趋势，但在 2022 年有所回升。这表明公司的利润增长速度较缓慢，并且在 2022 年有所改善。

销售毛利率在 2018—2021 年保持较为稳定的水平，这说明公司能够保持一定的盈利能力。

A 类公司在盈利能力方面平均得分率为 0.84。净资产收益率和销售毛利率的得分率相对稳定，都接近平均值。这意味着 A 类公司在利润生成和销售毛利方面相对稳定。综合来看，A 类公司在盈利能力方面整体表现较好，净资产收益率和销售毛利率的得分率相对稳定。

③ 运营能力指标特征分析。存货周转率在 2018—2021 年略有波动，整体来看保持在较稳定的水平。这说明公司可能在管理存货方面能够保持较高的效率。

应收账款周转率在 2018—2021 年波动较大，表明公司回收应收账款的速度存在波动性。

A 类公司在运营能力方面表现一般，平均得分率为 0.57。存货周转率和应收账款周转率的得分率相对稳定，分别为 0.55 和 0.6。这说明 A 类公司的存货周转率和应收账款周转率相对不活跃，有待进一步提升运营效率。综合来看，A 类公司在运营能力方面整体表现一般。

④ 发展能力指标特征分析。净利润增长率在 2018—2021 年呈现较大波动，但整体来看保持在较低的水平。这表明公司的盈利增长速度不稳定。

A 类公司在发展能力指标方面的平均得分率为 0.49。净利润增长率得分率的平均值为 0.49。综合来看，A 类公司在发展能力方面整体表现一般，净利润增长率的得分率相对较低，说明 A 类公司的净利润增长较缓慢。

⑤ 平均值数据分析。2018—2022 年 A 类公司的偿债能力指标、盈利能力指标、运营能力指标和发展能力指标附加分得分率平均值分别为：0.86、0.84、0.57、0.49。可见 A 类公司偿债能力、盈利能力较强，而运营能力和发展能力较弱。

总体来看，A 类公司大部分指标在 2018—2021 年保持相对稳定的水平。受到市场环境和行业景气度的影响较大，部分指标出现波动也可能是因为受到了 A 类公司经营策略的影响。A 类公司在偿债能力、盈利能力方面表现较好，在运营能力和发展能力方面表现一般且有待提高。

当然，分析者还需要综合考虑其他更广泛指标并结合其他重要因素进行综合评估，以做出更为科学的决策。

4.2.3.2 B 类样本公司财务竞争力特征

（1）计算并统计 B 类公司 2018—2022 年各指标附分值得分率

本书分别计算 2018—2022 年 B 类公司各指标附分值，为更清晰地表达，将所有的附分值对照权重值转化为得分率。换算结果见表 4-19。

表 4-19　2018—2022 年 B 类公司各指标附分值得分率

选择的指标	2018 年	2019 年	2020 年	2021 年	2022 年	平均值
一、偿债能力指标	0.73	0.72	0.72	0.76	0.75	0.73
1. 资产权益率	0.87	0.86	0.87	0.87	0.87	0.87
2. 流动比率	0.56	0.54	0.53	0.57	0.60	0.56
3. 速动比率	0.49	0.47	0.47	0.59	0.53	0.51
二、盈利能力指标	0.61	0.58	0.61	0.61	0.59	0.60
1. 净资产收益率	0.49	0.44	0.50	0.49	0.47	0.48
2. 销售毛利率	0.79	0.80	0.79	0.78	0.78	0.79
三、运营能力指标	0.45	0.50	0.47	0.38	0.51	0.46
1. 存货周转率	0.56	0.52	0.52	0.48	0.54	0.52
2. 应收账款周转率	0.23	0.46	0.36	0.18	0.46	0.34
四、发展能力指标	0.09	0.44	0.41	0.76	0.55	0.45
净利润增长率	0.09	0.44	0.41	0.76	0.55	0.45
平均值	0.56	0.59	0.60	0.63	0.61	0.60

注：作者直接使用附加分法计算得到附分，特定指标得分率=该指标附分÷该指标权重。

（2）B 类公司 2018—2022 年财务竞争力特征分析

根据表 4-19 的数据，本书对 B 类公司的财务竞争力特征进行分析。

① 偿债能力特征分析。B 类公司在偿债能力方面表现较好，平均得分率为 0.73。资产权益率得分率保持较高的水平，表明公司相对较为稳定和安全而且具备较高的净资产价值。流动比率和速动比率得分率不高，说明 B 类公司在应对短期债务偿付能力上存在一定的困难，需要加强流动性管理。

② 盈利能力特征分析。B 类公司的盈利能力表现一般，平均得分率为 0.60。净资产收益率得分率相对较低，表明 B 类公司在利用资产获取利润方面存在一定的问题，需要加强利润管理和资产利用效率。销售毛利率保持较高的得分率，表明公司在销售产品或提供服务的过程中能够保持较高的毛利润水平。

③ 运营能力特征分析。B 类公司的运营能力较低，平均得分率为 0.46。存货周转率得分率较低，表明公司的存货流动性较差，需要加强存货管理。应收账款周转率得分率也相对较低，表明公司的应收账款周转速度不理想，可能存在较长的应收账款回收时间，需要加强应收账款管理。

④ 发展能力特征分析。B 类公司的发展能力较低，平均得分率为 0.45。净利润增长率的得分率相对较低，说明公司的盈利增速相对较慢，需要加强业务发展能力和创新能力。

⑤ 平均值数据分析。2018—2022 年 B 类公司的偿债能力指标、盈利能力指标、运营能力指标和发展能力指标附加分得分率平均值分别为：0.73、0.60、0.46、0.45。可见 B 类公司偿债能力、盈利能力得分勉强及格，是其相对强项，而运营能力指标和发展能力均未及格，是其弱项。

综上所述，B 类公司的财务竞争力特征是偿债能力较好，盈利能力一般，运营能力、发展能力较弱。在评估 B 类公司的财务竞争力时，投资者需要关注其偿债能力的改善、盈利能力的提高、运营能力的优化以及发展能力的增强。此外，投资者还应结合行业竞争状况、市场前景和公司战略规划等因素进行综合分析和决策。

4.2.3.3 C 类样本公司财务竞争力特征

（1）计算并统计 C 类公司 2018—2022 年各指标附分值得分率

本书分别计算 2018—2022 年 C 类各指标附分值。为更清晰地表达，本书将所有的附分值对照权重值转化为得分率。换算结果见表 4-20。

表 4-20 2018—2022 年 C 类公司各指标附分值得分率

选择的指标	2018 年	2019 年	2020 年	2021 年	2022 年	平均值
一、偿债能力指标	0.67	0.64	0.62	0.64	0.63	0.64
1. 资产权益率	0.82	0.78	0.78	0.78	0.78	0.79
2. 流动比率	0.48	0.45	0.40	0.41	0.44	0.44
3. 速动比率	0.43	0.41	0.34	0.44	0.38	0.40

表4-20(续)

选择的指标	2018 年	2019 年	2020 年	2021 年	2022 年	平均值
二、盈利能力指标	0.50	0.41	0.40	0.33	0.33	0.39
1. 净资产收益率	0.37	0.24	0.22	0.13	0.12	0.22
2. 销售毛利率	0.69	0.67	0.67	0.63	0.63	0.66
三、运营能力指标	0.36	0.37	0.36	0.32	0.43	0.37
1. 存货周转率	0.49	0.47	0.47	0.46	0.56	0.49
2. 应收账款周转率	0.08	0.16	0.12	0.05	0.16	0.11
四、发展能力指标	0.07	0.32	0.29	0.28	0.40	0.27
净利润增长率	0.07	0.32	0.29	0.28	0.40	0.27
平均值	0.48	0.45	0.44	0.40	0.43	0.42

注：作者直接使用附加分法计算得到附分，特定指标得分率＝该指标附分÷该指标权重。

（2）C 类公司 2018—2022 年财务竞争力特征分析

本书根据表4-20中的数据分析 C 类公司各指标的各年变化，按照偿债能力指标、盈利能力指标、运营能力指标和发展能力指标依次进行分析。

① 偿债能力特征分析。C 类公司在偿债能力方面表现一般，资产权益率平均值为 0.79，流动比率和速动比率平均值分别为 0.44 和 0.40。这可能使 C 类公司面临着较高的偿债风险，尤其是在经济不稳定或行业竞争加剧的情况下。因此，提高偿债能力是增强公司财务竞争力的关键。

从时间上来看，2018—2020 年，偿债能力指标得分率持续下降，主要原因是资产权益率和流动比率的下降。然而，在 2021 年，偿债能力指标得分率有所提高。总体而言，C 类公司需要继续关注和提高偿债能力，以确保能够及时偿还债务。

② 盈利能力特征分析。C 类公司在盈利能力方面表现一般，净资产收益率和销售毛利率平均值分别为 0.22 和 0.66。净资产收益率反映了公司在利润方面的表现，而销售毛利率反映了公司在销售过程中的盈利能力。C 类公司的净资产收益率较低，可能是低利润率或高资产负债比率等原因导致。因此，C 类公司需要提高盈利能力，以提高利润率、降低管理成本的方式提高净资产收益率。

从时间上来看，2018—2020 年，C 类公司的盈利能力指标得分率保持稳定，但在 2021 年和 2022 年有所下降。C 类公司需要提高其盈利能力，提高净资产收益率和销售毛利率。

③ 运营能力特征分析。C 类公司在运营能力方面表现较差，存货周转率和应收账款周转率平均值分别为 0.49 和 0.11。这说明 C 类公司在管理和利用存货及应收账款方面相对较差，不能够实现较快的资金周转。C 类公司仍有提高的空间，比如优化供应链管理和加强客户信用风险管理，以提高运营效率并减少资金占用。

从时间上来看，2018—2021 年，C 类公司运营能力指标得分率保持稳定，而在 2022 年有所增加。存货周转率和应收账款周转率的提高显示出公司对库存和应收账款的管理有所改进。

④ 发展能力特征分析。C 类公司在发展能力方面表现较差，净利润增长率平均值为 0.27。净利润增长率反映了公司在利润上的增长能力。C 类公司的净利润增长率较低，可能是市场竞争激烈或经济环境不稳定等因素造成的。因此，C 类公司需要加强业务创新和市场拓展，以提高发展能力。

从时间上来看，在 2018 年，C 类公司发展能力指标得分率较低，但在 2022 年有所增加，表明 C 类公司在业务发展和创新能力方面取得了一定的进展。然而，C 类公司仍需要加强发展能力，以保持竞争优势和实现长期可持续发展。

⑤ 平均值数据分析。C 类公司 2018—2022 年偿债能力指标、盈利能力指标、运营能力指标和发展能力指标附加分得分率平均值分别为：0.64、0.39、0.37、0.27。可见 C 类公司偿债能力得分勉强及格，是其相对强项，而盈利能力、运营能力指标和发展能力均离及格线较远，是绝对弱项。

综上所述，C 类公司在各年份的整体得分率都不高，平均得分率为 0.42。C 类公司的财务竞争力特征显示出其偿债能力一般，盈利能力、运营能力和发展能力较差。为了增强财务竞争力，C 类公司应着重提高盈利能力，优化运营效率，并加强业务创新和市场拓展。这将有助于提高公司的盈利能力、效率和持续发展能力，以提高整体得分率，提升公司财务竞争力。

4.2.3.4　不同类别中医药上市公司财务竞争力特征比较

（1）2018—2022 年不同指标得分率差异比较

本书从附分值角度重点比较 A 类公司与 C 类公司差异，以进一步确认其财务竞争力特征。

本书将表 4-18 与表 4-20 中的各财务指标得分率进行比较，用 A 类公司各指标附分得分率减去 C 类公司对应指标的附分得分率，得到 A 类公司和 C 类公司附分得分率差异，见表 4-21。

表 4-21 2018—2022 年 A 类公司与 C 类公司指标得分率差异

选择的指标	2018 年	2019 年	2020 年	2021 年	2022 年	平均值
一、偿债能力指标	0.2	0.2	0.25	0.22	0.22	0.22
1. 资产权益率	0.12	0.15	0.14	0.13	0.11	0.13
2. 流动比率	0.31	0.28	0.4	0.34	0.34	0.33
3. 速动比率	0.31	0.29	0.43	0.35	0.41	0.36
二、盈利能力指标	0.33	0.43	0.45	0.48	0.55	0.45
1. 净资产收益率	0.45	0.61	0.63	0.65	0.78	0.62
2. 销售毛利率	0.14	0.16	0.17	0.23	0.22	0.18
三、运营能力指标	0.18	0.25	0.21	0.14	0.21	0.2
1. 存货周转率	0.08	0.09	0.07	0.04	0.01	0.06
2. 应收账款周转率	0.4	0.59	0.51	0.33	0.61	0.49
四、发展能力指标	0.02	0.1	0	0.59	0.36	0.22
净利润增长率	0.02	0.1	0	0.59	0.36	0.22
平均值	0.24	0.32	0.32	0.38	0.39	0.29

从表 4-21 中可以看出，A 类公司和 C 类公司在各个指标上的得分率差异较大。

①从盈利能力指标来看：A 类公司得分率相对 C 类公司得分率较高，且在各年份上的差异较大，差异平均值 0.45 是所有能力指标差异中最大的，说明 A 类公司在盈利能力方面具有竞争优势。

②从偿债能力、运营能力、发展能力指标来看：A 类公司得分率和 C 类公司得分率在各年份上的差异较小，且变化趋势相似，说明样本公司在偿债能力、运营能力、发展能力方面的整体表现较为稳定。

③从具体指标表现差异看，差异最大的两个指标分别是净资产收益率和应收账款周转率，它们的差异分别是 0.62、0.49，表明样本公司在这两个指标上差异较大。

综上所述，通过对 2018—2022 年 A 类公司得分率与 C 类公司得分率差异进行分析,我们可以得出 A 类公司和 C 类公司的净资产收益率和应收账款周转率指标差异较大,因此需要注意 C 类公司的这两类指标值的提升问题。

(2) 2018—2022 年不同指标超分率差异比较

所谓的超分,是指超过最高限值或最低限值的分值,可理解为超常表现。凡超分值不为 0 的指标一定是表现较为突出的指标,追踪超分指标特征可帮助我们进一步确认财务竞争力特征或找到新特征。这是附加分法又一优势所在。

本书分别加总 A 类公司与 C 类公司 2018—2022 年各指标超分率,并计算它们的均值,得到 A 类公司和 C 类公司超分均值,再将二者求差,得到二者的均值差异,结果见表 4-22。

表 4-22　2018—2022 年 A 类公司与 C 类公司各指标超分率差异　单位:%

选择的指标	A 类超分均值	C 类超分均值	均值差异
一、偿债能力指标	34.71	-3.79	38.50
1. 资产权益率	1.72	-4.22	5.94
2. 流动比率	15.85	0.42	15.43
3. 速动比率	17.14	0.01	17.13
二、盈利能力指标	16.45	-24.05	40.50
1. 净资产收益率	10.90	-17.44	28.34
2. 销售毛利率	5.55	-6.61	12.16
三、运营能力指标	28.75	0.20	28.55
1. 存货周转率	2.75	0.21	2.54
2. 应收账款周转率	26.00	-0.01	26.01
四、发展能力指标	276.19	-1 555.85	1 832.04
净利润增长率	276.19	-1 555.85	1 832.04

从表 4-22 可知,A 类公司和 C 类公司的超分均值差异最大的指标是净利润增长率,差异值为 1 832.04%,巨大的差异主要来自 C 类公司 2018—2022 年净利润增长率为 -1 555.85%,也就是 C 类公司 2018—2022 年亏损较大;排名第二的是净资产收益率,差异值为 28.34%;排名第三的是应收账款周转率,差异值为 26.01%。这说明净利润增长率、净资产

收益率和应收账款周转率这三个指标是造成 A 类公司和 C 类公司财务竞争力差异的主要指标。

由于净利润增长率的差异源于净资产收益率指标差异，这就进一步佐证了前面的附加分法评分即"附分"差异分析结论，即净资产收益率与应收账款周转率的差异是造成 A 类公司与 C 类公司财务竞争力差异的主要原因。净资产收益率相比应收账款周转率权重更大，对公司财务竞争力影响更大，投资者应该重点关注这一指标。为了进一步研究净资产收益率变动原因，我们一般采用杜邦分析法。

（3）对 A 类公司与 C 类公司财务特征差异的思考

对于净资产收益率和应收账款周转率这两个差异较大的指标，我们需要思考如何缩小差异，以提升整个中医药行业财务竞争力。

① 确认差异的原因。首先，需要对净资产收益率和应收账款周转率的差异进行深入分析，确定造成差异的具体原因。可能的原因包括不同的行业特点、市场环境、业务模式、管理措施等。了解差异的原因能够帮助公司制定有针对性的措施和策略。

② 比较行业标准和竞争对手。投资者需要对净资产收益率和应收账款周转率的差异进行行业对比和竞争对手分析。将公司的指标与行业平均水平进行比较，可以判断差异是否是行业特点引起的，或者是公司内部问题导致的差异。

有学者认为，中医药上市公司的盈利能力和营运能力有待提升①，而 C 类公司恰有此缺陷，说明中医药上市公司提升财务竞争力的关键点也在于此。

③ 优化经营和管理措施。根据分析的结果，集团管理层可以采取一系列经营和管理措施来缩小差异。比如，净资产收益率较低的公司可以优化资本配置，提高资产利用效率，优化经营模式和盈利结构；应收账款周转率较低的公司则需要加强客户关系管理，优化收款流程，加强风险管控等。

④ 学习最佳实践经验。C 类公司完全可以向 A 类公司学习先进实践经验，甚至在有条件时开展业务上互利互惠合作，促进信息流通和业务协同，从而缩小差异并提升整体绩效水平。

---

① 王晨欣. 基于因子分析的中医药行业上市公司财务绩效评价［J］. 中国乡镇企业会计，2023（6）：55-57.

⑤ 设立指标目标和激励机制。C 类公司要设立净资产收益率和应收账款周转率的指标目标，并与激励机制相结合。C 类公司可以通过设立明确的目标和激励措施，推动公司有效地改善指标表现，从而缩小差异并提高绩效。

特别地，由上面的分析已知，净资产收益率是影响财务竞争力差异最大的因素。我们分别统计全 A 行业、医疗保健行业、中医药行业 2018—2022 年的净资产收益率平均数。在净资产收益率方面，中医药行业最低，这说明中医药行业财务竞争力最大的弱项在于净资产收益率。这是对不同类别中医药公司分析后进一步验证得到的结论，与前面分析结论一致。

4.2.4 不同类别中医药上市公司投资价值分析

4.2.4.1 不同类别中医药上市公司投资机会分析

（1）不同类别中医药上市公司市场表现

① 计算与统计 A 类公司行情涨跌幅

a. 计算 A 类公司行情涨跌幅

本书以济川药业公司（代码 A1）2018—2022 年行情数据计算涨跌及涨跌幅，见表 4-23。

表 4-23　济川药业公司 2018—2022 年行情涨跌及涨跌幅

年份	2018 年	2019 年	2020 年	2021 年	2022 年
开盘价/元	33.58	23.56	20.12	26.53	27.2
收盘价/元	30.18	24.18	20.23	28.34	27.22
涨跌/元		−6	−3.95	8.11	−1.12
涨跌幅/%		−19.88	−16.34	40.09	−3.95

数据计算：涨跌与涨跌幅由作者自行计算。为了价格连续计量，我们将年末收盘价当作本年开盘价计算公司行情涨跌及涨跌幅。

从表 4-23 中可以看出，济川药业公司的股价走势在 2018—2022 年出现了波动，有时上涨，有时下跌，在 2021 年出现了较大的上涨，涨幅达到了 40.09%。这可能与公司的业绩表现、市场行情以及其他因素有关。

b. 统计 A 类公司行情涨跌幅

本书按照表 4-23 的计算原理，分别计算 10 个 A 类公司的涨跌幅并计算其均值，见表 4-24。

表 4-24　10 个 A 类公司 2019—2022 年行情涨跌幅　　　　单位:%

行情涨跌幅	2019 年	2020 年	2021 年	2022 年	平均值
A1 涨跌幅	-19.88	-16.34	40.09	-3.95	-0.02
A2 涨跌幅	-12.08	19.11	17.86	-25.23	-0.09
A3 涨跌幅	30.19	143.48	63.41	-34.01	50.77
A4 涨跌幅	35.79	15.15	42.80	-21.42	18.08
A5 涨跌幅	-25.15	-15.32	36.19	0.00	-1.07
A6 涨跌幅	14.38	16.25	65.10	-31.62	16.03
A7 涨跌幅	8.61	-0.61	12.20	40.83	15.26
A8 涨跌幅	0.37	18.01	26.27	-22.44	5.55
A9 涨跌幅	11.62	110.32	-22.18	-31.40	17.09
A10 涨跌幅	9.41	30.24	-57.74	-22.90	-10.25
平均值	5.33	32.03	22.40	-15.21	11.14

①数据来源:Wind 金融终端和东方财富金融终端。

②数据计算:因考虑数据选取和计算的便利性,我们用 2009 年年初行情代替 2018 年年末行情(下同)。这里的平均值是求 10 个公司的涨跌幅的平均值。表中的平均值的"平均值"11.14% 是根据各年涨跌幅而计算出的平均数。

根据表 4-24 的数据可知,A 类公司的股价整体上呈现出一定的增长趋势,平均涨幅为 11.14%。然而,A 类公司中存在着涨跌幅差异,有些公司的涨跌幅波动较大,而另一些公司的涨跌幅比较稳定。分析者应综合考虑多个因素,如个别公司的财务状况、业务发展等,谨慎得出分析结论。

② 统计 B 类公司行情涨跌幅

我们从 Wind 金融终端和东方财富终端数据摘取 44 个 B 类公司行情并计算平均值,见表 4-25。

表 4-25　44 个 B 类公司 2019—2022 年行情涨跌幅　　　　单位:%

行情涨跌幅	2019 年	2020 年	2021 年	2022 年	平均值
B1 涨跌幅	29.15	-5.96	-7.96	-16.22	-0.25
B2 涨跌幅	15.75	-3.48	52.79	-33.58	7.87
B3 涨跌幅	2.66	13.64	13.41	-21.82	1.97
B4 涨跌幅	20.33	105.15	-23.14	52.86	38.80

表4-25(续)

行情涨跌幅	2019 年	2020 年	2021 年	2022 年	平均值
B5 涨跌幅	33.60	−14.44	86.54	−17.47	22.06
B6 涨跌幅	29.41	−21.28	37.29	36.71	20.53
B7 涨跌幅	−12.48	−8.59	24.72	23.81	6.87
B8 涨跌幅	25.25	−2.79	26.49	30.84	19.95
B9 涨跌幅	25.49	42.88	210.71	−37.01	60.52
B10 涨跌幅	55.98	−31.00	20.35	53.19	24.63
B11 涨跌幅	14.34	−1.48	45.25	−23.51	8.65
B12 涨跌幅	−38.46	−24.06	−4.65	−3.46	−17.66
B13 涨跌幅	4.14	−3.56	24.23	−28.32	−0.88
B14 涨跌幅	16.67	26.41	79.28	−7.35	28.75
B15 涨跌幅	−13.76	−4.09	7.17	−32.11	−10.70
B16 涨跌幅	24.33	27.03	−7.88	−48.06	−1.14
B17 涨跌幅	3.91	−17.86	16.92	−12.89	−2.48
B18 涨跌幅	−23.54	7.37	80.15	66.19	32.54
B19 涨跌幅	−10.57	9.44	25.94	−16.51	2.07
B20 涨跌幅	5.74	−15.19	88.20	−0.67	19.52
B21 涨跌幅	15.03	−0.36	12.14	−18.84	1.99
B22 涨跌幅	17.00	30.48	70.96	−27.46	22.75
B23 涨跌幅	49.41	−13.23	9.71	123.24	42.28
B24 涨跌幅	6.50	−17.19	75.89	−17.26	11.98
B25 涨跌幅	4.24	−23.41	6.16	−5.40	−4.61
B26 涨跌幅	21.61	13.64	48.91	−9.04	18.78
B27 涨跌幅	29.37	−5.83	25.73	−31.87	4.35
B28 涨跌幅	−1.75	16.83	97.63	−8.49	26.05
B29 涨跌幅	−9.63	−5.75	37.99	−18.88	0.93
B30 涨跌幅	83.22	−27.83	13.52	17.79	21.68
B31 涨跌幅	−17.42	11.88	−8.58	−0.38	−3.63
B32 涨跌幅	−23.42	9.38	130.20	7.09	30.81
B33 涨跌幅	11.85	−2.87	44.55	−28.46	6.27

表4-25(续)

行情涨跌幅	2019 年	2020 年	2021 年	2022 年	平均值
B34 涨跌幅	130.65	-34.89	92.48	-31.00	39.31
B35 涨跌幅	-8.79	4.82	55.75	-31.98	4.95
B36 涨跌幅	77.94	-19.38	27.75	27.78	28.52
B37 涨跌幅	-4.48	-30.97	13.33	47.74	6.40
B38 涨跌幅	56.34	-29.10	16.51	-9.51	8.56
B39 涨跌幅	50.10	-32.13	31.02	28.19	19.30
B40 涨跌幅	-1.22	-48.15	47.62	17.74	4.00
B41 涨跌幅	16.00	-0.15	35.74	-10.40	10.30
B42 涨跌幅	0.40	-3.46	12.19	-6.94	0.55
B43 涨跌幅	4.86	-14.58	82.33	-35.24	9.34
B44 涨跌幅	19.34	16.60	2.37	-25.17	3.29
平均值	16.71	-2.90	40.40	-1.87	13.09

由表4-25的数据可知，B类公司的股价整体上呈现出一定的增长趋势，平均涨幅为13.09%，比A类公司涨幅略高一些。然而，B类公司中存在着涨跌幅差异，有些公司的涨跌幅波动较大，而另一些公司的涨跌幅比较稳定。

③ 统计C类公司行情涨跌幅

我们从Wind金融终端和东方财富终端数据摘取C类公司行情并计算平均值，见表4-26。

表4-26 C类公司2019—2022年行情涨跌幅 单位:%

行情涨跌幅	2019 年	2020 年	2021 年	2022 年	平均值
C1 涨跌幅	2.94	-2.69	154.23	-34.58	29.98
C2 涨跌幅	-37.19	-11.97	188.41	-35.39	25.97
C3 涨跌幅	0.00	10.10	-2.94	7.37	3.63
C4 涨跌幅	11.60	-2.56	29.74	-18.47	5.08
C5 涨跌幅	-6.70	-50.15	45.71	10.95	-0.05
C6 涨跌幅	5.03	-12.40	37.10	-16.67	3.27
C7 涨跌幅	-5.28	-3.80	41.81	-7.07	6.42

表4-26(续)

行情涨跌幅	2019 年	2020 年	2021 年	2022 年	平均值
C8 涨跌幅	32.58	61.52	-12.50	-36.66	11.24
C9 涨跌幅	41.76	1.02	-9.83	-24.78	2.04
C10 涨跌幅	34.41	9.63	79.24	-29.06	23.56
平均值	7.92	-2.15	55.10	-18.44	10.61

由表4-26的数据可知，C类公司的股价整体上呈现出一定的增长趋势，平均涨幅为10.61%，低于A类公司和B类公司的涨幅。C类公司中存在着涨跌幅差异，有些公司的涨幅波动较大，而另一些公司的涨跌幅比较稳定。分析者在进行投资机会分析时应综合考虑多个因素，如个别公司的财务状况、业务发展等，谨慎做出决策。

④ 三类公司行情涨跌幅的相关性分析

本书根据表4-24、表4-25、表4-26最末一行的平均值数据，编制A、B、C三类公司2019—2022行情涨跌幅情况，见表4-27。

表 4-27 A、B、C 三类公司 2019—2022 年行情涨跌幅情况   单位:%

类别	2019 年	2020 年	2021 年	2022 年	平均值
A 类公司	5.33	32.03	22.40	-15.21	11.14
B 类公司	16.71	-2.90	40.40	-1.87	13.09
C 类公司	7.92	-2.15	55.10	-18.44	10.61

首先，对表4-27中的A、B、C类公司的行情增长率数据进行分析：

A类公司行情的平均涨跌幅为11.14%；B类公司行情的平均涨跌幅为13.09%；C类公司行情的平均涨跌幅为10.61%。从平均涨跌幅来看，B类公司行情涨幅最大，其次是A类公司，C类公司行情涨幅最低。这表明B类公司更被市场看好，但行情波动较大，相对而言风险较高，而C类公司行情涨幅最小，当然波动也相对较小，风险较低。

综上，A类公司行情在过去几年呈现整体增长，B类公司行情则呈现出起伏的走势，而C类公司行情则在2021年经历了较大的增长。B类公司行情涨幅最大，波动较大；A类公司行情次之，波动相对较小；C类公司行情涨幅较低且波动较小。

其次，对表 4-27 中三类公司的行情增长率进行相关性分析，相关系数计算结果见表 4-28。

表 4-28 A、B、C 三类公司行情涨跌幅相关系数

类别	A 类公司	B 类公司	C 类公司
A 类公司	1		
B 类公司	0.274 121	1	
C 类公司	0.516 53	0.957 696	1

从表 4-28 中的相关系数看出，B 类公司与 C 类公司行情涨跌幅相关系数约为 0.96，高度相关。而 A 类公司与 B 类公司相关系数仅为 0.27，仅有非常弱的相关关系。A 类公司与 C 类公司相关系数约为 0.52，介于中间位置。

综上，对于上述的三类公司行情趋势，它们之间确实存在相关性，但这种关联程度在不同类型的公司之间有很大的不同。总体来讲，它们都呈现出正向相关的情况，这说明行情的涨跌有其内在的规律，并且会随着市场行情的变化而变化。

（2）不同类别中医药上市公司附分增长率分析

A、B、C 三类公司 2018—2022 年附分值增长率如表 4-29 所示。

表 4-29 三类公司 2018—2022 年附分值及其增长率

指标	2018 年	2019 年	2020 年	2021 年	2022 年	平均值
A 类公司附分值/分	64.69	67.84	67.78	70.52	74.73	69.11
B 类公司附分值/分	49.63	51.64	52.94	55.46	55.06	52.95
C 类公司附分值/分	41.83	39.58	37.66	34.94	37.36	38.27
A 类公司附分值增长率/%		4.87	-0.09	4.04	5.97	3.70
B 类公司附分值增长率/%		4.05	2.52	4.76	-0.72	2.65
C 类公司附分值增长率/%		-5.38	-4.85	-7.22	6.93	-2.63

根据表 4-29 的数据，我们可以对 A、B、C 三类公司的附加分法附分增长率变化趋势进行分析。

A 类公司的附分呈逐年上升的趋势，但增长率依次为 4.87%、-0.09%、4.04% 和 5.97%；B 类公司的附加分法附分也呈上升的趋势，但增长率波

动较小，依次为4.05%、2.52%、4.76%和−0.72%；C类公司的附加分法附分则呈下降的趋势，增长率依次为−5.38%、−4.85%、−7.22%和6.93%。

（3）不同类别公司行情与附分增长率相关性分析

本书将不同类别样本公司2019—2022年行情涨跌幅与附加分法得分增长率进行相关性分析。

① A类公司行情与附分增长率相关性分析

本书直接计算A类公司的行情与附分增长率的相关系数，并进行相关性分析，见表4-30。

表4-30 A类公司2019—2022年行情涨跌幅与附分增长率相关性分析

指标	2019年	2020年	2021年	2022年	平均值
行情涨跌幅/%	5.33	32.03	22.40	−15.21	11.14
附分增长率/%	4.87	−0.09	4.04	5.97	3.70
相关系数	−0.86				

根据表4-30中的数据，我们可以对行情涨跌幅和附分增长率的相关系数进行分析。

行情涨跌幅和附分增长率的相关系数为−0.86。这意味着它们之间存在着强烈的负相关关系。

具体来说，2019—2022年，行情涨跌幅和附分增长率呈现了相反的走势。在2019年和2020年，行情涨跌幅分别增长了5.33%和32.03%，而附分增长率分别为4.87%和−0.09%。这表明，当行情涨幅较大时，附分增长率相对较低，反之亦然。在2021年和2022年，行情涨跌幅分别增长了22.40%和−15.21%，而附分增长率分别为4.04%和5.97%。

综上所述，行情涨跌幅和附分增长率之间存在着强烈的负相关关系，即当行情涨幅较大时，附分增长率较低，而当行情下跌时，附分增长率较高。这说明A类公司2018—2022年行情走势完全没有遵从价值规律，需要做更深层次的分析。投资者在进行投资机会分析时应综合考虑行情涨跌幅、附分增长率以及其他相关因素，进行全面分析和评估。

为使数据关系更加直观清晰，我们使用表4-30的数据创建了一个折线图，如图4-4所示。

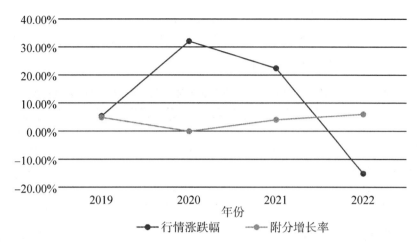

图 4-4　A 类公司 2019—2022 年行情涨跌幅与附分增长率比较

根据图 4-4 所示的市场行情走势可以看出，自 2020 年以来市场行情逐年走低，而附加分法评价分值是先降后升，逐年走高。这说明目前市场具有一定的投资机会。

然而，表 4-30 中的数据显示，行情涨跌幅平均上涨了 11.14%，而附加分法评分平均只上涨了 3.70%。总体而言，市场行情相对于附加分法评分的上涨幅度更大，因此需要谨慎投资。2020 年以来市场行情主要是在修复之前过大的上涨幅度，因此在行情修复得差不多时再考虑投资机会更为理性。

根据作者推演所得结论，实际收盘点数比推演点数增加了 1 609.98 点，差异率为 50.23%。这意味着市场行情相对于附加分法的增长被高估了 50.23%。与此相比，A 类公司的平均增长仅高估了 7.44%。这意味着相对于全 A 行业行情的巨大涨幅而言，A 类公司具有相对较大的投资机会。

综上所述，虽然市场行情走势显示出一定的投资机会，但需要注意行情与附加分法评分的差异以及行情修复的过程。对于 A 类公司而言，相对于整个市场，它们具备较大的投资机会。我们经常听说投资机会是相对的，道理也在于此。

我们分析投资机会时，必须明白投资机会是相对的。基于不同比较基础，分析结论可能是不同的。

② B 类公司行情与附分增长率相关性分析

本书直接计算 B 类公司 2019—2022 年行情与附分增长率的相关系数，并进行相关性分析，见表 4-31。

表 4-31　B 类公司 2019—2022 年行情涨跌幅与附分增长率相关性分析

指标	2019 年	2020 年	2021 年	2022 年	平均值
行情涨跌幅/%	16.71	-2.90	40.40	-1.87	13.09
附分增长率/%	4.05	2.52	4.76	-0.72	2.65
相关系数	0.776				

根据表 4-31 的数据，我们可以对 B 类公司的行情涨跌幅和附分增长率以及它们之间的相关系数进行分析。

首先，B 类公司的行情涨跌幅在过去的几年中有波动。2019 年的行情涨幅为 16.71%，2020 年下跌了 2.90%，在 2021 年又出现了较大幅度的增长，达到 40.40%，不过在 2022 年又下跌了 1.87%。平均而言，B 类公司的行情涨跌幅为 13.09%。

其次，B 类公司的附分增长率相对较稳定。2019—2022 年，附分增长率分别为 4.05%、2.52%、4.76%和-0.72%，平均附分增长率为 2.65%。

再次，B 类公司的行情涨跌幅为 13.09%，而同期平均附分增长率仅为 2.65%。行情相对财务竞争力表现涨幅过大，仅从这里看，B 类公司暂无好的投资机会。

最后，B 类公司的行情涨跌幅和附分增长率之间的相关系数为 0.776。这表明它们之间存在着较强的正相关关系。

综上所述，B 类公司的行情涨跌幅经历了波动，但整体仍有一定增长。而附分增长率相对稳定，平均水平较低。此外，行情涨跌幅与附分增长率之间呈现出较强的正相关关系。从市场角度看，B 类公司的附加分法得分评价得到市场行情表现验证。

③ C 类公司行情与附分增长率相关性分析

本书直接计算 C 类公司的行情与附分增长率的相关系数，并进行相关性分析，见表 4-32。

表 4-32　C 类公司 2019—2022 年行情涨跌幅与附分增长率相关性分析

指标	2019 年	2020 年	2021 年	2022 年	平均值
行情涨跌幅/%	7.92	-2.15	55.10	-18.44	10.61
附分增长率/%	-5.38	-4.85	-7.22	6.93	-2.63
相关系数			-0.73		

根据表 4-32 的数据，我们可以对 C 类公司的行情涨跌幅和附分增长率以及它们之间的相关系数进行分析。

首先，C 类公司的行情涨跌幅在过去的几年中呈现出较大的波动，2019 年的行情涨幅为 7.92%，但在 2020 年下跌了 2.15%，在 2021 年又出现了较大幅度的增长，达到 55.10%，在 2022 年又下跌了 18.44%。平均而言，C 类公司的行情涨跌幅为 10.61%。

其次，C 类公司的附分增长率也呈现了较大的波动。2019—2022 年，附分增长率分别为 -5.38%、-4.85%、-7.22% 和 6.93%，平均附分增长率为 -2.63%。

最后，C 类公司的行情涨跌幅和附分增长率之间的相关系数为 -0.73。这意味着它们之间存在着负相关关系，但负相关程度不如 A 类公司那么强烈。这说明 C 类公司行情也未体现资本市场价值的规律，在进行投资机会分析时要特别注意。

综上所述，C 类公司的行情涨跌幅经历了较大的波动，整体上仍有一定的增长。而附分增长率也呈现出较大的波动，并且平均附分增长率为负值。此外，行情涨跌幅与附分增长率之间呈现出负相关关系。

C 类公司的行情涨跌幅为 10.61%，而同期平均附分增长率为 -2.63%。行情相对财务竞争力表现涨幅过大，仅从此看，C 类公司暂无好的投资机会。

（4）不同类别中医药上市公司投资机会分析

本书分别计算 A、B、C 三类公司 2018—2022 年行情涨跌幅平均值与附分增长率平均值的差异，见表 4-33。

表 4-33　A、B、C 类公司 2019—2022 年行情涨跌幅与附分增长率平均值比较

单位:%

指标	A 类公司平均值	B 类公司平均值	C 类公司平均值
行情涨跌幅	11.14	13.09	10.61
附分增长率	3.70	2.65	-2.63
差异	7.44	10.44	13.24

从表 4-33 平均值比较看，相对于行情涨跌而言，附分增长率都较低，有行情相对上涨过大之势。A、B、C 三类公司都没有很好的投资机会。

相对地，A、B、C 类公司平均值差异分别为：7.44%、10.44%、13.24%，A 类公司平均值差异最小，相对于 B 类公司、C 类公司来说有更好投资机会。C 类公司的差异最大，投资机会最小。B 类公司的投资机会介于 A、C 类公司之间。

综上所述，A、B、C 三类公司目前都没有好的投资机会。从相对位置看，A 类公司投资机会相对好一些，C 类公司投资机会最小，B 类公司投资机会介于二者之间。

4.2.4.2 不同类别中医药上市公司投资价值分析

（1）不同类别中医药上市公司价值指标统计

① A 类样本公司价值指标及均值计算

本书根据 A 类样本公司相关价值指标数据计算 A 类公司整体各年价值指标，并计算各指标平均值，见表 4-34。

表 4-34 A 类样本公司价值指标及均值计算表

指标	2018 年	2019 年	2020 年	2021 年	2022 年	均值
市盈率	25.86	27.84	36.72	21.90	28.24	28.11
市净率	4.13	4.16	5.72	6.14	4.37	4.91
市销率	6.01	6.22	9.03	9.15	6.26	7.33
市现率	9.92	256.30	27.98	−109.30	−64.69	24.04

数据计算：作者自行计算各年市盈率等四个指标值，并计算类内公司平均值。如表 4-34 中的第一个数据 25.86 是 10 个 A 类公司 2019 年市盈率平均值。

根据表 4-34 的数据，我们可以对 A 类公司的市盈率、市净率、市销率和市现率进行分析。

市盈率（PE）。市盈率是投资者支付每单位利润的价格，是反映股票投资收益率的重要指标。市盈率较低，意味着投资者可以用较低的投资成本享受到利润。2018—2022 年，A 类公司的市盈率相对稳定，并在大部分时间内都保持在 28 左右，这提示 A 类公司具有稳定的盈利能力。

市净率（PB）。市净率反映了公司股票价格与每股净资产的比值。从给定的数据可以看到，A 类公司的市净率从 2018 年的 4.13 增长到 2021 年的 6.14，然后在 2022 年下降至 4.37。整体来看，A 类公司的市净率波动较大，但均值为 4.91，说明 A 类公司整体实力较好。

市销率（PS）。市销率反映了公司股票价格与每股销售收入的比值。市销率较低，说明公司的业务增长潜力较大。A 类公司的市销率从 2018 年的 6.01 增长至 2021 年的 9.15，然后在 2022 年回落至 6.26，显示出公司的销售状况整体呈上涨趋势。

市现率（PCF）。市现率主要反映公司股票价格与每股现金流的比值。这个比率在 2018 年和 2022 年之间变化巨大，甚至在 2021 年和 2022 年为负值。这说明在这两年公司的现金流可能存在问题。

总体来说，A 类公司的市盈率和市销率整体呈现上涨趋势，表明 A 类公司具有良好的营业收入增长潜力。然而市现率的表现表明 A 类公司的现金流存在不稳定性，需要在投资决策中考虑进去。

② B 类样本公司价值指标及均值计算

本书根据 B 类样本公司相关价值指标数据计算 B 类公司整体各年价值指标，并计算各指标平均值，见表 4-35。

表 4-35　B 类样本公司价值指标及均值计算

指标	2018 年	2019 年	2020 年	2021 年	2022 年	均值
市盈率	25.99	196.12	35.14	40.74	17.45	63.09
市净率	2.25	2.57	2.33	3.13	2.91	2.64
市销率	2.93	3.50	3.63	4.02	4.17	3.65
市现率	13.28	−1.76	37.96	5.99	3.13	11.72

数据计算：作者自行计算各年市盈率等四个指标值，并计算类内公司平均值。如表 4-35 中的第一个数据 25.99 是 44 个 B 类公司 2019 年市盈率平均值。

根据表 4-35 的数据，我们可以对 B 类公司的市盈率、市净率、市销率和市现率进行分析。

市盈率（PE）。市盈率反映了公司的盈利情况和投资回报速度。B 类公司的市盈率从 2018 年到 2022 年总体上呈下降趋势，其中 2022 年的市盈率最低，为 17.45。这意味着 B 类公司的盈利能力在不断提高，且具有较低的估值水平。

市净率（PB）。市净率衡量了公司的股价与净资产之间的关系。B 类公司的市净率维持在 2.25~3.13 的范围内，并没有明显的波动。这意味着 B 类公司的股价和净资产具有一定的匹配程度。

市销率（PS）。市销率用于估计公司的估值水平。B 类公司的市销率在 2018—2022 年逐渐上升。这意味着投资者对公司的销售增长预期较高，市销率上升。

市现率（PCF）。市现率主要用于衡量公司的现金流和市值之间的关系。B 类公司的市现率在 2018—2022 年有较大的波动。具体来说，2020 年的市现率最高，为 37.96，意味着公司的现金流相对较少。然而，这一指标在 2019 年为负数，意味着 B 类公司在这一年的现金流表现较差。

综合来看，B 类公司具有较低的市盈率和相对稳定的市净率，但市销率和市现率的波动较大。投资者应该结合不同指标综合考虑，以了解公司的盈利能力、估值水平、销售增长和现金流情况。

③ C 类样本公司价值指标及均值计算

本书根据 C 类样本公司相关价值指标数据计算 C 类公司各年价值指标，并计算各指标平均值，见表 4-36。

表 4-36　C 类样本公司价值指标及均值计算

指标	2018 年	2019 年	2020 年	2021 年	2022 年	均值
市盈率	59.85	49.25	40.43	85.93	96.06	66.30
市净率	2.16	2.33	2.19	3.55	2.69	2.58
市销率	4.03	4.06	3.94	6.70	4.44	4.63
市现率	−41.32	−46.42	−17.74	79.48	−391.88	−83.58

数据计算：作者自行计算各年市盈率等四个指标值，并计算类内公司平均值。如表 4-36 中的第一个数据 59.85 是 10 个 C 类公司 2019 年市盈率平均值。

根据表 4-36 的数据，我们可以对 C 类公司的市盈率、市净率、市销率和市现率进行分析。

市盈率。C 类公司的市盈率 2018—2022 年也出现了较大的波动。市盈率从 2018 年的 59.85 下降到 2020 年的 40.43，然后在 2021 年和 2022 年分别为 85.93 和 96.06。平均市盈率为 66.30。这表明 C 类公司的盈利能力存在较大的波动，投资者应关注其盈利能力的稳定性和变化。

市净率。C 类公司 2018—2022 年的市净率也出现了一定的波动，但波动较小。市净率从 2018 年的 2.16 上升到 2019 年的 2.33，然后在 2020 年下降至 2.19，在 2022 年回升至 2.69。平均市净率为 2.58。这表明 C 类公司的净资产价值与市值的关系相对稳定。

市销率。C 类公司的市销率在 2018—2022 年也出现了一定的波动。市销率从 2018 年的 4.03 和 2019 年的 4.06，在 2020 年下降至 3.94，最后在 2022 年回升至 4.44。平均市销率为 4.63。这表明市场对 C 类公司的销售收入的预期存在较小的波动。

市现率。C 类公司的市现率在 2018—2022 年出现了较大的波动。市现率从 2018 年的 -41.32 下降到 2019 年的 -46.42，然后在 2020 年回升至 -17.74，最后在 2022 年急剧下降至 -391.88。平均市现率为 -83.58。这表明 C 类公司的现金流情况不好且存在较大的波动性。

综上所述，C 类公司的市盈率、市净率、市销率和市现率表现出不同程度的波动和趋势。分析者在进行投资价值分析时，应综合考虑这些指标以及其他相关因素，并密切关注公司的盈利能力、净资产价值、销售收入和现金流情况的变化。

（2）不同类别中医药上市公司投资价值分析

本书将表 4-34、表 4-35、表 4-36 相关数据与不同投资价值指标进行对比，并与中医药行业投资价值指标平均值进行比较，得出投资价值分析结论。

① 市盈率比较分析

本书将 A、B、C 三类公司市盈率价值指标与中医药行业市盈率进行比较，对比分析其投资价值，见表 4-37。

表 4-37　三类公司与中医药行业市盈率比较计算

指标	2018 年	2019 年	2020 年	2021 年	2022 年	均值
A 类公司市盈率	25.86	27.84	36.72	21.90	28.24	28.11
B 类公司市盈率	25.99	196.12	35.14	40.74	17.45	63.09
C 类公司市盈率	59.85	49.25	40.43	85.93	96.06	66.30
中医药行业市盈率	18.56	29.91	59.49	472.52	30.58	122.21
A 类-中医	7.31	-2.07	-22.77	-450.62	-2.34	-94.10
B 类-中医	7.44	166.21	-24.34	-431.78	-13.13	-59.12
C 类-中医	41.29	19.35	-19.06	-386.59	65.48	-55.91

根据表 4-37 的数据，我们可以对 A 类公司、B 类公司、C 类公司的市盈率进行分析。

市盈率是衡量股票投资价值的重要指标之一，它能为投资者提供一个公司盈利水平的直观感性认识。市盈率越低，企业价值被市场低估的可能性越大；反之，市盈率越高，企业价值被市场高估的可能性越大。

2018—2022年，三类公司与中医药行业市盈率数据如下：

A类公司的市盈率呈现相对稳定的趋势，均值28.11，稍微偏低，相对来说在四个选项中投资风险较小。

B类公司的市盈率在2019年迎来一个高点，随后有所回落，但总体波动较大；均值为63.09，明显高于A类公司，投资风险较大。

C类公司的市盈率也有所波动，但趋势是逐年上升，均值66.30，比B类公司稍高，投资风险也较大。

中医药行业的市盈率在2021年突然上升至472.52，显示出较大的波动性，均值达到了122.21，投资风险最大。

A类-中医、B类-中医和C类-中医市盈率分析：这些数据是将A类公司、B类公司和C类公司的市盈率与中医药行业的市盈率进行对比得出的结果。负值表示公司的市盈率低于中医药行业的市盈率。A类公司在2019—2020年市盈率低于中医药行业，而在2018年的市盈率高于中医药行业。B类公司在2020—2022年市盈率低于中医药行业，而在2018年和2019年的市盈率高于中医药行业。C类公司在所有年份市盈率均低于中医药行业。

综上所述，从市盈率的角度来看，A类公司的均值最低，如果从风险承受能力和长期稳定回报的角度来看，这就意味着投资者每获得一笔利润所要付出的成本最低，因此具有较高的投资价值。而B类公司和C类公司的市盈率较高，投资价值相对较低。不过，当与中医药行业进行比较时，就算是市盈率较高的B类公司和C类公司，其投资价值仍然高于中医药行业整体水平。这可能是因为A、B、C三类公司中包含了行业中的优质公司。

尤其需要注意的是，2022年，A、B、C三类公司的市盈率相较于之前有所变化，A类公司市盈率略有上升，而B类公司市盈率居然低于A类公司和行业均值，表明其投资价值上升。而C类公司市盈率仍高于行业均值，投资价值较低。

因此，总的来说，从市盈率角度来看，B类公司当前可能是最具投资价值的，其次是A类公司，最后是C类公司。然而，投资者需要考虑多种

因素,有时候投资者会认为 C 类公司的市盈率较高,这表明投资者们认为
C 类公司可能有更高的盈利能力和市场预期,因此认为 C 类公司更具有投
资(投机)价值。这也是需要进一步研究和分析的。

② 市净率比较分析

本书将 A、B、C 三类公司市净率价值指标与中医药行业相应指标求
差,对比分析投资价值,见表 4-38。

表 4-38　三类公司与中医药行业市净率比较计算

指标	2018 年	2019 年	2020 年	2021 年	2022 年	均值
A 类公司市净率	4.13	4.16	5.72	6.14	4.37	4.91
B 类公司市净率	2.25	2.57	2.33	3.13	2.91	2.64
C 类公司市净率	2.16	2.33	2.19	3.55	2.69	2.58
中医药行业市净率	2.334	2.356	2.681	3.650	2.789	2.762
A 类-中医	1.80	1.81	3.04	2.49	1.58	2.14
B 类-中医	-0.08	0.21	-0.35	-0.52	0.12	-0.13
C 类-中医	-0.17	-0.03	-0.50	-0.10	-0.10	-0.18

根据表 4-38 的数据,我们可以对 A 类公司、B 类公司、C 类公司和中
医药行业的市净率进行分析。

A 类公司市净率分析。A 类公司的市净率从 2018 年的 4.13 上升至
2020 年的 5.72,然后在 2021 年和 2022 年分别为 6.14 和 4.37。平均市净
率为 4.91。这表明 A 类公司的净资产价值相对稳定。

B 类公司市净率分析。B 类公司的市净率在 2018—2022 年出现了一定
的波动。市净率从 2018 年的 2.25 上升至 2019 年的 2.57,然后在 2021 年
和 2022 年分别为 3.13 和 2.91。平均市净率为 2.64。这表明 B 类公司的净
资产价值也存在一定的变动。

C 类公司市净率分析。C 类公司的市净率从 2018 年的 2.16 上升至
2019 年的 2.33,然后在 2020 年下降至 2.19,最终在 2022 年回升至 2.69。
平均市净率为 2.58。这表明 C 类公司的净资产价值与市值的关系相对
稳定。

从与中医药行业比较来看,A 类公司各年的市净率均高于中医药行业,
且均值差为 2.14,A 类样本公司投资价值低于中医药行业。B 类公司、C

类公司与中医药行业的市净率均值差分别为-0.13和-0.18，B类公司、C类公司投资价值略高于中医药行业。A类公司投资价值较低，B类公司、C类公司投资价值相对较高。

从2022年指标来看，A、B、C三类公司平均市净率分别为4.37、2.91、2.69，中医药行业的市净率平均值为2.789，A类公司市净率高于中医药行业，投资价值较低，B类公司、C类公司市净率低于中医药行业，有一定投资价值。

无论从平均值还是2022年指标看，A类公司的市净率较高，B类公司和C类公司的市净率较接近。C类公司的投资价值最高，B类公司的次之，A类公司的最低。然而，追涨杀跌的投资者们会认为A类公司的净资产价值相对较高，B类公司和C类公司的净资产价值则相对较低。

③市销率比较分析

本书将A、B、C三类公司市销率价值指标与中医药行业相应指标求差，对比分析其投资价值，见表4-39。

表4-39　三类公司与中医药行业市销率比较计算

指标	2018年	2019年	2020年	2021年	2022年	均值
A类公司市销率	6.01	6.22	9.03	9.15	6.26	7.33
B类公司市销率	2.93	3.50	3.63	4.02	4.17	3.65
C类公司市销率	4.03	4.06	3.94	6.70	4.44	4.63
中医药行业市销率	2.397	2.539	3.034	3.675	3.050	2.939
A类-中医	3.61	3.68	6.00	5.47	3.21	4.39
B类-中医	0.53	0.96	0.59	0.34	1.12	0.71
C类-中医	1.64	1.52	0.91	3.03	1.39	1.70

根据表4-39的数据，我们可以对A类公司、B类公司、C类公司和中医药行业的市销率进行比较分析。

A类公司的各年市销率指标值总体上都高于B类公司和C类公司的指标值。A类公司的均值为7.33，明显高于B类公司的3.65和C类公司的4.63。A类公司的市销率较高，投资价值较低，因为B类公司和C类公司的平均值较小，且B类公司的投资价值略高于C类公司。综合市销率指标来看，投资价值排序为：B类公司＞C类公司＞A类公司。

与中医药行业相比，A 类、B 类和 C 类公司的市销率都高于中医药行业，差距分别为 4.39、0.71 和 1.70。与中医药行业相比，A、B、C 三类公司的投资价值都较低。

从 2022 年的指标来看，A、B、C 三类公司的平均市销率分别为 6.26、4.17 和 4.44。它们的市销率都高于中医药行业的平均数 3.05，A、B、C 三类公司的投资价值不高。综合市销率角度来评价投资价值的大小顺序为：B 类公司 > C 类公司 > A 类公司。

请注意，以上是根据上面的数据和分析得出的结论，具体的投资价值还需要考虑其他因素进行综合评估。

④ 市现率比较分析

本书将 A、B、C 三类公司市现率价值指标与中医药行业相应指标求差，对比分析投资价值，见表 4-40。

表 4-40　三类公司与中医药行业市现率比较计算

指标	2018 年	2019 年	2020 年	2021 年	2022 年	均值
A 类公司市现率	9.92	256.30	27.98	−109.30	−64.69	24.04
B 类公司市现率	13.28	−1.76	37.96	5.99	3.13	11.72
C 类公司市现率	−41.32	−46.42	−17.74	79.48	−391.88	−83.58
中医药行业市现率	22.915	25.928	26.283	27.619	24.964	25.542
A 类−中医	−13.00	230.37	1.70	−136.92	−89.66	−1.50
B 类−中医	−9.63	−27.69	11.68	−21.63	−21.84	−13.82
C 类−中医	−64.23	−72.35	−44.02	51.86	−416.85	−109.12

从表 4-40 可知，A 类公司的市现率波动较大，B 类公司的市现率有所增长，C 类公司的市现率波动较大且表现较差。A 类公司的市现率均值24.04，远高于 B 类公司的 11.72，A 类公司比 B 类公司投资价值相对较小。C 类公司除 2021 年市现率均值为正值外，其余年份均为负值，且五年均值为−83.58。每股现金流量为负的公司收益质量差，公司发展质量差，因此 C 类公司最不具有投资价值。从市现率指标角度分析投资价值排序为：B 类公司>A 类公司>C 类公司。

从与中医药行业比较来看，A、B 两类公司各年市现率与中医药行业均值差分别为−1.50、−13.82。A、B 两类公司在中医药行业有一定投资价值。

从 2022 年指标来看，A、B、C 三类公司平均市现率分别为 -64.69、3.13、-391.88。A、C 两类公司平均市现率为负值，公司发展质量不高，建议不轻易投资。只有 B 类公司市现率为正数，远低于中医药行业平均值 24.964，有较高投资价值。从市现率角度来看，有投资价值的只有 B 类公司。

（3）不同类别中医药上市公司投资价值分析综述

① 对 2022 年数据的分析结论

综合以上市盈率、市净率、市现率和市销率指标的价值排序比较情况，我们可以对 2022 年不同类别中医药行业的投资价值进行初步评判。

根据市盈率分析结果，投资价值顺序为：B 类公司 > A 类公司 > C 类公司。虽然 A 类公司排名第二，但与 B 类公司的市盈率差异不大。考虑到五年市盈率的平均值排名，A 类公司的投资价值在较长时期内相对较高，因此 A、B 类公司都具备一定的投资价值。

从市净率的角度评价，投资价值从大到小的顺序为：C 类公司 > B 类公司 > A 类公司。虽然 B 类公司的市净率排名第二，但它与 C 类公司的市净率差异很小，甚至可以忽略不计。因此，B、C 类公司都具备较高的投资价值。

从市销率的角度来看，投资价值从大到小的顺序为：B 类公司 > C 类公司 > A 类公司。最具投资价值的是 B 类公司。

从市现率的角度来看，只有 B 类公司具备投资价值。

综上所述，B 类公司具有最高的投资价值。因此，比较简单的顺序判断可以是投资 B 类公司更好，尽可能在 B 类公司中选择进一步投资对象。但这不是不同类别中医药行业投资价值的综合分析最终结论。

② 对 2018—2022 年数据的分析结论

在投资决策时，我们通常会认为市盈率能反映投资者对每股收益的认可程度，市净率代表投资者对每股净资产的认可程度，市销率能反映每单位营业收入的市场价值，而市现率则能反映企业经营活动产生的现金流入与公司市值的匹配程度。

从表 4-38、表 4-39 和表 4-40 的数据来看，各类公司的财务指标 2018—2022 年均值存在较大差异。

对于市盈率，A 类公司最低，平均程度为 28.11，远远低于 B 类公司的 63.09 和 C 类公司的 66.30，说明投资者愿意用较低的价格购买 A 类公司的每份收益。由于 A 类公司与 B、C 类公司的市盈率指标数据出现量级的悬殊，以抓主要矛盾的思想，我们认为投资价值应该以市盈率为重点指标。

对于市净率，A 类公司的均值最高，这意味着 A 类公司的投资风险更小。

对于市销率，A 类公司的均值稍高，说明投资者对其每单位营业收入的价值认可较高。

对于市现率，A 类公司和 B 类公司的均值为正值，而 C 类公司市现率出现负值，均值为 -83.58，这意味着 C 类公司经营效益不佳或者盈利能力弱。

总的来说，A 类公司在所有指标上的表现都相对稳定，并且从均值来看，投资风险较小。同时，A 类公司的市净率和市盈率均较低，更容易获得投资者的青睐。因此，从这些指标来看，我们可以推断 A 类公司具有更高的投资价值。但投资决策并非只取决于以上这些指标，还要考虑公司的行业前景、经营质量、长期发展策略等因素。所以投资者在决策时需要全面考虑所有因素。

结合之前的附加分法，我们得出以下结论：A 类公司在财务综合竞争力方面最强，公司的发展质量相对较好。因此，如果从 A 类公司中选择具有较高投资价值的公司，投资成功的概率也更大。

需要提醒的是，虽然 A 类公司投资价值相对较高，但需要考虑到 2021 年和 2022 年的市现率为负，这说明其整体发展质量需要进一步考察。当然，这也可能是极少数公司的极端异常指标值对整个类别的平均值产生的影响，较为理性的投资决策是在 A 类公司中选择优秀公司投资。

特别地，股票市场投资要实现短期目标可能需要追涨杀跌，要选择眼下受追捧的公司进行投资，此时与价值投资思路可能相反。比如，在市净率和市销率的指标上，A 类公司的数值相对较高，说明市场对该公司有较高的估值，说明投资者对该公司的净资产价值较为看好，此时 A 类公司有更高的投资价值。

综上所述，A 类公司最具有投资价值，B 类公司也有一定投资价值，C 类公司投资价值相对较低。

4.3 不同类别的中医药上市公司社会效益分析

4.3.1 中医药上市公司社会效益内涵

我们认为，中医药上市公司在社会效益贡献方面一般包括以下六个方面：

（1）就业贡献。中医药上市公司的发展需要大量的人力资源支持，包括医生、研究人员、生产工人等。中医药上市公司能够提供就业机会，对社会的就业有积极影响。

（2）员工薪酬。中医药上市公司会向员工支付工资、奖金和福利，确保员工的生活和工作稳定，从而提升员工的消费能力，对经济增长和社会稳定具有积极作用。

（3）创收和创利。中医药上市公司通过销售中药产品、提供医疗服务等方式创造收入。同时，中医药上市公司通过高效的运营和管理手段实现盈利，为公司提供资金支持和持续发展的动力。

（4）科技研发。中医药上市公司通常会在科技研发方面进行投入和创新，开展中药研究、药物开发等活动。科技研发可以推动中医药产业的升级和创新，为中医药行业的发展做出贡献。

（5）现金分红。中医药上市公司在利润分配政策中，可以通过现金分红的方式回报股东。这有助于提高股东在企业中的收益，促进社会投资者对中医药行业的关注。

（6）税收贡献。中医药上市公司可以为政府提供税收收入。这些税收资金可以用于公共事业建设、社会福利和健康事业，从而促进社会的发展。

综上所述，中医药上市公司的社会效益包括就业贡献、员工薪酬、创收和创利、科技研发、现金分红、税收贡献等多个方面。通过这些方面的贡献，中医药上市公司对就业、经济增长、科技进步、投资回报和社会发展等方面产生积极的影响。

4.3.2 不同类别公司就业贡献分析

4.3.2.1 A 类公司就业贡献

本书根据 2018—2022 年 A 类公司员工人数变化计算增长率，见表 4-41。

表 4-41 A 类公司员工人数及增长率表

指标	2018 年	2019 年	2020 年	2021 年	2022 年	平均值
员工总人数/人	29 376	30 292	29 970	31 012	29 275	29 985
员工人数增长率/%	—	3.12	-1.06	3.48	-5.60	-0.02

根据表 4-41 的数据，我们可以看到 A 类公司员工人数在 2018—2021 年总体上呈上涨态势，在 2021 年达到 2018—2022 年最高点 31 012 人，但到 2022 年下降到 2018—2022 年最低 29 275 人。平均来看，员工总人数在这几年间基本保持稳定，平均为 29 985 人。员工总人数受到多方面因素的影响，如市场需求、公司战略调整等。

4.3.2.2 B 类公司就业贡献

本书根据 2018—2022 年 B 类公司员工人数变化计算增长率，见表 4-42。

表 4-42 B 类公司员工人数及增长率表

指标	2018 年	2019 年	2020 年	2021 年	2022 年	平均值
员工总人数/人	191 341	198 548	209 697	206 654	201 583	201 564.6
员工人数增长率/%	—	3.77	5.62	-1.45	-2.45	1.37

根据表 4-42 的数据可知，B 类公司员工人数呈现先上升后下降态势，2020 年员工人数达到 209 697 人，2018—2022 年员工人数增长率平均值为 1.37%，总体上总人数呈增加趋势。平均来看，员工总人数在这几年间呈增长态势，平均为 201 564.6 人。

从员工人数增长率来看，B 类公司在 2019 年和 2020 年都有较高的增长率，显示出公司在这两年取得了较好的发展。然而，2021 年和 2022 年的员工人数增长率出现了下降，说明公司在这两年面临了一些挑战或调整。

4.3.2.3 C 类公司就业贡献

本书根据 2018—2022 年 C 类公司员工人数变化计算增长率，见表 4-43。

表 4-43 C 类公司员工人数及增长率表

指标	2018 年	2019 年	2020 年	2021 年	2022 年	平均值
员工总人数/人	28 839	27 334	26 775	26 760	25 579	27 057.4
员工人数增长率/%	—	-5.22	-2.05	-0.06	-4.41	-2.93

根据表 4-43 的数据，我们可以看到 C 类公司的员工总人数在 2019 年经历了 5.22% 的下降，之后在 2020 年又下降了 2.05%，而在 2021 年和 2022 年则保持了相对稳定的水平，分别下降了 0.06% 和 4.41%。平均来看，员工总人数在这几年间有略微的下降，平均为 27 057.4 人，从 2018 年到 2022 年增长率平均值为 -2.93%。

从员工人数增长率来看，C 类公司在 2019 年和 2020 年都有较大的下降幅度，显示出公司在这两年面临了一些困难。而在 2021 年和 2022 年，公司的员工人数增长率呈现了小幅下降。这表明该公司面临着一些挑战，导致员工人数下降。

4.3.2.4 不同类别中医药上市公司就业贡献比较

由于三类公司数量不同，只有计算公司平均员工人数才能进行直接比较。本书利用表 4-41 至表 4-43 的数据分别计算不同类别公司的平均员工人数表，见表 4-44。

表 4-44　不同类别中医药上市公司平均员工人数比较表　　单位：人

指标	2018 年	2019 年	2020 年	2021 年	2022 年	平均值
A 类员工总人数	2 938	3 029	2 997	3 101	2 928	2 999
B 类员工总人数	4 349	4 512	4 766	4 697	4 581	4 581
C 类员工总人数	2 884	2 733	2 678	2 676	2 558	2 706

根据表 4-44 的数据，我们可以对不同类别公司的平均员工人数进行比较，以评估其就业贡献：B 类公司在这几年间的平均员工人数相对较高，其就业贡献较大；A 类公司的平均员工人数相对稳定，能够提供一定数量的就业机会；C 类公司的平均员工人数较少，就业贡献较低。然而，就业贡献还应考虑其他因素，如公司规模、行业需求、生产力水平等，并进行综合分析。

为使数据关系更加直观清晰，我们使用表 4-44 的数据创建了一个折线图，图 4-5 展示了三类公司平均员工人数之间的关系。

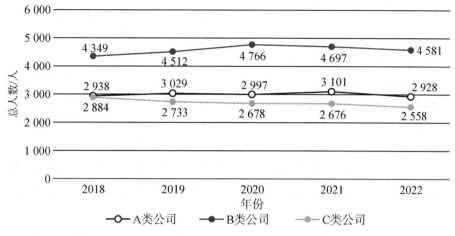

图 4-5　不同类别中医药上市公司平均员工人数比较

由图 4-5 可知，B 类公司平均员工人数最多且"遥遥领先"，是"大块头"公司。A 类公司平均员工人数第二多，C 类中医药上市公司平均员工人数最少。就业贡献顺序为 B 类公司>A 类公司>C 类公司。

4.3.3　不同类别公司员工薪酬、创利和创收贡献分析

4.3.3.1　A 类公司员工薪酬、创利、创收分析

（1）A 类公司员工薪酬、创利和创收均值分析

我们将 A 类公司 2018—2022 年员工薪酬、创利及创收指标按员工数量分别计算人均指标，并计算各年平均值，见表 4-45。

表 4-45　2018—2022 年 A 类公司员工薪酬、创利及创收人均指标及平均值表

指标	2018 年	2019 年	2020 年	2021 年	2022 年	平均值
人均薪酬/万元	11.57	13.01	13.00	14.73	16.26	13.72
人均创利/万元	18.60	19.81	17.45	24.14	29.76	21.95
人均创收/万元	89.68	95.54	94.88	112.78	134.23	105.42

数据计算：表中数据是用加权平均计算得到的结论，即先将该类样本公司相关数据对应加总分别计算薪酬、创利、创收数据总额，再除以该类公司总员工数量得来。

根据表 4-45 的数据，我们可以对 A 类公司的人均薪酬、人均创利和人均创收进行分析。

①人均薪酬。A 类公司的人均薪酬在 2018 年为 11.57 万元，逐年增长，最终在 2022 年达到 16.26 万元。平均来看，A 类公司的人均薪酬为

13.72 万元。这表明 A 类公司逐年提高了员工的薪酬水平，员工薪酬得到了显著的增长。

②人均创利。A 类公司的人均创利在 2018 年为 18.60 万元，虽然经历了一定波动，但在 2022 年达到了 29.76 万元。平均来看，A 类公司的人均创利为 21.95 万元。这表明 A 类公司的员工所创造的利润也逐年增加，公司的盈利能力得到了提升。

③人均创收。A 类公司的人均创收在 2018 年为 89.68 万元，经历了一定波动，最终在 2022 年达到 134.23 万元。平均来看，A 类公司的人均创收为 105.42 万元。这表明 A 类公司的员工创造的销售收入也逐年增加，公司的销售业绩呈现出较好的增长势头。

综上所述，A 类公司在这几年间的人均薪酬、人均创利和人均创收都呈现了较好的增长趋势。这些数据反映了 A 类公司在这几年间的经营和发展情况，并对公司的业绩和潜力进行了初步评估。

（2）A 类公司员工薪酬、创利和创收均值相关性分析

本书对 A 类公司 2018—2022 年员工人数、薪酬、创利及创收均值进一步做相关性分析，相关性分析结果见表 4-46。

表 4-46 A 类公司 2018—2022 年员工人数、薪酬、创利及创收均值相关系数

指标	员工总人数	员工薪酬	创利总额	创收总额
员工总人数	1			
员工薪酬	0.251 513	1		
创利总额	-0.014 57	0.914 409	1	
创收总额	0.028 307	0.965 126	0.979 319	1

计算说明：为节省篇幅，员工总人数指标未出现在表 4-47 中（下同）。

根据表 4-46 中的相关系数结果，我们可以得出以下两个结论：

①A 类公司员工的薪酬与公司的创收和创利总额之间存在很高的相关性，相关系数分别为 0.965 和 0.914，这意味着公司的市场化激励机制对 A 类公司员工的薪酬产生了明显的影响。换句话说，薪酬的增加与创收和创利总额的增加呈现出高度一致的趋势。

②创收和创利之间也存在很高的相关性，相关系数为 0.979，表明创收和创利总额具有同步变化的特征。换句话说，创收的增加通常会伴随着创利总额增加。

需要注意的是，虽然相关系数分析可以提供一定的信息，但由于样本数量较少，分析结果可能不够精确。因此，我们需要将这些结论作为方向性结论。

4.3.3.2　B类公司员工薪酬、创利、创收分析

（1）B类公司员工薪酬、创利和创收均值分析

我们将B类公司2018—2022年员工薪酬、创利及创收指标按员工数量分别计算人均指标，并计算各年平均值，见表4-47。

表4-47　B类公司2018—2022年员工薪酬、人均创利及人均创收平均值

单位：万元

指标	2018年	2019年	2020年	2021年	2022年	平均值
人均薪酬	12.61	13.68	13.01	14.60	16.37	14.05
人均创利	11.62	10.30	10.71	13.83	10.39	11.37
人均创收	115.21	125.91	116.68	127.86	135.42	124.22

数据计算：表4-47中数据是用加权平均计算得到的结论，是将B类公司相关数据对应加总，分别计算薪酬、创利、创收数据总额，再除以B类公司总员工数量得来的。

根据表4-47的数据，我们可以对B类公司的人均薪酬、人均创利和人均创收进行分析。

①人均薪酬。B类公司的人均薪酬在2018年为12.61万元，逐年增长，最终在2022年达到16.37万元。平均来看，B类公司的人均薪酬为14.05万元。这表明B类公司逐年提高了员工的薪酬水平，员工薪酬得到了显著的增长。

②人均创利。B类公司的人均创利在2018年为11.62万元，经历了一些波动，最终在2022年为10.39万元。平均来看，B类公司的人均创利为11.37万元。这表明B类公司的员工所创造的利润有些波动，并未呈现明显的增长趋势。

③人均创收。B类公司的人均创收在2018年为115.21万元，经历了一些波动，最终在2022年为135.42万元。平均来看，B类公司的人均创收为124.22万元。这表明B类公司的员工创造的销售收入有一定的波动，但整体上还是保持了较高水平。

综上所述，B类公司在这几年间的人均薪酬呈增长趋势。然而，人均创利并没有明显的增长趋势，而人均创收则呈现出一定的波动。

（2）B 类公司员工薪酬、创利和创收均值相关性分析

本书对 B 类公司 2018—2022 年员工人数、薪酬、创利及创收均值进一步做相关性分析，相关性分析结果见表 4-48。

表 4-48　B 类公司 2018—2022 年员工人数、薪酬、创利及创收总额相关系数

指标	员工总人数	员工薪酬	创利总额	创收总额
员工总人数	1			
员工薪酬	0.491 858	1		
创利总额	0.420 256	0.169 133	1	
创收总额	0.572 461	0.968 074	0.218 514	1

根据表 4-48 中的相关系数结果，我们可以得出以下两个结论：

①员工的薪酬与公司的创收总额之间存在高度的相关性，相关系数为 0.968，这意味着公司的市场化激励机制正在起作用。换句话说，员工的薪酬增长和公司的创收增长呈现出高度一致的趋势。

②创收总额与创利之间的相关系数仅为 0.219，这表明 B 类公司的创收增长时，创利并没有同步增长。两者之间的关联程度较低。这意味着 B 类公司在利润管理方面存在一些问题，导致创收的增长并没有完全转化为相应的利润增长。

需要注意的是，虽然员工薪酬与创收总额之间存在高度相关性，说明市场化激励机制起到了作用，但创收与创利之间的关联程度较低。这需要进一步分析来确定 B 类公司在利润管理方面的具体情况。

4.3.3.3　C 类公司员工薪酬、创利、创收分析

（1）C 类公司员工薪酬、创利和创收均值分析

本书将 C 类公司 2018—2022 年员工薪酬、创利及创收指标按员工数量分别计算人均指标，并计算各年平均值，见表 4-49。

表 4-49　C 类公司 2018—2022 年员工薪酬、创利及创收人均指标及平均值

单位：万元

指标	2018 年	2019 年	2020 年	2021 年	2022 年	平均值
人均薪酬	8.10	9.88	9.57	10.43	11.13	9.82
人均创利	1.79	-2.66	2.64	-0.45	-1.40	-0.02
人均创收	72.95	78.27	76.16	82.98	88.54	79.78

数据计算：表 4-49 中数据是用加权平均计算得到的结论，是将该类样本公司相关数据对应加总，分别计算薪酬、创利、创收数据总额，再除以该类公司总员工数量得来的。

根据表 4-49 的数据，我们可以对 C 类公司的人均薪酬、人均创利和人均创收进行分析。

①人均薪酬。C 类公司的人均薪酬在 2018 年为 8.10 万元，呈逐年增长趋势，最终在 2022 年达到 11.13 万元。平均来看，C 类公司的人均薪酬为 9.82 万元。这表明 C 类公司逐年提高了员工的薪酬水平，员工薪酬得到了显著的增长。

②人均创利。C 类公司的人均创利在 2018 年为 1.79 万元，经历了一些波动，最终在 2022 年为 -1.40 万元。平均来看，C 类公司的人均创利为 -0.02 万元。这表明 C 类公司的员工所创造的利润有波动，并在一些年份出现了负值，即亏损状态。

③人均创收。C 类公司的人均创收在 2018 年为 72.95 万元，经历了一些波动，最终在 2022 年达到 88.54 万元。平均来看，C 类公司的人均创收为 79.78 万元。这表明 C 类公司的员工产生的销售收入有一定的波动，但在整体上保持了较高水平。

综上所述，C 类公司在这几年间的人均薪酬逐年增长，表明 C 类公司员工薪酬水平的提高。然而，人均创利波动较大并存在负值情况，说明 C 类公司的盈利能力有较大的波动和亏损风险。而人均创收则呈现出一定的波动，但在整体上保持了较高水平。

（2）C 类公司员工薪酬、创利和创收均值相关性分析

本书对 C 类公司 2018—2022 年员工人数、薪酬、创利及创收均值进一步做相关性分析，相关性分析结果见表 4-50。

表 4-50　C 类公司 2018—2022 年员工人数、薪酬、创利及创收总额相关系数

指标	员工总人数	员工薪酬	创利总额	创收总额
员工总人数	1			
员工薪酬	-0.881 74	1		
创利总额	0.381 577	-0.709 21	1	
创收总额	-0.571 92	0.758 451	-0.664 87	1

根据表 4-50 中的相关系数结果，我们可以得出以下两个结论：

①C 类公司员工的薪酬与员工总人数之间存在高度的反向相关性，相关系数为 -0.882，这意味着当员工人数较少时，薪酬待遇较好。这与我们一般的观念相悖。通常，员工人数越多，生产经营状况越好，薪酬待遇越优厚。

②创收与创利总额之间存在显著的负相关性，相关系数为-0.665，这表明C类公司的市场表现与利润之间缺乏良好的配合度，有时甚至可能存在一定的矛盾。这需要进一步分析才能得出更准确的结论。这个结果意味着C类公司在市场运作和利润创造方面存在一些问题，导致二者之间的关系不够协调。

需要注意的是，当我们发现部分指标之间的相关关系出现扭曲现象时，至少可以说明被评价对象的生产经营"顺畅度"不够。这表明C类公司在管理和经营方面存在一些问题，需要进一步的研究和分析才能得出更具体的结论。

4.3.3.4 不同类别类公司的员工薪酬、人均创利、人均创收比较分析

（1）样本公司类员工薪酬、人均创利和人均创收均值分析

我们的分析思路是，先进行样本公司员工薪酬、人均创利和人均创收均值分析，然后将A、B、C三类公司相关指标与样本公司做比较分析。

本书将64个中医药样本公司2018—2022年员工薪酬、创利及创收各指标分别按员工总人数计算各年平均值，见表4-51。

表4-51 样本公司2018—2022年人均薪酬、人均创利及人均创收平均值比较

单位：万元

指标	2018年	2019年	2020年	2021年	2022年	平均值
人均薪酬	11.97	13.19	12.67	14.19	15.83	13.57
人均创利	11.31	10.04	10.66	13.59	11.43	11.41
人均创收	107.32	117.24	110.15	121.55	130.61	117.37

根据表4-51的数据，我们可以对包括A、B、C三类公司的样本公司的人均薪酬、人均创利和人均创收进行分析。

①人均薪酬。样本公司的人均薪酬在2018年为11.97万元，逐年增长，最终在2022年达到15.83万元。平均来看，样本公司的人均薪酬为13.57万元。这表明样本公司逐年提高了员工的薪酬水平，员工薪酬得到了显著的增长。

②人均创利。样本公司的人均创利在这几年间有一定波动，从2018年的11.31万元增长到2022年的11.43万元。平均来看，样本公司的人均创利为11.41万元。这表明样本公司的员工所创造的利润存在一定波动，但整体上保持了相对稳定的水平。

③人均创收。样本公司的人均创收在这几年间有一定波动，从2018年的107.32万元增长到2022年的130.61万元。平均来看，样本公司的人均

创收为117.37万元。这表明样本公司的员工产生的销售收入存在一定波动，但整体上保持了较高水平。

综上所述，样本公司的人均薪酬逐年增长，显示出公司提高了员工薪酬。人均创利在这几年间存在一定波动，但整体上保持在相对稳定的水平。人均创收也呈现出一定波动，但整体上保持在较高水平。我们在评估这些样本公司的绩效时，需要综合考虑这些指标以外的其他因素，并进行更全面的研究和分析来评估公司的发展潜力和竞争力。

为使数据关系更加直观清晰，我们使用表4-51的数据创建了一个折线图，图4-6展示了样本公司人均薪酬与人均创利的关系。

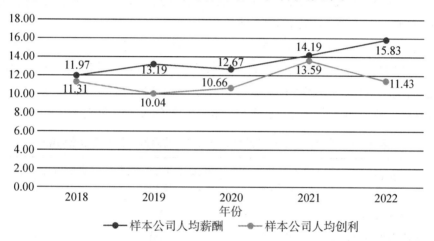

图4-6 样本公司2018—2022年人均薪酬、人均创利比较

由图4-6可知，样本公司人均薪酬2018—2022年总体上是高于人均创利的，即员工的薪酬水平高于为股东创造的价值。

（2）样本公司各年人数、薪酬、创利、创收均值相关性分析

我们对表4-51数据作相关性分析，相关性分析结果见表4-52。

表4-52 样本公司2018—2022年员工人数、人均薪酬、人均创利及人均创收均值相关系数

指标	员工总人数	人均薪酬	创利总额	创收总额
员工总人数	1			
人均薪酬	0.375 372	1		
创利总额	0.476 296	0.440 934	1	
创收总额	0.405 307	0.990 299	0.447 563	1

我们使用相关性分析来衡量表 4-52 中各变量之间的关系，具体如下：

人均薪酬与创收总额的相关系数为 0.99，说明人均薪酬与创收总额之间存在强正相关关系，即人均薪酬增加时，创收总额也会显著增加。

员工总人数、人均薪酬、创利总额和创收总额之间都存在正相关关系。其中，人均薪酬与创收总额之间的相关性最强，相关系数接近 1，说明两者之间的关系最为密切。

特别地，人均薪酬与创收总额相关系数高达 0.99，而人均薪酬与创利总额相关系数只有 0.44，二者相关程度低了很多。这说明中医药上市公司在员工薪酬方面更多考虑"按劳分配"，重量甚于重质，在考核机制上更重市场拓展，与绩效挂钩相对较少。

（3）不同类别公司与样本公司员工人均薪酬、创利及创收均值比较

我们将各类公司的人均薪酬、创利及创收均值与全部样本公司总均值进行比较，可以计算出不同类别公司与全部样本公司总均值的差异率，从而可以直观判断各类公司与样本公司相关指标的表现（见表 4-53）。

表 4-53　不同类别公司与样本公司员工人均薪酬、创利及创收均值

指标	A 类公司与总均值差率/%	B 类公司与总均值差率/%	C 类公司与总均值差率/%
人均薪酬/万元	1.11	3.54	−27.63
人均创利/万元	92.38	−0.35	−100.18
人均创收/万元	−10.18	5.84	−32.03

数据计算：均值差率＝（A 类人均薪酬均值−样本公司人均薪酬均值）÷样本公司人均薪酬均值。例如，第一个数据 1.11%＝（A 类公司 2018—2022 年人均薪酬均值 13.72−样本公司 2018—2022 年人均薪酬均值 13.57）÷样本公司 2018—2022 年人均薪酬均值 13.57。

根据表 4-53 的数据，我们可以对 A 类公司、B 类公司和 C 类公司的人均薪酬、人均创利和人均创收与总均值之间的差距进行分析。

①人均薪酬差率。A 类公司的人均薪酬与总均值相比略偏高，差距为 1.11%。B 类公司的人均薪酬较总均值较高，差距为 3.54%。C 类公司的人均薪酬与总均值相比较低，差距达到了−27.63%。这表明 A 类公司在人均薪酬方面表现较为接近总均值，B 类公司在人均薪酬方面表现较好，而 C 类公司在人均薪酬方面的表现较差。

②人均创利差率。A 类公司的人均创利与总均值相比较高，差距达到

了 92.38%。B 类公司的人均创利与总均值相比较接近，差距为-0.35%。
C 类公司的人均创利与总均值相比较低，差距达到了-100.18%。这表明 A
类公司在人均创利方面表现较好，B 类公司与总均值相比较接近，而 C 类
公司在人均创利方面表现较差。

③人均创收差率。A 类公司的人均创收与总均值相比较接近，差距为
-10.18%。B 类公司的人均创收与总均值相比较高，差距为 5.84%。C 类
公司的人均创收与总均值相比较低，差距达到了-32.03%。这表明 A 类公
司在人均创收方面的表现较为接近总均值，B 类公司在人均创收方面表现
较好，而 C 类公司在人均创收方面表现较差。

综上所述，A 类公司在人均薪酬、人均创利方面表现较好；B 类公司
在人均薪酬和人均创收方面表现较好；C 类公司在人均薪酬、人均创利和
人均创收方面表现较差。这些差距反映了不同类别公司的经营模式、市场
竞争状况和人力资源管理水平等方面的差异。进一步分析产生这些差异的
原因，可以帮助公司优化和改进相应的经营策略和管理举措。

4.3.4 不同类别公司现金分红分析

现金分红被认为是公司对股东的现实回报，公司利润质量高，有充足
现金流，现金分红方案才易被真正执行。股东回报也常被认为是上市公司
对社会效益的贡献。限于篇幅，本书重点对比分析 A 类公司与 C 类公司的
现金分红情况。

4.3.4.1 上市以来的比较

本书分别获取并统计上市以来 A 类公司与 C 类公司累计实现净利润、
累计现金分红资料，并做相关统计分析，见表 4-54。

表 4-54　A 类公司与 C 类公司累计实现净利润、累计现金分红比较分析

上市以来	累计实现净利润/万元	累计现金分红/万元	分红率/%
A 类公司	5 510 619.7	1 933 224.83	35.28
C 类公司	849 161.11	370 860.49	25.98
差额	4 661 458.59	1 562 364.34	9.3
差率	84.59%	80.82%	26.34

根据表 4-54 中的数据，我们可以对 A 类公司和 C 类公司在上市以来
累计实现净利润、累计现金分红和分红率进行分析。

①累计实现净利润。A 类公司在上市以来累计实现净利润为 5 510 619.7 万元，而 C 类公司累计实现净利润为 849 161.11 万元，两者之间的差额为 4 661 458.59 万元，差额占 A 类公司累计净利润的比例为 84.59%。这说明 A 类公司的累计实现净利润要远远高于 C 类公司，差距非常大。

②累计现金分红。A 类公司上市以来累计现金分红为 1 933 224.83 万元，而 C 类公司的累计现金分红为 370 860.49 万元，两者之间的差额为 1 562 364.34 万元，差额占 A 类公司累计现金分红的比例为 80.82%。这意味着 A 类公司的累计现金分红要远远高于 C 类公司，差距也非常显著。

③分红率。A 类公司的分红率为 35.28%，而 C 类公司的分红率为 25.98%，两者之间的差距为 9.29%。这表示 A 类公司的分红率要高于 C 类公司，说明 A 类公司更倾向于将公司利润分配给股东。

综上所述，A 类公司在上市以来的累计实现净利润、累计现金分红和分红率明显优于 C 类公司。差额和差率的数据也显示出 A 类公司在这些方面表现卓越。这反映了 A 类公司的盈利能力、财务稳定性和对股东利益的关注程度较高。然而，我们还需要综合考虑其他因素，如公司规模、行业环境和战略目标等以全面评估公司的绩效和潜力。

4.3.4.2　2018—2022 年的比较

本书分别获取并统计 2018—2022 年 A 类公司与 C 类公司累计实现净利润、累计现金分红资料，剔除净利润为负的数字，并进行相关统计分析，见表 4-55。

表 4-55　2018—2022 年 A 类公司与 C 类公司累计实现净利润、累计现金分红、分红率比较分析

指标	累计实现净利润/万元	累计现金分红/万元	分红率/%
A 类公司	3 289 250.02	1 322 387.69	40.20
C 类公司	122 229.67	155 046.25	126.85
A、C 类公司差额	3 167 020.35	1 167 341.44	−86.65
A、C 类公司差率	96.28	88.27	−215.52

根据表 4-55 中的数据，我们可以对 A 类公司和 C 类公司 2018—2022 年累计实现净利润、累计现金分红和分红率方面进行分析。

①累计实现净利润。A 类公司 2018—2022 年的累计实现净利润为 3 289 250.02 万元，而 C 类公司的累计实现净利润为 122 229.67 万元，两者之间

的差额为 3 167 020.35 万元，差额占 A 类公司累计净利润的比例为 96.28%。这表明 A 类公司的累计实现净利润远远高于 C 类公司，并且差距非常大。

②累计现金分红。A 类公司 2018—2022 年的累计现金分红为 1 322 387.69 万元，而 C 类公司的累计现金分红为 155 046.25 万元，两者之间的差额为 1 167 341.44 万元，差额占 A 类公司累计现金分红的比例为 88.27%。这意味着 A 类公司的累计现金分红要远远高于 C 类公司，并且差距非常显著。

③分红率。A 类公司的分红率为 40.20%，而 C 类公司的分红率为 126.85%，两者之间的差距为-86.65%。这表示 C 类公司的分红率远高于 A 类公司，甚至超过了净利润的倍数。

综上所述，A 类公司 2018—2022 年的累计实现净利润和累计现金分红方面明显优于 C 类公司。差额和差率的数据也显示出 A 类公司在这些方面的优势，相对于 C 类公司分配给股东的现金更多。而 C 类公司的分红率远高于 A 类公司，这可能是由于 C 类公司选择了以前年度结余分配超过净利润的现金。然而，分红率超过净利润的情况可能需要进一步分析，以确定是否合理和可持续。因此，我们需要综合考虑其他因素，如公司规模、行业环境和战略目标等，来全面评估公司的绩效和分红政策。

4.3.4.3 2018—2022 年与上市以来的比较

本书通过对比分析表 4-54、表 4-55 的数据，将 2018—2022 年与上市以来分红情况进行对比，可以得出以下结论：

（1）A 类公司的 2018—2022 年现金分红比上市以来有所进步，分红率从 35.28% 提升至 40.20%。这说明 A 类公司 2018—2022 年加大了对股东的现金回报力度，分红金额和分红率有所增加。

（2）C 类公司的 2018—2022 年现金分红比上市以来有较大进步。虽然分红金额远不及 A 类公司，但分红率从 25.98% 上升至 126.85%。这说明 C 类公司 2018—2022 年对股东的现金回报力度增强。

综上所述，A 类公司与 C 类公司现金分红力度都在加大，尤其是 C 类公司近期努力回报投资者成效较大。

4.3.5 不同类别公司研发支出分析

企业进行短期研发是为提高竞争力，但从长期来看一定能利于社会发展。研发是对社会科技创新的贡献，能够增进人类的福祉。

本书重点对 A 类公司与 C 类公司的研发人员数量、研发支出总额占营业收入比例、研发人员数量占比等方面进行汇总统计分析。

4.3.5.1　研发人员数量

本书分别汇总 A 类公司与 C 类公司研发人员数量，并分别计算 2018—2022 年、2013—2022 年平均值和差额，见表 4-56。

表 4-56　A、C 类公司研发人员数量比较

指标	2013年	2014年	2015年	2016年	2017年	2018年	2019年	2020年	2021年	2022年	2018—2022年平均值	2013—2022年平均值	2018—2022年与2013—2022年差额
A 类研发人员数量	0	819	1 972	2 256	2 362	2 651	2 795	2 970	2 790	1 774	2 596	2 038.9	557.1
C 类研发人员数量	693	1 040	1 608	2 024	2 188	2 538	2 984	2 481	1 948	1 425	2 275.2	1 892.9	382.3
差额	−693	−221	364	232	174	113	−189	489	842	349	320.8	146	174.8

根据表 4-56 的数据，我们可以对 A 类公司和 C 类公司 2018—2022 年和 2013—2022 年的研发人员数量差额进行分析。

（1）2018—2022 年平均值。A 类公司的 2018—2022 年平均研发人员数量为 2 596 人，而 C 类公司的 2018—2022 年平均研发人员数量为 2 275.2 人。这表明 A 类公司 2018—2022 年的平均研发人员数量要显著高于 C 类公司，差额为 320.8 人。

（2）2013—2022 年平均值。A 类公司的 2013—2022 年平均研发人员数量为 2 038.9 人，而 C 类公司的 2013—2022 年平均研发人员数量为 1 892.9 人。这说明 A 类公司 2013—2022 年的平均研发人员数量相对于 C 类公司也更高，差额为 146 人。

（3）2018—2022 年与 2013—2022 年差额。A 类公司增长 557.1 人，C 类公司增长 382.3 人。

综上所述，A 类公司 2015 年、2016 年、2017 年、2018 年、2020 年、2021 年、2022 年的研发人员数量方面均高于 C 类公司，这表明 A 类公司在科研和创新方面投入的力度更大。然而，2018—2022 年与 2013—2022 年差额的数据显示出 A 类公司 2018—2022 年的研发人员数量有所减少，可能需要对公司的研发战略和资源分配进行进一步分析，以了解其对研发投入的变化以及其可能的影响。同时，我们需要考虑其他因素，如市场需

求和竞争态势等，来综合评估公司的研发能力和创新潜力。

4.3.5.2 研发支出总额占营业收入比例

本书分别汇总 A 类公司与 C 类公司研发支出总额占营业收入比例，并分别计算 2018—2022 年、2013—2022 年平均值和差额，见表 4-57。

表 4-57　A、C 类研发支出总额占营业收入比例比较　　　　单位：%

指标	2013年	2014年	2015年	2016年	2017年	2018年	2019年	2020年	2021年	2022年	2018—2022年平均值	2013—2022年平均值	2018—2022年与2013—2022年差额
A类公司所占比例	3.28	3.26	3.35	4.40	4.24	5.36	5.98	6.00	4.50	2.13	4.80	4.25	0.54
C类公司所占比例	2.88	2.67	2.85	3.06	3.10	3.18	3.27	2.99	1.97	1.81	2.64	2.78	-0.13
差异	0.40	0.59	0.50	1.34	1.14	2.18	2.71	3.01	2.53	0.32	2.16	1.47	0.67

根据表 4-57 的数据，我们可以对 A 类公司和 C 类公司在 2018—2022 年和 2013—2022 年的研发支出占营业收入比例差额进行分析。

（1）2018—2022 年平均值。A 类公司 2018—2022 年的平均研发支出占营业收入比例为 4.80%，而 C 类公司的平均值为 2.64%。这表明 A 类公司 2018—2022 年的平均研发支出相对于营业收入的比例要高于 C 类公司，差额为 2.16 个百分点。

（2）2013—2022 年平均值。A 类公司 2013—2022 年的平均研发支出占营业收入比例为 4.25%，而 C 类公司的平均值为 2.78%。这表明 A 类公司 2013—2022 年的平均研发支出相对于营业收入的比例也更高，差额为 1.47 个百分点。

（3）2018—2022 年与 2013—2022 年差额。通过计算 2018—2022 年与 2013—2022 年平均值差额的差额，我们可以看出 A 类公司的差额为 0.67 个百分点，这表明 2018—2022 年内 A 类公司的研发支出占营业收入比例相对于 2013—2022 年有所增加，但仍然保持着较高的水平。而 C 类公司的 2018—2022 年与 2013—2022 年差额为 -0.13 个百分点，表明 2018—2022 年，C 类公司的研发支出占营业收入比例相对于 2013—2022 年有所下降。

综上所述，A 类公司 2018—2022 年和 2013—2022 年的研发支出占营业收入比例都高于 C 类公司，这表明 A 类公司在科研和创新方面的投入力度更大。同时，2018—2022 年与 2013—2022 年差额的数据显示 A 类公司 2018—2022 年的研发支出占营业收入比例有所增加，可能需要进一步分析该增加是否符合公司的发展策略和市场需求。而 C 类公司 2018—2022 年的研发支出占营业收入比例有所下降，也需要考虑是否有其他因素导致了这种变化。整体而言，研发支出占营业收入比例的数据反映了公司在创新和研发方面的投入情况，但还需要结合其他因素综合评估公司的研发能力和成果。

4.3.5.3 研发人员数量占比

本书分别汇总 A 类公司与 C 类公司研发人员数量占员工人数比例，并分别计算 2018—2022 年、2013—2022 年平均值和差额，见表 4-58。

表 4-58 A、C 类公司研发人员数量占比　　　　　　单位:%

年份	2013	2014	2015	2016	2017	2018	2019	2020	2021	2022	2018—2022年平均值	2013—2022年平均值	2018—2022年与2013—2022年差额
A 类公司占比	0.00	3.49	8.16	9.66	9.69	10.15	11.35	10.21	8.47	5.26	9.09	7.64	1.44
C 类公司占比	2.88	3.25	7.88	10.01	10.36	11.25	13.66	12.37	9.36	6.74	10.68	8.78	1.90
差额	-2.88	0.24	0.28	-0.35	-0.67	-1.10	-2.31	-2.16	-0.89	-1.48	-1.59	-1.14	-0.46

根据表 4-58 的数据，我们可以对 A 类公司和 C 类公司在 2018—2022 年和 2013—2022 年的研发人员数量占比差额进行分析。

（1）2018—2022 年平均值。A 类公司 2018—2022 年的平均研发人员数量占比为 9.09%，而 C 类公司的平均值为 10.68%。这表明 C 类公司 2018—2022 年的平均研发人员数量占比相对于 A 类公司要高，差额为 1.59 个百分点。

（2）2013—2022 年平均值。A 类公司 2013—2022 年的平均研发人员数量占比为 7.64%，而 C 类公司的平均值为 8.78%。这表明 C 类公司 2013—2022 年的平均研发人员数量占比相对于 A 类公司也更高，差额为 1.14 个百分点。

（3）2018—2022 年与 2013—2022 年差额。通过计算 2018—2022 年和 2013—2022 年平均值差额的差额，我们可以看出 A 类公司的差额为 -1.44 个百分点，这表明 2018—2022 年内，A 类公司的研发人员数量占比相对于 2013—2022 年有所减少。C 类公司的 2018—2022 年和 2013—2022 年差额为 1.90 个百分点，这表明 2018—2022 年内 C 类公司的研发人员数量占比相对于 2013—2022 年也有所减少。

综上所述，C 类公司在 2018—2022 年和 2013—2022 年的研发人员数量占比均高于 A 类公司，这表明 C 类公司在科研和创新方面的投入力度更大。而 A 类公司 2018—2022 年和 2013—2022 年的研发人员数量占比都有所减少，我们需要进一步分析该减少是否符合公司的发展策略和资源分配情况。整体而言，研发人员数量占比的数据反映了公司在创新和研发方面的投入情况，但还需要结合其他因素综合评估公司的研发能力和成果。

4.3.5.4　不同类别公司研发支出分析综述

根据 A 类公司和 C 类公司的各个表格数据，我们可以对两类公司的研发支出进行比较和分析。

（1）研发支出总额的差异。A 类公司的研发支出总额普遍高于 C 类公司。无论是在某一年的数据还是 2018—2022 年和 2013—2022 年的平均值上，A 类公司的研发支出总额都明显高于 C 类公司。这表明 A 类公司在研发方面投入了更多的资源和资金。

（2）研发支出占营业收入比例的差异。A 类公司的研发支出占营业收入比例普遍高于 C 类公司。无论是在某一年的数据上还是 2018—2022 年和 2013—2022 年的平均值上，A 类公司的研发支出占营业收入比例都高于 C 类公司。这也表明 A 类公司在研发方面的投入相对于其收入规模更大。

（3）研发人员数量占比的差异。A 类公司的研发人员数量占比相对于 C 类公司较低。无论是在某一年的数据上还是 2018—2022 年和 2013—2022 年的平均值上，A 类公司的研发人员数量占比都低于 C 类公司。这表明 A 类公司通过更高的研发支出和更高的研发支出占营业收入比例，更高效地利用了其研发资源。

综上所述，A 类公司相对于 C 类公司在研发支出总额、研发支出占营业收入比例以及研发人员数量占比上都表现出较高的水平。这意味着 A 类公司在研发投入、创新能力以及科技竞争力上处于相对优势地位。在研发支出方面，A 类公司全面优于 C 类公司，为社会贡献更大一些。

4.3.6　不同类别公司税收分析

企业税收对国家管理、对社会运行意义极其重大，税收能够反映企业盈利能力和承担社会责任情况。税收是反映企业社会效益最直接、最客观的指标之一。

4.3.6.1　按公司平均的税收比较

由于不同类别公司数量不同，我们不能将不同类别公司税收贡献进行直接比较。我们需要分别将不同类别税收合计除以各自类别公司数量，得到不同类别公司 2018—2022 年公司平均税收额，见表 4-59。

表 4-59　A、B、C 类公司 2018—2022 年平均税收额比较　　单位：元

年份	2018 年	2019 年	2020 年	2021 年	2022 年
A 类公司平均税收额	69 129 417.6	90 786 829.33	76 084 799.03	70 623 107.35	100 890 147
B 类公司平均税收额	121 264 837.36	80 925 645.16	92 243 914.25	94 967 283.46	126 307 519.47
C 类公司平均税收额	45 087 999.67	38 318 589.06	43 607 662.08	33 326 691.59	54 399 472.48

根据表 4-59 数据，我们可以对 A 类公司、B 类公司和 C 类公司在不同年份的平均税收额进行分析。

首先，对平均税收额趋势进行分析。

对于 A 类公司，2018—2022 年，平均税收额的趋势并不明显，在 2019 年有一个比较显著的增长，但在之后有所下降。最终，2022 年，A 类公司的平均税收额达到了最高值。

B 类公司的平均税收额趋势相对较为稳定，虽然在 2019 年有一个小幅下降，但在之后的报告期中又有所增长。2022 年，B 类公司的平均税收额达到了最高值。

C 类公司的平均税收额在整个时间段内呈现出波动的趋势，有时上升，有时下降，在 2021 年达到了一个较低点，之后又有所回升，在 2022 年有一个相对较高的平均税收额。

其次，类别间比较分析。

在所有报告期内，B 类公司的平均税收额都明显高于其他两个类别的公司。这表明 B 类公司在税收方面的贡献较大，可能是因为其销售额高、盈利能力强或者其业务模式与税收政策相符。

A 类公司虽然在大多数报告期内的平均税收额较低，但在 2022 年有一个显著的增长，达到了一个相对较高的水平。这可能是受到了销售增长、利润改善或者税收减免等政策的影响。

C 类公司的平均税收额相对较低，并且在大部分报告期内都低于其他两个类别的公司。这反映出 C 类公司的经营状况相对较差，销售额和盈利能力相对较低，或者其所处行业对税收贡献较少。

需要注意的是，这些分析仅基于提供的数据和平均值进行比较，无法完全反映公司的具体情况和差异。我们还需要更多的数据和深入的分析来获得更全面的结论。

为使数据关系更加直观清晰，我们使用表 4-59 的数据创建了一个折线图，图 4-7 展示了三者的关系。

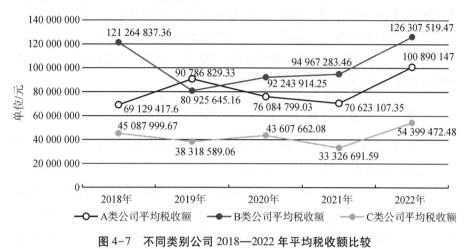

图 4-7　不同类别公司 2018—2022 年平均税收额比较

由图 4-7 可以清晰看出，B 类公司的平均税收贡献最大，A 类公司略差些，C 类公司税收贡献则小得多。总体上看，A 类公司与 B 类公司的税收贡献是最大的。

A 类公司平均税收贡献较大，B 类公司平均税收贡献更大，原因可能是 B 类公司平均规模比另外两类更大。因此，投资者需要结合其他数据才能得出准确结论。

4.3.6.2　按员工人数平均的税收比较

由于不同类别公司的员工数量不同，我们需要分别将不同类别公司 2018—2022 年税收平均数除以各自类别公司平均员工数量，得到各类公司人均税收额，见表 4-60。

表 4-60　A、B、C 类公司 2018—2022 年人均税收额比较

指标	A 类公司	B 类公司	C 类公司	平均值
税收平均值/万元	7 665.60	9 735.04	4 008.52	7 136.39
员工人数平均值/人	2 998.5	4 581.01	2 705.74	3 428.42
人均税收贡献/万元	2.56	2.13	1.48	2.05

根据表 4-60 的数据，我们可以得出以下结论：

人均税收贡献可以作为衡量企业绩效和社会效益的指标。A 类公司人

均税收贡献人均 2.56 万元，排名第一，表明 A 类公司的每个员工在税收方面的贡献最高。B 类公司人均税收贡献 2.13 万元，排名第二。C 类公司人均税收 1.48 万元，排名最后。这表明 A 类公司和 B 类公司在每个员工的税收贡献上表现出较大贡献，而 C 类公司的贡献则相对较小。

总体上，A 类公司在人均税收贡献方面表现最好，B 类公司整体表现较为出色，而 C 类公司在各方面的表现都较差。

4.3.7　不同类别公司社会效益分析综述

根据前面的讨论分析，我们综合考虑 A 类公司、B 类公司和 C 类公司在不同方面的表现，可以得出以下结论：

（1）A 类公司在人均薪酬、人均创利和人均创收方面表现较好，累计实现净利润、累计现金分红和分红率也优于 C 类公司。此外，A 类公司在研发支出、创新能力和人均税收等方面也表现较好。综合来看，A 类公司在社会效益贡献方面表现较优秀。

（2）B 类公司的员工人数最多，就业贡献最多，人均薪酬和人均创收方面表现较好，人均税收贡献也较多。然而，与 A 类公司相比，B 类公司在累计实现净利润、累计现金分红等方面稍逊一筹。综合来看，在社会效益贡献方面，B 类公司较优秀但相对于 A 类公司仍有一定差距。

（3）C 类公司在人均薪酬、人均创利和人均创收方面表现较差，累计实现净利润、累计现金分红和分红率也不及 A 类公司，研发支出和创新能力也较弱。此外，C 类公司在人均税收贡献方面的表现也较差。综合来看，C 类公司在社会效益贡献方面的表现相对较差。

综上所述，A 类公司在社会效益贡献方面表现最优秀，B 类公司次之，而 C 类公司相对较差。

4.4　不同类别公司特征与评价

4.4.1　财务竞争力优秀公司特征与评价

根据前面的讨论，我们将中医药上市公司分为三类。其中优秀公司有 10 个。这 10 个公司作为优秀中医药上市公司，都展现出很强的财务竞争力。根据相关文献资料，优秀公司的共同特点和公共评价如下：

4.4.1.1　财务竞争力优秀公司的共同特点

（1）强大的研发实力。这些公司通常都拥有一支专业的研发团队，投入大量的资金用于产品的研发。它们能够准确把握市场需求，研发出满足市场需求的新产品。

（2）完善的销售网络。这些公司通常都拥有广泛的销售网络，包括线上和线下的销售渠道。通过这些渠道，它们能够把产品迅速推向市场，满足消费者的需求。

（3）品牌影响力。这些公司通常都是在中医药行业有很高知名度的品牌，它们的产品深受消费者的信赖和喜爱，从而使得它们的销售收入和利润可以保持在一个较高的水平。

（4）良好的企业管理。这些公司通常都拥有一套完善的企业管理体系，包括人才培养机制、产品质量控制体系等，这些都为公司的经营活动提供了有力的保障。

（5）扎实的产业基础。这些公司通常都拥有一定的产业基础，如拥有自己的中药材种植基地或者拥有稳定的原料供应渠道，这些都为公司的生产活动提供了保障。

（6）持续创新。在现今快速发展的社会环境下，这些公司都能紧跟时代步伐，积极创新，以适应市场的变化，保持其竞争优势。

4.4.1.2　财务竞争力优秀公司的公共评价

优秀公司在公共媒体报道和其他资料中的肯定和赞赏主要集中在以下五点：

（1）品质优秀。这些公司生产的中药品质良好，得到了市场的普遍认可。很多媒体都对这些公司的产品给予了高度评价。

（2）创新能力强。这些公司都拥有强大的研发实力，致力于新产品的研发以及传统中药的现代化研究，被视为行业的创新标杆。

（3）社会责任感强。这些公司不仅关注经济效益，更注重社会责任，积极承担社会责任，为社会做出了积极贡献。

（4）服务优良。这些公司都拥有良好的服务体系，包括售前咨询、售后服务等，得到了消费者的认同和媒体的赞扬。

（5）企业文化鲜明。这些公司都有自己鲜明的企业文化。它们弘扬中医药文化，致力于中医药研发及推广，通过举办各类公益活动，展示了积极的企业形象，赢得了社会的广泛赞誉。

这些都是这些公司共有的特性，且被公众媒体认可和肯定。

4.4.2　财务竞争力落后公司特征与评价

财务竞争力相对落后公司的共同特点和公共评价主要集中于以下两个方面：

4.4.2.1　财务竞争力落后公司的共同特点

（1）偿债能力较弱。这些公司可能面临较高的负债压力，无法有效偿还债务或维持偿债能力。

（2）盈利能力不佳。这些公司可能存在利润率较低或亏损的情况，无法获得持续的盈利能力。

（3）运营能力不足。这些公司可能无法高效地管理资金、库存和供应链等运营方面的问题，导致运营效率低下。

（4）发展能力有限。这些公司可能在市场竞争中发展受限，无法有效扩大业务或创新产品。

4.4.2.2　财务竞争力落后公司的公共评价

（1）财务困境。这些公司有可能出现关于债务违约、资金链断裂、财务造假等方面的报道。

（2）业绩下滑。这些公司可能有关于盈利下降、销售不佳、市场份额缩减等负面报道。

（3）资本市场表现不佳。这些公司可能存在股价下跌、市值缩水、投资者信心不足等报道。

但请注意，以上的总结属于一般意义上的结论，并不针对特定某一公司。而且没有绝对优秀和绝对落后的公司，因此上述分类特征评价是相对的。

5 中医药上市公司发展主要问题与对策

5.1 中医药上市公司发展主要问题

5.1.1 中医药上市公司财务竞争力不强

5.1.1.1 附加分法评分值较低

从前面的中医药行业[①]与医疗保健行业、全 A 行业 2018—2022 年附加分法得分可知，中医药行业的财务竞争力总体上强于全 A 行业，但弱于医疗保健行业。

这里的医疗保健行业是包含中医、西医及保健服务的更大行业，在 Wind 行业分类中是一级行业。

中医药行业财务竞争力与医疗保健行业在 2018—2022 年的差距可以用附分比较分析，参见表 5-1。

表 5-1 中医药行业与医疗保健行业附分比较　　　　单位：分

行业简称	2018 年	2019 年	2020 年	2021 年	2022 年	平均值	标准差
中医药行业	67.97	57.74	51.83	83.73	55.85	63.42	11.46
医疗保健行业	65.91	60.66	64.93	78.01	65.29	66.96	5.83

根据表 5-1 的数据，我们可以对中医药行业和医疗保健行业在不同年份的得分进行分析。

---

　① 中医药行业是 wind 行业分类中的中药行业，代码为 882572.WI。

（1）平均得分。对于中医药行业，平均得分为 63.42，而医疗保健行业的平均得分为 66.96。可以看出，医疗保健行业的平均得分略高于中医药行业。

（2）标准差。中医药行业的标准差为 11.46，而医疗保健行业的标准差为 5.83。标准差是衡量数据离散程度的指标，其数值越大表示数据的分散程度越大。在这里，中医药行业的得分表现更为分散，即在不同年份中得分的变化较大，而医疗保健行业的得分相对更为稳定。

综上所述，医疗保健行业在整个时间段内的得分相对较高且相对稳定，而中医药行业的得分变化较大。这反映出两个行业的发展状况和市场竞争情况不同。

因此，中医药行业的财务竞争力总体上不如医疗保健行业。相对医疗保健行业而言，中医药上市公司财务综合竞争力不强。

5.1.1.2　中医药行业盈利质量不高

本书通过统计 2018—2022 年中医药行业、医疗保健行业和全 A 行业现金流量变化情况计算平均现金流量相关指标，见表 5-2。

表 5-2　2018—2022 年中医药行业、医疗保健行业和全 A 行业平均现金流量比较

代码	行业简称	经营现金流量净额/亿元	投资现金流量净额/亿元	筹资现金流量净额/亿元	现金及现金等价物净增加额/亿元	现金净利比率/%
881001.WI	全 A 行业	15.55	−14.39	3.43	3.43	39.16
882006.WI	医疗保健行业	3.85	−3.24	1.26	1.26	41.77
882572.WI	中医药行业	5.19	−2.08	1.11	1.11	35.80

（1）经营现金流量净额。中医药行业的经营现金流量净额为 5.19 亿元。这个数据表示中医药行业在经营活动中产生的现金流量略高于医疗保健行业的 3.85 亿元，但远低于全 A 行业的 15.55 亿元。低的经营现金流量净额意味着公司可能存在一些经营风险。

（2）现金净利比率。中医药行业的现金净利比率为 35.80%。这个比率是中医药行业的现金净利润占总净利润的比例。相对于医疗保健行业的 41.77% 和全 A 行业的 39.16%，中医药行业的现金净利润占比较低。这意味着中医药行业的现金净利润相对较少，一部分利润可能以非现金形式存在。

综合上述分析来看，中医药行业在经营现金流量净额和现金净利比率方面表现较差。这意味着中药行业的经营能力相对较弱，现金净利润较少，盈利质量不高。

5.1.2 中医药上市公司内部发展不平衡

5.1.2.1 中医药上市公司财务竞争力分化大

（1）数据准备

中医药上市公司财务竞争力是依据第 4 章的相关计算结果进行分类的，A、B、C 三类公司的财务竞争力差异较大。为清晰比较其差异程度，本书计算出 2018—2022 年 A 类公司与 C 类公司附加分法得分率均值差异及差异率，见表 5-3。

表 5-3　2018—2022 年 A 类公司与 C 类公司附加分法得分率均值差异及差异率

选择的指标	A 类公司	C 类公司	差异	差异率/%
一、偿债能力指标	0.86	0.64	0.22	25.21
1. 资产权益率	0.92	0.79	0.13	14.04
2. 流动比率	0.77	0.44	0.33	43.30
3. 速动比率	0.76	0.40	0.36	47.41
二、盈利能力指标	0.84	0.39	0.45	53.31
1. 净资产收益率	0.84	0.22	0.62	74.26
2. 销售毛利率	0.84	0.66	0.19	22.02
三、运营能力指标	0.57	0.37	0.20	35.19
1. 存货周转率	0.55	0.49	0.05	10.03
2. 应收账款周转率	0.60	0.11	0.49	80.89
四、发展能力指标	0.49	0.27	0.22	44.56
净利润增长率	0.49	0.27	0.22	44.56
平均值	0.77	0.44	0.33	42.92

（2）数据分析

根据表 5-3 的数据，我们可以对 A 类公司与 C 类公司在各项指标上的得分率进行比较和分析。

①偿债能力指标差异分析

资产权益率方面，A 类公司的平均得分率是 0.92，而 C 类公司的平均得分率是 0.79，差异为 0.13，差异率为 14.04%。可以看出，A 类公司在资产权益率上表现相对较好。

流动比率方面，A 类公司的平均得分率是 0.77，而 C 类公司的平均得分率是 0.44，差异为 0.33，差异率为 43.30%。A 类公司在流动比率上的表现明显优于 C 类公司。

速动比率方面，A 类公司的平均得分率是 0.76，而 C 类公司的平均得分率是 0.40，差异为 0.36，差异率为 47.41%。A 类公司在速动比率上明显优于 C 类公司。

②盈利能力指标差异分析

净资产收益率方面，A 类公司的平均得分率是 0.84，而 C 类公司的平均得分率是 0.22，差异为 0.62，差异率为 74.26%。可以看出，A 类公司在净资产收益率上的表现明显优于 C 类公司。

销售毛利率方面，A 类公司的平均得分率是 0.84，而 C 类公司的平均得分率是 0.66，差异为 0.19，差异率为 22.02%。A 类公司在销售毛利率上的表现稍微优于 C 类公司。

③运营能力指标差异分析

存货周转率方面，A 类公司的平均得分率是 0.55，而 C 类公司的平均得分率是 0.49，差异为 0.05，差异率为 10.03%。A 类公司在存货周转率上略优于 C 类公司。

应收账款周转率方面，A 类公司的平均得分率是 0.60，而 C 类公司的平均得分率是 0.11，差异为 0.49，差异率为 80.89%。A 类公司在应收账款周转率上的表现明显优于 C 类公司。

④发展能力指标差异分析

净利润增长率方面，A 类公司的平均得分率是 0.49，而 C 类公司的平均得分率是 0.27，差异为 0.22，差异率为 44.56%。A 类公司在净利润增长率上的表现相对较好。

通过分析可以看出，A 类公司在各项指标上的得分率普遍高于 C 类公司，差异率达到了较大的幅度，表明 A 类公司在偿债能力、盈利能力、运营能力和发展能力方面整体上的表现相对较好。这反映了 A 类公司在财务和经营方面的稳定性和优势。

总之，表 5-3 的数据告诉我们，A 类公司得分率均值为 0.77，C 类公司得分率均值为 0.44，A 类公司与 C 类公司得分率均值总体差异为 0.33，差异率为 42.92%。优秀公司与落后公司得分差异大，说明中医药上市公司财务竞争力评价分化大。

特别地，在偿债能力、盈利能力、运营能力、发展能力四大能力中，盈利能力差异率高达 53.31%，差异率排名第一。这说明中医药上市公司财务竞争力分化较大，差异最大的指标是盈利能力。

5.1.2.2　不同类别公司面临不同发展问题

（1）A 类公司运营能力相对较差

表 5-3 的数据显示，A 类公司在偿债能力和盈利能力上得分率分别为 0.86 和 0.84，运营能力和发展能力得分率为 0.57 和 0.49。从中可以得出结论，优秀公司的运营能力和发展能力相对较差且未能达到理想状态。

发展能力的提升受制于盈利能力、偿债能力和运营能力等三大基础能力。因此，分析其根源问题可以发现，财务竞争力表现优秀的 A 类公司在运营能力方面存在不足，这是 A 类公司发展最大的短板。

（2）C 类公司盈利能力明显不足

表 5-3 的数据显示，C 类公司在偿债能力方面得分率最高，为 0.64。然而，其余三项能力即盈利能力、运营能力和发展能力的得分率均不及格，分别为 0.39、0.37 和 0.27。特别是净资产收益率得分率仅为 0.22，这表明 C 类公司的盈利能力明显不足。

C 类公司在样本公司中排名最后，属于相对落后的公司。由此可以得出结论，盈利能力的低下是 C 类公司整体财务竞争力不强的主要原因。盈利能力的低下是 C 类公司发展最大的"硬伤"。

总体而言，财务竞争力较差的公司的盈利能力差是其发展过程中最大的问题。中医药上市公司内部分化问题严重，严重影响了整个上市公司的发展。只有解决了分化严重的问题，中医药上市公司的发展才能真正具有可期性。

5.2 中医药上市公司发展主要问题的对策

5.2.1 提升中医药上市公司财务竞争力

公司的发展路径是指公司在未来一段时间内实现目标的路线或方向。针对上面指出的中医药上市公司相关发展问题，这里探讨如何解决问题。

相对医疗保健行业而言，2018—2022 年中医药上市公司财务综合竞争力不强。因此，提高中医药上市公司财务竞争力是提升中医药上市公司发展质量的现实路径。

5.2.1.1 寻找影响中医药上市公司财务竞争力症结

在提升中医药行业财务竞争力方面，我们需要先找到问题所在。所谓"通则不痛，痛则不通"。

（1）净资产收益率和资产周转率低是"症状"

我们将中医药行业与 Wind 金融终端中所有一级行业作为一个集合体进行评价，计算中医药行业（Wind 行业代码：882572.WI）2018—2022 年附加分法评分平均值，见表5-4。

表5-4　中医药行业 2018—2022 年附加分法评分平均值表

选择的指标	分配的权重 ①	指标的标准值 ②	指标的实际值 ③	实际值得分④=①×③÷②	最低限值分 ⑤	最高限值分 ⑥	直接得分 ⑦	附分值⑧=⑦÷⑥×①	超分 ⑨	备注
一、偿债能力指标	25						33.87	25.00	5.89	
1.资产权益率	15	42.37	62.78	22.22	9.62	20.38	20.38	15.00	1.84	比较优秀
2.流动比率	5	1.19	2.06	8.64	3.33	6.67	6.67	5.00	1.97	比较优秀
3.速动比率	5	0.87	1.54	8.89	3.18	6.82	6.82	5.00	2.08	比较优秀
二、盈利能力指标	50						53.53	38.84	11.74	
1.净资产收益率	30	8.37	6.85	24.50	15.74	44.26	27.45	18.84	-2.95	
2.销售毛利率	20	22.62	46.04	40.77	13.92	26.08	26.08	20.00	14.69	非常优秀
三、运营能力指标	15						3.27	1.64	0.00	
1.存货周转率	10	15.31	2.05	1.33	-1.84	28.86	1.33	0.46	0.00	
2.应收账款周转率	5	12.82	4.81	1.88	1.79	8.21	1.94	1.18	-0.06	
四、发展能力指标	10						-7.06	2.00	216.40	
净利润增长率	10	215.16	335.51	209.34	-40.84	44.84	-7.06	2.00	216.40	
五、综合得分	100	0.00	0.00	0.00	0.00	0.00	83.61	67.48	234.03	

附分法最大特点之一是提供"超分",以便用于评定特别表现。这类指标类似于特长生,在少数特别指标的观察角度下进行分析。从表5-4中可以清楚地看出,资产权益率、流动比率、速动比率和销售毛利率表现相对较优秀。这些指标的附分值得分是满分,并且还获得了较高的超分。根据附加分法的要求,超过最高限20%被认为是较优秀的,而超过50%则被评定为"非常优秀"。

然而,净资产收益率的"超分"为-2.95,值得关注。与同样是盈利能力指标的销售毛利率相比,净资产收益率表现是所有指标中最低的。这种反差可能是我们要寻找的"症结"所在。我们需要进一步分析内在原因,以便后续采取相应措施来解决问题。

此外,运营能力指标的存货周转率和应收账款周转率分别得分0.46和1.18,合计得分为1.64。相对于权重的15分,得分率仅为10.93%,是非常低的分值。通常资产周转率较低最终会拉低净资产收益率。

因此,提升净资产收益率是提升中医药上市公司财务竞争力的主要途径。

(2)中医药行业销售净利率低是"病灶"

我们已经知道中医药行业净资产收益率相对较低。以此为线索,我们收集并统计相关指标数据进行明细比较分析,为提升净资产收益率找到关键问题所在,找到发力点才能真正解决问题。

经计算,2018—2022年的中医药行业与全A行业、医疗保健行业的销售毛利率与销售净利率平均值及其差异见表5-5。

表5-5 中医药行业、全A行业、医疗保健行业销售毛利率与销售净利率及其差异计算

代码	行业简称	销售毛利率/%	销售净利率/%	差异%	差异率/%
881001.WI	全A行业	18.71	8.09	10.62	56.77
882006.WI	医疗保健行业	26.44	6.13	20.31	76.82
882572.WI	中医药行业	46.04	7.34	38.70	84.06

根据表5-5的数据,我们可以对销售毛利率和销售净利率进行分析。以下是对表格数据的分析结果:

①销售毛利率比较。中医药行业的销售毛利率最高,为46.04%,其次是医疗保健行业,为26.44%,而全A行业的销售毛利率最低,为18.71%。

②销售净利率比较。中医药行业的销售净利率为 7.34%，医疗保健行业的销售净利率为 6.13%，全 A 行业的销售净利率为 8.09%。

中医药行业的销售毛利率和销售净利率相较于其他行业都有较大的差异。中医药行业的差异为 38.70%，差异率为 84.06%；医疗保健行业的差异为 20.31%，差异率为 76.82%。

综上所述，中医药行业在销售毛利率指标方面表现出明显的优势，超过了医疗保健行业和全 A 行业的均值。然而，在销售净利率指标上，中医药行业的表现相对较差，仅稍高于医疗保健行业，但落后于全 A 行业。

这一现象说明中医药行业在经营过程中存在较高的费用和成本支出，从而导致利润净额的下降，其中可能包括研发费用、生产成本以及市场推广费用等。此外，中医药行业还面临着市场竞争激烈和政策环境不确定性等挑战，会对利润率产生一定的压力。

因此，中医药行业由"毛"到"净"破损率太高。中医药行业销售净利率低是财务竞争力不高"病症"的根本。

（3）运营效率低下加重"病情"

我们已经知道中医药行业的运营能力得分较低。这主要是因为资产周转率较低，从而导致经营效率不高，进而加剧了销售净利率下降的问题，使运营效率低下"病情"加重。

中医药行业的运营能力得分较低的原因是该行业的资产周转率较低，意味着企业在单位时间内无法充分利用资产，导致经营效率低下。这与中医药行业具有较长的研发周期、生产周期和产品销售周期有关。

资产周转率低不仅会影响企业的经营效益，还会加剧销售净利率下降的问题。销售净利率是企业销售额与净利润之间的比率，是衡量企业盈利能力的重要指标。资产周转率低下意味着企业无法有效地将销售额转化为利润，导致销售净利率下降。

资产周转率低和销售净利率下降相互影响，形成了恶性循环，使得中医药行业的运营效率更加低下。在这种情况下，企业需要寻找解决方案以提高运营能力。

综上所述，中医药行业的运营能力得分较低主要是因为资产周转率较低，从而导致经营效率低下和销售净利率下降。

（4）资产负债率过低，快速"痊愈"机会减少

本书分别计算 2013—2022 年中医药行业、医疗保健行业、全 A 行业

资产负债率平均值，各年资产负债率及平均值见表 5-6。

表 5-6　2013—2022 年中医药行业、医疗保健行业、全 A 行业资产负债率及均值比较

单位:%

行业简称	2013年	2014年	2015年	2016年	2017年	2018年	2019年	2020年	2021年	2022年	平均值
中医药行业	33.8	33.0	33.0	32.2	34.4	38.5	38.5	40.3	31.9	36.9	35.2
医疗保健行业	41.3	40.9	40.2	38.7	40.8	43.3	42.9	41.3	38.1	37.9	40.5
全 A 行业	85.8	85.3	84.7	84.7	83.9	83.6	83.7	83.5	83.0	82.8	84.1

根据表 5-6 的数据，我们可以对中医药行业的资产负债率进行比较分析。

中医药行业的资产负债率在 2013—2022 年在 31.9% 至 40.3% 之间波动，平均值为 35.2%。相比之下，医疗保健行业的资产负债率 2013—2022 年在 37.9% 至 43.3% 之间波动，平均值为 40.5%。全 A 行业的资产负债率在 2013—2022 年相对稳定，在 82.8% 至 85.8% 之间波动，平均值为 84.1%。

显然，中医药行业的资产负债率相对较低，平均值为 35.2%，远低于医疗保健行业的平均值 40.5% 和全 A 行业的平均值 84.1%。

这表明中医药行业在资产负债方面的风险较低，有较好的负债管理能力。

但从财务杠杆角度看，中医药行业十年资产负债率平均值大幅低于医疗保健行业和全 A 行业。

为使数据关系更加直观清晰，我们使用表 5-6 的数据创建了一个折线图，图 5-1 展示了三者的关系。

由图 5-1 可以直观地看出，中医药行业与医疗保健行业的资产负债率远低于全 A 行业。中医药行业的资产负债率略低于医疗保健行业。

因此，中医药行业销售净利率低是财务竞争力不高"病症"的根本所在。

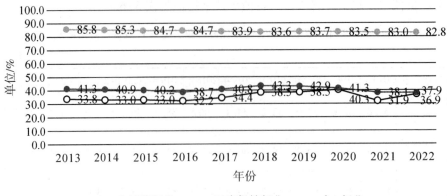

图 5-1　2013—2022 年中医药行业、医疗保健行业、全 A 行业资产负债率

5.2.1.2　提高中医药行业财务竞争力的途径

（1）控制生产服务成本，保持销售毛利率领先优势

销售毛利率和销售净利率之间的关系是非常重要的。销售毛利率是指销售收入减去直接成本所占的比例，反映了企业在销售产品或服务时所获得的利润。而销售净利率是指销售净利润与销售收入之间的比例，是考虑了除直接成本外的其他费用后的最终利润率。

中医药行业虽然具有较高的销售毛利率，但却面临着运营能力不足的问题。这可能是高成本、低资产周转率等原因导致的。从销售毛利率的角度来看，中医药行业相对于医疗保健行业和全 A 行业具有显著优势，说明中医药产品具有较高的附加值和较低的生产成本。

然而，销售毛利率仅仅是企业盈利的一部分指标，并不能直接反映企业的整体经营状况。销售净利率是一个更全面的指标，考虑了除直接成本外的其他费用，如运营成本、税收等。中医药行业运营能力得分较低可能是因为无法有效地管理运营成本或面临其他经营挑战。

因此，中医药企业在追求高销售毛利率的同时，还需要注重提高整体运营能力。这可以通过优化成本管理、提高资产周转率、加强供应链管理等策略来实现。企业可以从采购成本入手，通过与供应商进行有效谈判和合作，争取更有利的采购价格和条件，从而降低采购成本。同时，中医药企业还需要关注市场竞争环境的变化，及时调整价格策略，以确保持续的盈利能力。

佛慈制药被学者认为在成本控制方面存在局限性：全局战略规划不完

善，缺乏纵向价值链管控，缺乏横向价值链分析，忽视了部分价值链环节的增值作用；没有从全局出发，缺乏对市场的全面认识以及对竞争对手的分析，使战略管理措施的实施大打折扣，不利于企业长远发展。针对此情况，学者建议引入价值链管理，完善价值链成本控制制度及组织结构。企业应根据自身发展需求、所处市场竞争环境构建基于价值链理论的成本控制制度及组织架构，全面管控企业成本消耗情况，并及时根据结果调整成本控制目标和方向，再实时反馈给有关部门，做到及时消除不合理不增值的非增值业务，扩大对增值业务的投入，实现企业降本增效的最终目的，增强企业的核心竞争力①。

综上所述，销售毛利率和销售净利率是企业盈利能力的重要指标，中医药行业在销售毛利率方面有明显优势，但需要进一步控制生产服务成本，保持销售毛利率领先优势。

（2）控制费用开支，提升销售净利率

控制费用是提升销售净利率的有效途径之一。中医药上市公司可以通过有效管理和优化费用结构来控制医药费用的不合理增长，从而提高销售净利率。

首先，企业可以通过控制销售费用和营销费用来降低企业的总体费用开支；精确分析市场需求，合理制定营销策略；发展线上销售渠道，降低线下渠道的运营成本，提高销售效率。

其次，企业可以优化人力资源管理，合理配置人力资源，提高员工的工作效率和生产力；通过员工培训和激励机制，提高员工的专业素质。

最后，企业可以构建精细化供应链管理体系，提高存货周转率，减少滞销和过期产品的损失，减少仓储和物流中的浪费与非常损失。

值得注意的是，控制费用并不意味着简单地削减开支，而是要在保证产品质量和服务水平的前提下，优化成本结构，避免浪费和低效的支出。

综上所述，中医药上市公司可以通过减少销售和营销费用、优化人力资源管理、减少仓储和物流浪费三个方面入手，降低企业总体成本，提高销售净利率。

---

① 孟丽丽.基于价值链理论的佛慈制药成本控制与优化研究［D］.兰州：兰州财经大学，2021.

（3）提升中医药上市公司资产周转率

① 中医药上市公司的资产周转率分析

我们已经知道中医药上市公司的运营能力相对是比较差的。我们通过这个线索收集中医药上市公司资产周转类相关数据，进行明细比较分析，以探明中医药上市公司的资产周转率具体表现。

本书计算出 2018—2022 年中医药行业与全 A 行业、医疗保健行业的应收账款周转率与存货周转率均值及其差异，见表 5-7。

表 5-7　2018—2022 年中医药行业与全 A 行业、医疗保健行业应收账款周转率与存货周转率

指标名称	全 A 行业	医疗保健行业	中医药行业
应收账款周转率/次	8.41	15.45	4.81
存货周转率/次	2.84	5.72	2.05

由表 5-7 可知，中医药行业比全 A 行业应收账款周转率少 3.60 次，比医疗保健行业少 10.64 次，分别减少 74.77% 和 221.11%。存货周转率指标也分别减少 38.15% 与 178.54%。这两个指标表明中医药上市公司资产周转率有较大劣势。中医药行业在应收账款周转率和存货周转率方面相对较低，与其他行业相比差异较大。这个结论与前面的分析结果一致。

低的应收账款周转率意味着中医药行业在收回应收账款方面的效率不高，低的存货周转率意味着中医药行业在存货的管理和销售方面有待提高。

② 提高中医药行业的应收账款周转率的措施

提高中医药行业的应收账款周转率可以从以下方面入手：

客户信用风险评估。加强对客户的信用评估和风险管理，选择具有较高信用度的客户合作，以降低坏账风险。

优化销售政策。合理设置销售政策和条款，如缩短账期、提高预付款比例等，以加快收款进程。

完善应收账款管理。加强对应收账款的管理和催收工作，建立有效的催收机制，及时追回逾期款项。

加强库存管理。合理控制库存水平，避免库存积压过多，减少因库存产品滞销以加快应收账款回款速度。

提升运营效率。优化供应链管理、生产流程等，提高资产周转率，加快应收账款的回款速度。

强化合同管理。建立健全合同管理制度，明确合同约定的付款条件和支付方式，并及时履行合同约定的垫付款项。

通过以上措施的综合实施，中医药行业可以提高应收账款周转率，加快资金回流，提高运营效率，进而提升行业的经营效益。

③ 提高中医药行业存货周转率的措施

想要提高中医药行业的存货周转率，可以从以下方面入手：

优化采购管理。加强对供应商的选择和评估，与可靠的供应商建立长期合作关系，确保及时供货和良好的采购价格，避免过量采购导致存货积压。

提高生产计划与调度的准确性。合理制订生产计划，并确保及时调度生产，避免因生产过剩而导致存货积压，或因缺货而影响销售。

减少存货损耗和滞销。加强存货品质管理，采取有效的质量控制措施，减少因存货损耗而造成的损失；同时，及时调整产品结构，根据市场需求调整生产方向，避免因滞销而导致存货积压。

加强库存管理。建立科学的库存管理制度，包括合理的订货周期和库存预警机制，避免过多的库存积压，提高存货周转率。

提高营销和销售能力。通过市场调研和客户需求分析，制订有效的销售计划和营销策略，提升产品竞争力，增加销售额，提高存货周转率。

5.2.2　提升中医药上市公司的经济效益和社会效益

5.2.2.1　强化经济效益，优化社会效益动因管理

（1）提高中医药上市公司经济效益

通过前面大量的数据分析，我们已经知道，中医药上市公司在公司平均净利润、人均创收、人均创利等方面的表现都相对落后于全 A 行业，也就是落后于整个资本市场。

中医药作为传统医学的重要组成部分，在保健、治疗和预防疾病等方面具有独特的优势。中医药上市公司作为中医药产业链中的重要一环，其经济基础的稳定和发展对提高社会效益至关重要。我们在前面提到中医药行业的经济效益不太高，人均创利等指标表现不够好，这些都是影响进一步提高社会效益的重要因素。因此中医药上市公司应该从以下方面发力：

首先，技术水平提升促进创新发展。中医药上市公司通过不断提升技术水平，加大科研力度和创新投入，能够推动中医药领域的科学研究和新药的开发。通过引进高水平专业人才以及与国内外高校、科研机构的合作，中医药上市公司可以研发出更加安全有效的中药产品，为人们的健康

提供更好的服务，进而提高社会效益。

其次，市场营销能力提升助力全面发展。中医药上市公司在提高经济基础的同时，也需要提高市场营销的能力。通过制定科学的市场策略、加强品牌建设和市场推广，中医药上市公司可以提高产品的知名度、市场占有率和竞争力，从而拓展销售市场、增加收入，为公司的发展提供良好的经济基础，进而为社会提供更多优质的中医药产品和服务。

再次，质量管理体系的建立提供保障。中医药上市公司应注重建立质量管理体系，确保产品的安全性和有效性。通过加强产品质量控制、加强监管合规和加强药品质量的监测检测，中医药上市公司能够提供高质量的产品，给消费者更多的信任感。这不仅有助于公司的经济发展，也能提高社会对中医药的认可度，进而提高社会效益。江中药业积极遵循相关法规和政策，加强市场监管合规。它们注重产品质量和安全，保证产品的合规性和有效性。同时，它们也参与行业自律组织和标准制定，共同推动中医药行业的规范发展。

最后，人才培养与引进的重要性。中医药上市公司的经济基础离不开人才的支持和推动。中医药上市公司可以通过加大人才培养和引进的力度，提高员工的专业技能和素质水平，以适应行业的需求和发展。人才的培养能够带来更多的创新和技术突破，进而提高公司的经济效益，促进中医药行业整体的发展，为社会提供更好的中医药产品和服务。

综上所述，中医药上市公司的经济基础是提高社会效益的前提。通过不断提高技术水平、加强市场营销、建立健全质量管理体系以及人才培养和引进等措施，中医药上市公司能够提高自身的经济效益，为社会效益的提升做出积极贡献。

（2）优化社会效益动因管理

中医药上市公司要提高社会效益，带动经济社会不断发展。如果只强调经济基础，而不提高社会效益的动因也行不通。

随着中医药行业的快速发展，中医药上市公司在提高经济效益的同时，也要重视社会效益的管理。

首先，中医药上市公司需要强化企业管理层的意识，使其正确认识到中医药企业社会效益对中医产业的重要性。社会效益是中医药行业可持续发展的前提，所以企业管理层应将其纳入企业战略的重要考量之中。他们应该明确认识到，爱护中医文化环境和保护中医产业是紧密相连的，只有保护中医文化环境才能够保护中医产业的发展基础。

其次，中医药上市公司应加大对中医人才的培养和激励力度。中医药上市公司可以通过提高工资薪酬、提供更好的福利待遇以及制定相关的人才激励机制，吸引更多的优秀中医药人才加入。与此同时，中医药上市公司可以加强对中医人才的培训，使他们具备更高水平的中医药知识和临床经验。

最后，中医药上市公司的社会效益目标应当是实现多方面的社会效益。中医药上市公司应增加现金分红、履行税收义务、广纳就业、加大研发创新力度，以及积极履行社会公益责任等。这些目标不仅能够树立中医药上市公司的良好社会形象，也能够为社会发展做出更大的贡献。

总之，强化中医药上市公司提高社会效益的动因管理需要从多个方面入手。中医药上市公司可以通过制度化措施、提高企业管理层意识、加大中医人才培养和激励力度，以及设定全面的社会效益目标，为社会发展贡献更大力量。

5.2.2.2　落后公司发力，促进中医药行业社会效益最大化

（1）提高 C 类公司经济效益和社会效益

根据之前的分析，我们发现中医药上市公司的员工人数、人均薪酬、人均创利、人均创收、税收贡献和研发投入在不同类别公司之间存在较大的差异。特别是 C 类公司相比 A 类公司表现差异较大。

C 类公司的财务竞争力落后是导致其整体表现不如 A 类公司的根本原因。这也导致了 C 类公司的社会效益在各个方面都落后于 A 类公司。为了缩小不同类别公司的社会效益差异，C 类公司必须解决根源问题，即提升经济基础。因此，提高 C 类公司的经济效益成为关键。

（2）发挥人力资源协同优势

导致不同类别中医药上市公司经济效益与社会效益差异的根本在于它们的人力资源构成不同。因此，下面重点比较分析不同类别公司在员工专业和学历构成上的差异，探讨如何调整人力资源结构，从而提高中医药上市公司经济效益与社会效益，尤其是提高 C 类公司的经济效益与社会效益。

在提高中医药上市公司的经济效益和社会效益方面，调整人力资源结构是至关重要的。不同类别公司在员工专业和学历构成上的差异会直接影响公司的经济运作和社会贡献。

首先，调整人力资源结构可以充分发挥员工的专业优势。不同类别公司可能在不同的领域有特定的专业需求。因此，公司可以根据业务特点和

发展方向对员工的工作安排进行调整和优化，以更好地满足公司的运作需求。比如，如果 C 类公司在药品研发领域相对较弱，就可以通过招聘有相关专业背景的人才、提高研发水平等方式提高创新能力和产品质量，进而提高经济效益和社会效益。

其次，调整人力资源结构可以提升员工的学历水平。高学历的员工通常具备更充足的知识储备和更高的综合素质，更容易适应公司的发展需求和面对复杂的市场环境。公司可以通过加大培训投入、与高校合作等方式，激励员工提升自身学历水平，进而提高公司的经济效益和社会效益。

最后，调整人力资源结构还可以优化公司内部的团队合作和协作机制。公司可以通过在员工的专业领域内进行横向的协同与合作，共享经验和资源，从而提高工作效率和创新能力；营造良好的团队氛围和合理的奖惩机制，激发员工的积极性和创造力，进一步提升公司的竞争力和经济效益。

综上所述，调整中医药上市公司的人力资源结构是提高经济效益和社会效益的关键。公司可以通过充分发挥员工的专业优势、提升学历水平以及优化团队合作机制，提高公司的创新能力、市场竞争力和财务表现，进而实现经济效益与社会效益的提升。

6　中医药上市公司发展路径

　　公司的发展路径是指公司在未来一段时间内实现目标和发展的路线或方向。它通常包括公司的愿景、使命、战略目标和具体的行动计划。

　　我们已经在一系列分析讨论的基础上,以财务竞争力为主要评价参数,结合其他相关指标,对中医药上市公司发展质量进行了整体性评价和分类别评价,并针对中医药上市公司发展中存在的主要问题提出了解决方案。

　　本章对中医药上市公司的共同特征加以总结,分析其优秀做法,探讨中医药上市公司的发展路径。

6.1　完善行业政策,改善中医药上市公司经营环境

6.1.1　政府部门应提供更多支持和优惠政策

6.1.1.1　设立专项发展基金,为中医药上市公司提供财政援助

　　政府可以设立中医药发展基金,为中医药上市公司提供财政支持。这些基金可以用于支持中医药上市公司的研发、生产、市场推广等,帮助它们发展壮大。

　　设立专项发展基金为中医药上市公司提供援助是一种非常有效的方式,以下用一个例子来说明。某中医药发展委员会设立了中医药专项发展基金,旨在推动中医药产业的发展和创新。该基金利用政府拨款和其他资金支持中医药上市公司的研发、生产、市场推广等活动。例如,一家中医药上市公司计划实施关于中药饮片的技术改造和现代化生产的项目。该项目旨在提高中药饮片的质量标准、生产效率和产品安全性。

该公司递交了项目申请书，经过评审，被确定为符合基金的支持范围。基金会通过对该公司的申请进行评估，决定提供一定数额的资金援助。基金的资金援助可以用于购买现代化生产设备、研发新技术和质量标准、提供培训和技术支持等方面。通过基金的援助，该中医药上市公司得以改善中药饮片的生产工艺，提高产品的质量和市场竞争力。

这样的专项发展基金对于中医药上市公司来说，是一种重要的支持措施，可以帮助其在各个方面提升自身实力和市场竞争力，进一步推动中医药产业的发展和创新。具体的专项发展基金的资金分配需要查阅相关政府公告和政策文件，以获取最准确的信息。

政府可以通过财政补贴的方式，直接向中医药上市公司提供一定的资金支持。这些补贴可以用于企业的研发投入、技术改造、产品研发等方面，进一步提升企业的竞争力和创新能力。

当政府为中医药上市公司提供财政补贴时，这种支持可以以多种方式进行。卫生部门决定在政府预算中设立中医药发展专项补贴资金，用于支持中医药上市公司的发展和推广，以促进中医药产业的繁荣。某中医药上市公司计划推出一种基于中药复方的治疗特定疾病的创新药物，并递交了申请，希望获得财政补贴的支持。经过审查和评估，该项目得到政府的认可。政府提供的财政补贴可以用于项目研发、临床试验、生产设备购置、市场营销等。该中医药上市公司获得这一补贴后，能够更加积极地进行创新研发，提高药物治疗效果和产品质量。

获得政府的财政补贴后，中医药上市公司能够在创新药物研发和市场推广方面获得一定的经济支持，降低了开发成本和经营风险。这有助于推动中医药领域的科技创新和市场发展，提高中医药产品的竞争力和可及性。需要注意的是，具体的财政补贴政策和资金分配细则可能因地区和时间而异。中医药上市公司要随时关注相关政府部门的公告和政策，以了解最新的财政援助措施和条件。

6.1.1.2　实施税收优惠政策，减轻中医药上市公司的负担

政府可以制定税收优惠政策，减轻中医药上市公司的税收负担。政府对中医药上市公司实施税收优惠政策的具体措施包括以下几个：

首先，免税政策。政府可以对中医药上市公司的某些利润项目免征所得税。例如，对于中医药研发和创新方面的收入，政府可以免征企业所得

税，以鼓励公司加大研发投入力度。

其次，减免税收政策。政府可以对中医药上市公司的某些税款进行减免。例如，对于中药材种植企业，政府可以减免土地使用税或农业税，以降低其经营成本。

再次，税收补贴政策。政府可以通过给予中医药上市公司税收补贴，以促进其发展壮大。例如，政府可以根据企业的中医药研发投入额给予相应的研发费用税收补贴。

实施税收优惠政策是减轻中医药上市公司负担的一种常见方式。以下用一个例子来说明。某财政部门决定实施税收优惠政策，针对中医药上市公司给予一定的税收优惠。例如，该政府决定对中医药上市公司的研发费用给予税收抵免。公司在进行中药产品的研发时，可以列支研发费用，减少税务上的负担。这样，中医药上市公司可以降低研发成本，鼓励更多的企业进入中医药研发领域。此外，政府还决定给予中医药上市公司在中药材采购环节的增值税减免。中医药上市公司所购买的中药材可以享受减免部分增值税的优惠，从而降低企业的生产成本。

通过税收优惠政策，中医药上市公司可以获得一定的经济支持，减轻税务负担，并有更多资金投入到研发和生产中，提高产品质量和竞争力。需要注意的是，具体的税收优惠政策会因地区和时间而异。公司要了解相关的税收政策和法规，以获取最准确的信息。政府可能会根据中医药产业的发展情况和需要，对税收优惠政策进行调整和优化。

6.1.1.3 提供政策扶持，鼓励中医药上市公司开展技术研发和创新

我们有好的创新政策环境。根据国家统计局的数据，从 2013 年起，中国研发投入占国民生产总值的比例已经超过 2%，各年数值如下：2013 年为 2.07%；2014 年为 2.08%；2015 年为 2.07%；2016 年为 2.11%；2017年为 2.13%；2018 年为 2.18%；2019 年为 2.23%；2020 年为 2.39%。这些数据显示，中国研发投入占国民生产总值的比例呈现稳定增长的趋势。从 2013 年起，我国研发投入占国民生产总值的比例已经达到创新型国家2%的最低标准。我国的研发投入的总量正在不断地增加，我国越来越重视研发投入。但从全球角度来看，我国的研发投入情况仍和欧美国家有较大

的差距①。

鼓励中药研发和创新投入势在必行。2006—2010 年，中国、韩国、德国、日本和美国中药专利申请总量、中药提取物、中药饮片和中成药均呈下滑趋势；中药提取物专利申请量韩国居首，中国次之；中药饮片专利申请量中国居首，韩国次之；中成药专利申请量中国占绝对优势，其他国家较少。因此，中国虽然在传统中药产业上占有明显优势，但是中药专利保护力度仍有待加强。中国在发展传统中药产业、加强其知识产权保护的同时，不仅要加快知识产权全球化布局，而且要加大中药研发投入，加快中药现代化进程②。

政策扶持对于中医药上市公司开展技术研发和创新具有重要的推动作用。

首先，政府可以通过提供研发资金和科研项目支持，鼓励中医药上市公司进行技术创新和新产品开发。这可以包括设立专项资金，通过竞争性申请的方式，向优秀的中医药上市公司提供研发经费支持，帮助其实施前沿科研项目。

其次，政府可以加强知识产权保护，建立健全法律法规体系，打击侵权行为，保护中医药上市公司的知识产权，为其创新提供良好的环境和保障。韩国中药研究院实施了知识产权支持计划。韩国政府设立了传统草药创新项目，并为中医药上市公司提供资金支持和知识产权相关的协助。该计划包括专利申请费用的补助、知识产权研究支持、专家咨询等。这些支持措施旨在保护中医药上市公司的知识产权，促进其市场竞争力的提升。

最后，政府还可以加强科研与产业的融合，促进学术界和企业的合作，共同推动中医药技术的创新与应用。

通过以上的政策扶持措施，中医药上市公司将得到更多的支持和鼓励，从而能够更好地开展技术研发和创新，提升企业的竞争力和市场地位，推动中医药产业的发展。

6.1.1.4　加强对中医药上市公司的行业指导和服务，优化企业发展环境

加强对中医药上市公司的行业指导和服务，优化企业发展环境，是促进中医药行业健康发展的重要举措之一。

---

①　王蕊. 济川药业研发投入现状及问题分析［D］. 太原：山西大学，2021.

②　海广范，杨俊，张贺鸣，等. 中国、韩国、德国、日本和美国 2006—2010 年中药专利比对分析［J］. 中国实验方剂学杂志，2011，17（15）：274-277.

首先，政府可以加强对中医药产业的政策指导和监管，制定相关政策，规范行业发展，提高行业竞争力。

其次，政府可以建立健全企业服务体系，为中医药上市公司提供一揽子解决方案，包括市场准入、技术支持、人才培养等方面的支持与帮助。

最后，政府可以加强行业之间的交流合作，搭建交流平台，促进企业之间的合作共赢。同时，政府可以鼓励中医药上市公司积极参与国际交流与合作，拓展市场、引进优质资源。

通过以上措施，中医药上市公司可以提高市场竞争力和创新能力，优化企业发展环境，推动中医药行业的健康发展。

研发投入对企业绩效提升非常重要。一些学者认为，中医药上市公司研发投入对当期的企业绩效具有显著的负向影响，对滞后 3 到 5 期的企业绩效具有显著的正向影响，这说明研发投入对企业绩效的正向影响具有滞后性、持续性[①]。

6.1.1.5 为中医药上市公司提供优惠贷款和信贷支持，解决企业融资难问题

为中医药上市公司提供优惠贷款和信贷支持，是解决企业融资难问题的一个重要方面。

首先，政府可以制定相关政策，鼓励银行和金融机构向中医药上市公司提供优惠贷款，降低企业的融资成本。

其次，政府可以建立中医药上市公司信用体系和评估机制，为这些企业提供信贷支持。通过评估企业的经营状况、创新能力和市场前景等，政府可以帮助金融机构更准确地评估中医药上市公司的信用风险，提供更多的信贷支持。

最后，政府可以加强与金融机构的对接和合作，建立起互信、互动的合作平台，加大对中医药上市公司的金融支持力度。

综上所述，为中医药上市公司提供优惠贷款和信贷支持，能够解决企业融资难问题，促进企业的发展和创新。政府和金融机构应加大支持力度，建立健全信用体系和评估机制，让中医药上市公司能够更加顺利地获取到资金支持，进一步推动中医药行业的繁荣发展。

---

① 王雪，程蒙，周修腾，等. 我国中医药上市企业研发投入、销售费用与企业绩效关系的实证研究 [J]. 广东药科大学学报，2023，39（4）：31-40.

专栏：税费优惠案例

减税降费，中医药创新的"药引子"（摘录）

在减税降费政策助力下，中医药行业传承精华，守正创新，在新时代焕发出新活力。

江西药企：资金"不缺血"，发展更"有劲儿"

江西中医药历史源远流长，至今流传着"药不到樟树不齐，药不过建昌不灵"之说。近日，记者在对江西中医药企业进行采访时发现，减税降费犹如一剂"良药"，为中医药这个传统优势产业的高质量跨越式发展提供了源源动力。

老牌药企华润江中集团于2019年4月完成了并购重组。2018年，企业在重组期，复杂的涉税事项该怎么处理、企业新产品研发资金从何而来等问题曾使企业非常烦恼。集团税务经理刘爱红说，国家推出的降低增值税税率、降低社保费率等一系列减税降费政策如同甘霖，使企业轻装上阵。同时，税务干部及时上门，"手把手"帮助企业理清重组涉及的税收事项，为企业重组顺利完成提供了保障。

2019年以来，华润江中集团享受减税超4 000万元、降费830万元。"减税降费让企业资金不'缺血'、不'贫血'，干起事来更'有劲儿'。企业通过产业并购实现资源整合，丰富产品结构，走上了更健康的发展之路。"刘爱红说。

中药药品的研发具有成本高、周期长的特点。据统计，90%以上的新药研发最终以失败告终，这曾让很多中药企业畏难却步。随着减税降费政策落地，中医药企业有了更多资金支持，企业创新发展的底气更足了。

江西济民可信药业有限公司是中药行业创新研发能力较强的企业。近年来，企业从生产婴儿素等不到10个低附加值产品的小企业，发展成为拥有十大剂型、共10余条国内一流生产流水线，年产胶囊36亿粒、颗粒剂2亿袋的大型制药企业。

协和成：把中药卖到全世界

安徽亳州是著名的中药材之乡。安徽协和成药业饮片有限公司（以下简称"协和成"）作为当地的龙头企业，是一家销售规模超7亿元、纳税近千万元的大型中药生产企业，产品远销美国、英国、新西兰、加拿大、韩国等国家和地区。

公司董事长李素亮说："企业发展蒸蒸日上的背后，离不开减税降费政策的支持。"

据介绍，2018年，协和成累计享受税收优惠670多万元，实现出口1.2亿元，进出口额稳居全国同行业前五。2019年，协和成在出口上再上台阶，将药饮产品出口重心瞄准欧美市场，进一步扩大生产、经营规模。"更大规模减税降费的出台，为公司发展添了底气。"李素亮说。

据测算，随着2019年4月1日企业适用增值税税率下降至9%，2019年前10个月，协和成减免税收960万元，预计全年税收减免总额可达1 200万元。

九芝堂："老字号"的新活力

九芝堂2017年研发费用税前加计扣除金额为1 300余万元，2018年超过1 500万元。同时，作为一家高新技术企业，公司2017年享受企业所得税减免310万元，2018年减免980余万元。

2019年4月1日起，制造业增值税税率由16%降至13%。毛凤云说，受益于此项政策，九芝堂全年预计可减少税款2 000余万元。"制药企业的研发资金投入具有金额大、回款周期长的特点。国家大规模的减税降费，使企业省下了真金白银，有效盘活了我们的资金链。"

南京同仁堂：当转型期遇上减税期

成立于1926年的南京同仁堂，前身是北平同仁堂京都乐家老铺的南京分号。最近几年，进入发展瓶颈期的南京同仁堂开始谋求转型，正在实施的减税降费政策，为"老字号"的振兴插上了腾飞的翅膀。

"2019年4月，我们已经一次性抵扣不动产进项税额365万元。新厂房投入运营后，预计还有8 000万元的固定资产符合一次性税前扣除政策。"南京同仁堂财务总监周小龙说，企业在转型的关键时期恰好遇上了减税降费期，包括固定资产税前扣除政策在内的多项税收优惠政策，让他们有更多资金全力打造新厂区。

作为一家中药制药企业，深化增值税改革同样为南京同仁堂带来了实惠。据周小龙介绍，增值税税率从2018年的17%降至16%，2019年又降低至13%，仅这一项政策，就给他们带来近600万元的减税。

此外，南京同仁堂每年都需要购进大量的农产品，比如生姜、中药材等。国家出台的农产品进项税额加计扣除的政策，让企业仅2018年就享受加计扣除271万元。"税收优惠降低了企业的生产成本，使得我们传统中药企业的竞争力越来越强，长远发展的底气越来越足。"何畅说。

资料来源：中国税务报。

6.1.2　加大对中医药研发和创新的投入

6.1.2.1　建立多渠道的研发投入机制

加大对中医药研发和创新的投入是中医药行业发展的重要方向之一。为了实现这一目标，中医药上市公司可以考虑建立多渠道的研发投入机制。

首先，政府可以通过设立专项资金、加大科研机构的经费支持等方式，为中医药研发和创新项目提供更多资金支持。这可以促进科研机构和企业在中医药领域进行更多的创新研究。

其次，政府可以鼓励中医药企业与高校、科研机构建立合作关系，共同开展研发项目，共享资源和知识。

再次，政府还可以加强知识产权保护，确保中医药研发成果得到合理回报，提高企业的创新积极性。同时，加强知识产权的保护也可以吸引更多的投资者和资本进入中医药领域。

最后，政府应该鼓励和推动学术界与实践界的互动与交流，加强临床实践的反馈和指导作用，确保中医药研发的目标与临床需求相匹配。

综上所述，建立多渠道的研发投入机制，可以增加中医药研发和创新的资金来源，促进合作创新，加强知识产权保护，加强学术与实践的交流，进一步推动中医药研发和创新的发展。

6.1.2.2　组建高效的研发团队

在加大对中医药研发和创新的投入方面，组建高效的研发团队是非常重要的一步。这需要采取一系列措施来吸引和培养人才，并提供良好的研发环境和资源支持。

首先，政府可以通过设立专门的研发机构或部门，集聚相关领域的专业人才。这些机构可以与高校、科研院所等合作，吸引优秀的科研人员加入，共同进行中医药研发工作。同时，政府要建立良好的激励机制，激发团队成员的创新潜力和积极性。

其次，政府可以加强人才培养和交流，通过组织培训班、学术研讨会等形式，提高团队成员的专业水平和研发能力；可以鼓励团队成员参与国内外学术交流、合作项目，拓宽他们的视野，增强团队的创新能力。

最后，政府要给予研发团队充足的资源支持，包括研究设备、实验材料、文献资料等；要建立良好的项目管理和评估机制，确保研发项目的顺利进行和质量控制。

通过以上措施，政府可以组建起高效的中医药研发团队，提高研发效率和质量。这将有助于推动中医药研发和创新的进程，为中医药行业的发展提供更多有力支持。

江中药业公司建有一支专业的研发团队，拥有自主知识产权，并持续投入高额资金用于研发创新；积极引进先进的科技设备和技术，提高生产研发技术水平，助力创新药物的研发和生产。江中药业公司能够为研发团队提供良好的创新环境和条件，推动中医药领域的科技创新并实现产品的市场化。

6.1.2.3　加强中医药研发与市场需求的对接

中医药不仅是中国传统文化的宝贵遗产，更是我国发展的重要产业。加大对中医药研发和创新的投入，一方面可以深挖中医药的科研价值，推动科技进步；另一方面也能提升中医药的临床效果和服务质量，满足人民群众日益增长的健康需求。

在这个过程中，市场需求对接是重中之重。第一，要以市场需求为导向，明确研发目标，把握市场趋势，研发出市场需求强烈的、具有竞争力的新产品。第二，与相关产业、企业紧密合作，形成联动的创新机制，确保研发成果能及时转化为生产力。第三，通过举办产学研合作论坛、研发成果发布会等活动，建立科研与市场的沟通平台，加强信息交流，促进资源共享。

片仔癀公司在传统中药领域进行了不断创新，并紧跟市场需求。其自主研发的片仔癀系列产品，如片仔癀颗粒、片仔癀软胶囊等，根据不同需求形式化为不同制剂，广泛满足了患者对中药的需求。

同时，营造创新友好的环境也至关重要。政府要出台更加有利于研发的政策，加大对研发投入的支持力度，打造公平公正的竞争环境，激发企业的创新活力。与此同时，政府要加强对中医药知识产权的保护，为企业研发创新提供安全保障。总的来说，政府要通过多方面的努力，推动中医药产业的持续健康发展。

6.1.3　加强对中医药市场监管和规范

6.1.3.1　建立完善的药品注册和监管制度

建立完善的药品注册和监管制度是加强对中医药市场监管和规范的重

要举措。以下是可以考虑的方面：

首先，建立统一的药品注册制度。这包括明确中医药药品的分类和管理标准，确保药品的质量、安全性和有效性符合国家要求。同时，政府要加强药品监管和审批流程的透明度和可预测性，提高审批效率，促进新药的研发和上市。

其次，加大对药品生产和质量控制的监督。政府要建立健全药品生产许可制度，加强对药品生产企业的监管，确保药品的生产过程符合标准要求，保障药品的质量和安全性；加强对药品质量的抽检和监测，及时发现和处理不合格产品，并追究相关责任。

再次，加大药品市场监管和执法力度。政府要加强对药品市场的监督和巡查，打击假冒伪劣药品，加强对销售环节的监管，遏制不规范销售行为；加强对医疗机构的监督，保护患者权益。

最后，政府还需要积极加强国际交流和合作，学习借鉴国际上优秀的药品注册和监管制度经验，提升我国中医药市场监管和规范水平。

总的来说，建立完善的药品注册和监管制度是加强对中医药市场监管和规范的关键一环。强化监管措施、加强对药品质量的监督和执法力度，可以确保中医药产品的质量和安全性，提高公众对中医药的信任和认可度。

6.1.3.2 加强对中医药市场的定期巡查和抽检

首先，定期巡查和抽检可以有效降低假冒伪劣中医药产品的存在。对市场进行定期巡查，可以及时发现和打击假冒伪劣产品的生产和销售行为，维护中医药市场的秩序和公平竞争环境。抽检时，工作人员可以针对市场上的中药材和中药制品进行检测，确保产品的质量和安全性符合标准要求，保护消费者的权益。

其次，定期巡查和抽检可以加强对中医药经营行为的监管。在巡查的过程中，工作人员应该对中医药经营者的合法经营行为进行审核，确保商家的经营资质合法，产品标签和说明书符合要求，避免虚假宣传和误导消费者；通过抽检对产品质量进行把关，对不合格的产品实施追溯和召回，加强对市场的管理。

再次，定期巡查和抽检可以促进行业自律和规范发展。政府通过定期巡查和抽检的实施，加大对中医药行业的监管力度，使行业内从业人员更加重视产品质量和服务质量，规范经营行为。不合格的产品和经营者将受到处罚并纳入信用黑名单，从而提升整个行业的信誉度。

最后，定期巡查和抽检可以加强监管机构与中医药企业的沟通和合作。监管机构在巡查和抽检过程中可以与企业进行有效对话，了解企业的经营情况和困难，为企业提供必要的指导和帮助，共同推动市场的健康发展。

总之，定期巡查和抽检是加强对中医药市场监管和规范的重要手段。加强巡查和抽检工作，可以减少假冒伪劣产品的存在，促进行业的自律和规范发展，保障中医药市场的秩序和消费者的权益。

3. 定期公布药品监管信息，提高监管透明度

定期公布药品监管信息可以提高监管的透明度和有效性。

首先，定期公布药品监管信息可以提高监管的透明度。监管机构通过公布监管信息，包括巡查和抽检结果、违规行为处理情况等，让公众了解市场情况以及监管机构的工作。这样做有助于提高监管机构的公信力，让公众对中医药市场的监管有更清晰的认识。

其次，定期公布药品监管信息还可以促进企业自我约束和合规经营。公布不合格产品和违规行为的信息可以起到警示和威慑作用，推动企业自我纠错，提高产品和经营的质量。同时，公布合规企业的信息也可以树立榜样，促进行业内企业的规范经营和竞争，推动中医药市场的健康发展。

最后，定期公布药品监管信息可以提高监管工作的透明度和公众参与度。公众可以通过了解监管信息，对市场情况进行监督和监督，举报违法行为。这样可以实现监管机构与公众的有效互动和参与，共同营造公正、透明的监管环境。

综上所述，定期公布药品监管信息，对于提高监管的透明度、强化监管的有效性，促进中医药市场的规范发展，保护消费者权益都具有重要意义。

6.2　加强中医药上市公司内部管理，提升竞争力和效益

6.2.1　完善内部治理结构和流程

6.2.1.1　优化内部治理结构，提高公司效益

（1）优化内部治理结构是提高中医药上市公司竞争力和效益的重要措施。

首先，精简组织结构和职能。中医药上市公司可以审视现有组织结构和职能设置，根据实际需要进行调整和精简，减少重复岗位，提高工作效率和响应能力；优化人员配置，确保每个岗位的人员能够充分发挥专业优势和工作能力。

其次，建立绩效管理体系。中医药上市公司应建立科学的绩效管理体系，设定明确的绩效目标和指标，并与员工进行有效沟通，激励员工积极投入工作并提高工作质量；通过绩效管理，有效衡量和评估员工的工作表现，从而优化绩效分配，提高效益。

最后，强化沟通和合作。中医药上市公司应该加强内部沟通和协作机制，建立良好的内部协作和沟通渠道，打破部门壁垒，促进各部门之间的协同工作；加强团队合作，提高信息共享和流动，更快、更准确地响应市场需求，提高工作效率。

优化内部管理、控制成本和提升效益是中医药上市公司提高竞争力的重要手段。通过精简组织结构、建立绩效管理体系、强化沟通与协作等措施，中医药上市公司可以实现资源的最优配置，降低成本并提升效益，从而增强公司的竞争力和可持续发展能力。

（2）优化内部治理，提高公司效益是关键措施。

建立有效的内部控制机制，降低运营成本，提高运营效率，进一步优化资源配置，提升整体竞争力。通过前面章节讨论我们知道，中医药上市公司尤其是落后公司销售净利率不高，通常需要平衡降低成本和提高收入的关系，可以从以下三个方面着手：

① 提高生产效率。中医药上市公司可以通过优化生产流程，寻找关键技术，提高生产效率，直接降低生产成本。

例如，佛慈制药公司加快释放产能，推动生产提质增效，充分发挥产

能优势和规模生产能力，全力调整产品结构。充分释放产能后，公司将实现产能跨越式提升，进一步提高产品市场竞争力和市场议价能力。

江中药业公司看重关键核心技术和市场优势，历经多年发展，公司着力在科研、生产、营销方面打造自身的关键核心技术和市场优势，应对在国家对药品生产标准、质量检验、产品流通提出了更加严格的标准和要求后上游的原料成本上涨风险。

② 管理成本控制。中医药上市公司可以通过精细化成本管理，减少不必要的开支，如合理排班、精准采购等。

珍宝岛公司曾被认为存货管理水平需要提升，对市场预判不够准确，营销策略不够全面。企业对竞争产品的分析不够重视，导致企业不能及时预测当期需求。企业销售模式较为单一，阻碍企业存货流通造成存货有所积压，销售情况不乐观，导致企业盈利能力下降。有学者提出，公司需要制定合理的采购制度，优化存货管理，优化存货质量；加强市场调研力度，准确预测供需情况，由市场部选派人员成立项目组，对各个地区的消费者开展合理有效的购买意愿和个人需求调查。同时，制定准确的生产与采购计划，也能减少由于购买原材料过多造成的浪费、减轻存货负担，进一步控制生产成本①。

③ 提高服务质量和产品品质。中医药上市公司可以提供优质的售后服务和高品质的产品，获得更多的回头客，提高公司的盈利能力。公司以增强公司的核心竞争力作为目标，才能真正提升盈利能力。

奇正藏药优化内部治理结构，通过重视研发创新，增大科研力度以提高产品多样化；对人才培养高瞻远瞩的全面布局，与中国科学院等合作；完善企业管理体系，构建自己的营销网络，取得成效②。

6.2.1.2 加强内部审计，确保财务数据真实、准确

（1）加强内部审计是完善中医药公司内部治理结构和流程的重要措施。

首先，内部审计可以确保财务数据的真实性和准确性。对公司财务数据的全面审查和验证，可以及时发现和纠正财务数据的错误和不合规行为，提高财务信息的可靠性。这有助于维护公司的财务健康，为提供准确

---

① 马芮芮. 珍宝岛药业盈利能力分析及提升策略研究 [D]. 昆明：云南师范大学，2021.

② 胡思远. 基于"波特五力模型"的藏企现状分析及建议——以奇正藏药为例 [J]. 现代商贸工业，2022，43（15）：65-67.

的财务数据供决策参考，提高公司的经营效益和竞争力。

其次，内部审计可以发现和预防内部不端行为。对公司内部的业务流程和操作进行审查，可以及时发现可能存在的欺诈、贪污、侵占资金等不端行为，遏制不良行为的发生，保护公司的利益。这有助于维护公司声誉和形象，加强投资者和股东的信任，提升公司的形象和信誉。

总之，加强内部审计是完善中医药上市公司内部治理结构和流程的重要手段。内部审计可以确保财务数据的真实准确，预防和发现内部不端行为，为公司的决策提供支持，提升公司的竞争力和效益。

（2）加强内部审计具体实施方案。

首先，建立专业的内部审计部门。中医药上市公司应设立专门的内部审计部门，负责财务数据真实性和准确性的审计工作。该部门应由具备相关专业背景和经验的审计人员组成。

其次，制定内部审计制度和程序。中医药上市公司内部审计部门应制定和执行全面的内部审计制度和程序。这包括明确审计的范围、目标、方法和程序，确保对所有关键部门和业务领域进行审计，并制订相应的审计计划和时间表。

再次，加强内部控制体系的建设。为确保财务数据的真实性和准确性，中医药上市公司应加强内部控制体系的建设。这包括确立明确的授权和职责分工制度、建立完善的财务制度和流程、制定准确的会计核算政策和准则、加强对资产和财务报表的审计，以及确保审计结果的跟踪和整改。

最后，强化内部沟通和配合。在内部审计过程中，中医药上市公司的各个部门和员工应积极配合内部审计部门的工作，提供必要的信息和文件，并及时响应审计部门的要求和建议。通过加强内部沟通和配合，中医药上市公司可以更好地发现和解决潜在的问题和风险。

通过以上具体实施方案，中医药上市公司可以加强内部审计工作，确保财务数据的真实性和准确性。这有助于提升公司的内部治理水平和透明度，增强竞争力并改善公司的效益。同时，中医药上市公司还需要遵守相关法规和规定，加强内部控制，持续改进审计制度和程序，确保审计工作的高效性和专业性。

6.2.1.3　定期举办股东大会，保障股东的知情权和参与决策权

（1）定期举办股东大会是完善中医药公司内部治理结构和流程的重要

举措。

首先，定期举办股东大会有助于保障股东的知情权。股东大会是公司治理的核心机制，通过定期召开股东大会，股东可以及时了解公司的经营状况、财务情况和重大事项。在大会上，公司管理层可以向股东报告业绩、决策和风险管理等相关信息，股东可以就公司事务进行提问和讨论，从而保障股东的知情权。

其次，定期举办股东大会有助于保障股东的参与决策权。股东大会是公司最高权力机构，股东可以参与并行使公司重要决策的表决权。在大会上，股东可以参与集体决策，包括选举董事、审议年度报告和财务报表、决定利润分配等。这样可以保障股东的权益，促进公司决策的公正性和民主性。

再次，定期举办股东大会有助于加强股东与公司管理层之间的沟通和互动。股东大会是股东与管理层直接对话的重要平台，可以促进公司管理层与股东之间的沟通和互动。在大会上，股东可以提出问题、提出意见和建议，与管理层交流和互动，加强公司管理者与投资者的联系。

最后，定期举办股东大会还可以提高公司的透明度和信誉度。通过向股东公开公司的经营情况和关键决策，坚守信息披露的原则，公司可以增加投资者的信任和对公司的认可度。这有助于扩大公司的影响力和吸引更多的投资，提升公司的竞争力和效益。

综上所述，定期举办股东大会是完善中医药上市公司内部治理结构和流程的重要举措。通过举办股东大会，公司可以保障股东的知情权和参与决策权，加强与股东之间的沟通和互动，提升公司的透明度和信誉度，最终提升公司的竞争力和效益。

（2）定期举办股东大会的具体实施方案。

第一，确定股东大会举办的频率和时间。公司应根据相关法律法规和内部规定，确定股东大会的举办频率，通常是每年召开一次。公司应该确定具体的召开时间，提前通知股东，并确保时间的合理性和便利性。

第二，准备会议议程和相关材料。在召开股东大会之前，公司管理层应制定详尽的会议议程，包括审议年度报告和财务报表、选举董事、决定利润分配等事项。同时，相关材料如年度报告、财务报表等应提前向股东发送，确保股东有足够时间审阅并进行充分的准备。

第三，发布会议通知和邀请股东。公司应及时向全体股东发送会议通知，明确股东大会的时间、地点和议程；邀请股东参加会议，并提供履行相关权益的途径和方式。这可以通过公司的官方网站、电子邮件、信函等方式进行。

第四，提供投票和表决方式。为了确保股东能够充分行使决策权，公司应提供多种投票和表决方式，包括股东亲自到场、委托代理人投票以及使用电子投票等方式。公司应提供明确的指引和流程，使股东能够方便地参与到股东大会的决策过程中。

第五，提供互动平台和机会。公司应为股东大会提供互动平台，使股东能够在会议中提出问题、发表观点和建议。管理层应充分倾听股东的声音，并给予积极回应和合理解释。同时，在会议之后，公司可以通过邮件、电话等渠道继续与股东沟通，回答股东的疑问和关切。

综上所述，为了确保定期举办股东大会以保障股东的知情权和参与决策权，公司应制定具体的实施方案，包括确定会议频率和时间、准备会议议程和相关材料、发布会议通知和邀请股东、提供投票和表决方式、提供互动平台和机会等。这些措施可以加强公司的内部治理，促进公司与股东之间的良好沟通和合作，提升中医药公司的竞争力和效益。

6.2.2　加强人员培训和队伍建设

6.2.2.1　提供持续的专业培训和进修机会

加强中医药上市公司人员培训和队伍建设，其中提供持续的专业培训和进修机会是至关重要的一项措施。

首先，中医药上市公司可以组织定期的内部培训，邀请专家和学者进行专业讲座，分享最新的医学研究成果和临床实践经验。通过专业培训，员工可以提高专业素质和知识水平，从而提高中医药上市公司的核心竞争力。

其次，中医药上市公司可以鼓励员工参加外部的培训。中医药上市公司可以让员工参加相关的学术会议、研讨会和培训班等。这些外部学习机会可以让员工接触到更广泛的专业信息和研究成果，拓宽视野和提高专业技能。同时，中医药上市公司可以与高校、科研院所等合作，为员工提供参与科研项目和实践的机会，促进员工的学术研究和业务能力的进步。

再次，中医药上市公司可以建立导师制度，为新入职的员工提供指导和培养计划。导师可以传授自己在专业领域的经验和知识，帮助新员工快速适应工作环境和提高业务水平。通过导师制度，中医药上市公司可以培养出一批专业能力强、经验丰富的人才，为公司的发展提供可靠的支持。

最后，中医药上市公司可以设立奖励机制，激励员工参与学习和进修。中医药上市公司可以通过设立奖金、晋升或特殊荣誉等方式，鼓励员工不断学习和进修，提高自身的专业水平和能力。这些奖励机制可以激发员工的积极性，提高他们在专业发展和队伍建设方面的参与度。

综上所述，中医药上市公司应加强人员培训和队伍建设，提供持续的专业培训和进修机会。通过组织内部培训、鼓励员工参加外部学习和建立导师制度等措施，中医药上市公司可以提高员工的专业素质和知识水平，培养出一支高素质、专业能力强的人才队伍。

6.2.2.2 加强中医药人才选拔与引进

加强中医药人才选拔与引进是提升队伍建设和竞争力的重要举措。

首先，建立科学的人才选拔和评估机制。中医药上市公司应建立科学、公正的人才选拔和评估机制，包括筛选简历、面试、能力评估等环节。这可以通过设置面试评价标准和岗位胜任能力模型，结合面试和考核，综合评估候选人的素质和能力。

其次，通过多种渠道招聘人才。中医药上市公司可以通过多种渠道招聘人才，如招聘网站、校园招聘、人才中介等；可以借助社交媒体和业界网络，积极寻找适合的人才。此外，与相关高校和科研机构合作，开展人才培养和引进合作，也是一种有效的方式。

再次，提供具有竞争力的薪酬和福利待遇。中医药上市公司应提供具有竞争力的薪酬和福利待遇，以吸引和留住优秀人才；应根据候选人的背景和岗位要求，提供具体的薪酬和福利方案，并与市场数据进行对比，确保公平和合理。

最后，实施有针对性的培养计划。中医药上市公司引进人才时，应制订有针对性的培养计划，包括入职培训、岗位培训、轮岗培训等。培养计划应结合岗位要求和个人发展需求，提升新人的专业技能和综合素质。

通过加强中医药人才选拔与引进，中医药上市公司可以获得更加优秀和适合岗位的人才，提升整体队伍的专业能力和素质水平。这有助于增强公司的创新能力和竞争力，推动公司的可持续发展。同时，公司还需要注重人才培养和激励机制的建立，为人才提供发展空间和机会，实现人才的晋升和成长。

济川药业重视高素质科研人才的培养。济川药业立足自主创新，持续加大科技人才引进，形成了以博士、硕士为核心的研发团队，承担新药研发、工艺改进等科研项目；加大技术改进精准投入。济川药业坚持中西药并举，以中药新药研发为重点，持续加大技术创新投入，不断探索和创新制造智能化、生产标准化、管理信息化、发展现代化的技术创新体系；加快产业转型升级。济川药业积极响应健康中国战略，开展多领域的创新，加快推进产业转型升级，不断拓展产业链，发展大健康产业[①]。

6.2.3 提升研发能力和创新能力

6.2.3.1 加强研发团队建设和管理

加强研发团队建设和管理是提升中医药上市公司研发能力和创新能力的关键。

首先，公司应设定明确的研发目标和项目管理流程，确保团队成员的工作方向清晰，并能高效地进行项目管理。

其次，提供必要的技术和资源支持，包括提供先进的实验设备、文献资料和软件工具等，以帮助团队成员充分发挥自己的才能。

再次，激励团队成员的积极性和创造力也十分重要，中医药上市公司可以通过制定科研成果奖励机制、提供晋升机会和培训发展计划等方式来激发员工的研究热情。

最后，加强团队协作合作，促进信息共享和团队间的沟通交流，这将有助于加强团队成员之间的协作合作，提高研发效率和质量。通过加强研发团队建设和管理，中医药上市公司能够跟上科技发展的步伐，培养创新人才，推动研发能力和创新能力的不断提升。

6.2.3.2 提高研发投入，加大研发力度

中医药上市公司尤其是落后公司研发投入不足。因此，提高研发投入、加大研发力度是提升中医药上市公司研发能力和创新能力的重要举措。

首先，公司需要增加研发预算，提供充足的资源支持。这包括加大研发设备、实验材料和人力资源的投入，以确保研发团队具备必要的条件和能力开展研究工作。

---

① 沈娇丽. 湖北济川药业股票投资价值分析研究 [D]. 兰州：兰州大学，2020.

其次，公司可以积极开展科技合作，与高校、科研院所等机构建立合作关系，共同承担研发项目，共享资源和技术力量。江中药业重视医学人才的培养和发展，与多家高校建立合作关系，开展共同的人才培养项目。他们提供实践机会，支持学生参与科研项目，并为优秀医学人才提供就业机会。

最后，公司还可以加强与医疗机构的合作，借助临床实践来验证研发成果的有效性。另外，公司还应注重研发人才的引进和培养，提供专业的培训和发展机会，吸引高水平的科研人员加入团队，不断提升研发团队的能力和素质。

综上所述，通过提高研发投入和加强研发力度，中医药上市公司可以拥有更强的研发实力和创新能力，推动相关科技成果的转化和应用，提升产品的竞争力和市场占有率。

6.2.3.3　加强科研合作与交流，以新药的研发提升研发与创新能力

加强与中医药科研院所及医疗机构的合作，既可以扩大销售渠道，也可以积累更多的研发资源，从而提高产品质量，提升销售和利润。

新药的研发可以为公司打开新的增长点。通过持续的技术创新，公司可以持续拓宽产品线，扩大产品的销售覆盖面，促进资产的快速周转。

江中药业积极与国内外科研机构、高校进行合作，共同开展研究，推动中医药领域的科技创新。

马应龙公司加大研发力度，不断丰富产品种类。马应龙公司加快了新药研制的步伐，在药品的研发投入上逐年增长[①]。

片仔癀坚持研发的主体地位，与海内外多家科研院所进行产学研合作，拥有强大的研发资源和技术优势，凭借在中成药领域获得的多项技术专利形成强势的技术优势。片仔癀坚持质量第一，与其他中成药企业相比，片仔癀的核心竞争力之一是拥有绝密配方和稀缺的天然麝香原材料，因此进一步提升了片仔癀的稀缺性和名贵程度[②]。

济川药业积极参与对新产品的研发工作，拓展公司未涉及的领域，丰富企业的产品库。此外公司在保持现有实力的情况下，还加大力度对公司已有的重点品种进行升级迭代，为公司长远发展提供持续动力。济川药业

---

① 胡苗苗. 马应龙纵向一体化及其绩效研究 [D]. 武汉：中南财经政法大学, 2020.
② 付艳飞, 孙亚范. 漳州片仔癀药业多元化战略实施效果与优化策略 [J]. 经营与管理, 2022（4）：61-66.

坚持公司的创新精品和引领前沿的研发理念；将化学医药领域的新技术、新靶点以及新剂型等创新研究法与仿制研究法进行综合运用，在中医药、中药药妆和保健品等方面开发出持续安全高效的产品①。

奇正藏药重视研发创新，加大产品研发力度，制定了合理的长期战略规划，将研发创新提高到战略高度；致力于开发符合藏药自身特色的难以被其他地区或国家模仿的技术，逐步提升产品多样性，推动形成传统藏药和新型藏药齐头并进的局面②。

6.2.4 加强质量管理和药品安全监管

中医药上市公司在强化监管与规范，保证药品安全方面可以采取以下措施：

6.2.4.1 加强内部管理

中医药上市公司可以建立健全内部管理体系，确保各个环节的规范运作。这包括建立质量控制体系、明确责任和流程、制定标准操作规范、实施质量管理和风险控制措施等。同时，中医药上市公司可以加强培训和教育，提高员工的质量意识和技能水平。

贵州百灵公司从自身内部生产环节自查自纠，不断加强内部生产管理。制药企业应不断健全药品保障机制，做到药品生产与质量保障的相互结合，在生产的各个环节实施监督，保证药品的质量③。

6.2.4.2 强化质量控制

中医药上市公司需要建立完善的质量管理体系，在原材料采购、生产加工、质量检验等环节进行严格控制；确保原材料的真实性、纯度和安全性，加强对生产过程的监控和控制，确保产品符合标准要求。江中药业在药品研发和生产中注重质量和安全，并获得了药品生产质量管理规范认证（GMP）等荣誉。他们自主研发的产品具有一定的创新性和疗效，得到了广大患者和医生的认可和好评。

加快药品生产质量的提升速度是提高核心竞争力和可持续发展能力的

---

① 沈娇丽.湖北济川药业股票投资价值分析研究 [D]. 兰州：兰州大学，2020.

② 胡思远.基于"波特五力模型"的藏企现状分析及建议：以奇正藏药为例 [J]. 现代商贸工业，2022，43（15）：65-67.

③ 皮梓良.关于医药公司财务风险的研究：以贵州百灵为例 [J]. 中国乡镇企业会计，2023（5）：60-62.

根本。只有产品质量得到提升，才能在市场中脱颖而出，进而推动销售，提高销售净利率。

济川药业注重产品优势，在产品质量管控上有着丰富的经验与严格的流程①。

奇正藏药为了保证产品质量，自建药材基地。奇正藏药十分注重原材料的自身供应，其用于生产的各药材基本都来自自家药材基地，目前已建设以西藏林芝为代表的 5 个藏药材生产基地，形成数万亩药材种植规模，药材供应稳定②。

6.2.4.3 强化外部监督

中医药上市公司应建立与第三方机构的合作关系，进行产品质量的第三方检测和评估，接受外部监督和评价；与药监部门、医院等建立稳定的合作关系，开展透明公开的质量信息披露，增强消费者对产品质量的信任。

综上所述，中医药上市公司在强化监管与规范、保证产品质量方面需要采取加强内部管理、强化质量控制以及强化外部监督等措施来确保产品的质量和安全性。这样才能提高企业形象和竞争力，赢得市场和消费者的信任。

6.2.5 提升中医药上市公司的经济效益

结合前面章节的讨论，中医药上市公司可以通过以下路径提高经济效益：

6.2.5.1 提升财务竞争力

提高净资产收益率的重点是提高资产周转率和销售净利率。中医药上市公司可以通过提高销售净利率、净资产收益率和资产周转率等措施实现科学的管理，实施有效的控制，缓解或逐步解决症结，提高公司财务竞争力。

6.2.5.2 优化产品结构

优化公司产品结构可以提高公司核心竞争力。中医药上市公司可以通过市场研究，准确把握市场需求，调整产品结构，尽可能满足不同消费者

---

① 沈娇丽.湖北济川药业股票投资价值分析研究［D］.兰州：兰州大学，2020.
② 胡思远.基于"波特五力模型"的藏企现状分析及建议：以奇正藏药为例［J］.现代商贸工业，2022，43（15）：65-67.

的需求。

片仔癀努力扩展产品,形成多元化体系。公司主打百年片仔癀护肝产品,要保证主营业务的健康发展,加强对老年病的研究。我国正处于人口老龄化阶段,老年市场前景一片广阔。片仔癀不断发挥自身优势,集中力量开拓高品质的新药,形成以肝病用药为主、老年病用药为辅的市场格局①。

6.2.5.3 扩大合作渠道

医药零售市场的发展速度远超批发市场,因此马应龙也更注重制药企业与药店合作共赢的模式,连锁药店的销售将会为企业打开广阔的消费者市场②。

片仔癀整合产业链上游,链接社区医院,做大做强中间供货环节;联合各大品牌,同时推出旗舰品牌,两者既相互分离,又统筹兼顾发展,既明确引领品牌与其他品牌之间的关系,又与其他品牌加强联系③。

6.2.5.4 严谨的财务管理

除了提升企业的业务能力外,严谨的财务管理同样重要。比如,健全内部控制,实现资金的有效管控;适当地进行适度的财务策略,如税务策略,降低成本,提高综合利润。

(1)资本结构管理。

发行可转债来解决财务资金有其独特优势。可转债的资金性质或债或股,可以相对灵活地调节企业债务水平。济川药业发行可转债,使企业短期偿债能力逐渐增强,资产负债率更加接近行业的平均值,企业的负债水平更加合理化④。

资本结构管理的目标是收益与风险平衡。由于奇正藏药盈利能力强,能享财务杠杆红利,因此在债务融资中,奇正藏药的短期负债在整个债务融资规模中占有绝对的比重。奇正藏药的股东权益率非常高,所以奇正藏药的流动负债占总资产的比重并不高,财务风险是比较小的⑤。

---

① 康洪,耿晓媛.基于 SWOT 分析的片仔癀财务战略研究 [J].商场现代化,2021 (12):164-166.

② 黄倩.基于马应龙药业的医药老字号品牌经营战略分析 [J].经营管理者,2021 (7):62-63.

③ 庞华.基于杜邦模型的片仔癀盈利能力提升途径研究 [D].西安:西北大学,2021.

④ 李月馨.可转债融资决策的动因及融资效果分析 [D].郑州:河南财经政法大学,2021.

⑤ 吕瑞敏.财务报表视角下奇正藏药资本结构分析 [J].山西农经,2017 (21):103-104.

（2）应收账款管理。

建立信用分级控制制度可以帮企业利用差别信用政策控制坏账风险。奇正藏药建立了应收账款管理的信用分级控制制度：根据对客户的信用评价分级，对不同的评价企业采用与之对应的销售折扣；将销售人员的业绩与应收账款的回收情况相挂钩，使销售人员增强风险意识；公司在对客户赊销的同时需要制定严格的应收账款管理档案，定时关注客户的经营、信用状况；将欠款偿还情况统一记入信用评价体系，日后销售给予不同信用政策①。

6.2.5.5 拓展电商运营渠道

开拓电商运营渠道，提升电商运营能力，可以从以下六方面发力：

（1）建立线上渠道。

对于提升中医药上市公司的销售渠道，建立线上渠道是非常重要的一步。中医药上市公司应该积极拓展线上销售渠道，建立自己的电商平台或与电商平台合作，以提升产品的曝光度和销售额。马应龙在电商时代采取了多管齐下的策略，拓宽了销售渠道。马应龙建立了线上、线下多渠道多层次的销售网络。在线上渠道方面，马应龙整合了相关产品，并在天猫、京东等电商平台开设了多家旗舰店，包括马应龙旗舰店、马应龙八宝旗舰店以及瞳话化妆品旗舰店等。通过建立线上渠道，中医药上市公司能够更好地满足年轻人群的需求，提高产品的销售额和市场份额②。

（2）加强品牌塑造。

中医药上市公司应注重品牌建设，以提升品牌知名度和美誉度。通过提供优质的产品和服务，中医药上市公司可以建立消费者对中医药品牌的信任和认可。

片仔癀致力于高品质核心产品的开发与生产。它精选道地药材，遵循传统工艺，保证产品质量。公司还投入上亿元资金对生产车间和技术中心进行技术改造，建立了全过程质量控制体系，引进先进仪器、设备及管理理念，并通过 CNAS 实验室认证，为药品安全提供可靠保障。片仔癀的品牌建设抓住的是产品质量的生命线。通过这样的举措，中医药上市公司可以塑造出一个品牌形象，使消费者对其品牌产生信任，并愿意购买和使用

---

① 张书田. 西藏医药上市公司应收账款及风险控制浅析：以奇正藏药为例 [J]. 商场现代化，2018（11）：151-152.

② 胡苗苗. 马应龙纵向一体化及其绩效研究 [D]. 武汉：中南财经政法大学，2020.

其产品①。

　　寿仙谷有机国药基地创新性地提出了生态养生旅游产品开发的思路及线路整合方案，具有一定参考价值②。首先，其独特的有机农业生态系统和丰富的中草药资源吸引了养生旅游者的目光。有机药草的品种繁多且质量优良，可以让旅游者体验中医药文化，并享受养生疗法的魅力。其次，基地可以结合当地的风土人情和乡村生态环境，开发具有特色的生态养生旅游产品。如开设中草药亲子种植课程，带领游客亲手种植中药草，了解其特点和养殖技巧，增强游客对中药草的认知和体验。最后，寿仙谷有机国药基地可以开发中药草采摘游、参观有机农业生产过程等项目，让游客近距离了解寿仙谷的特色农业和有机药草的种植过程。寿仙谷有机国药基地以其有机农业和丰富的中草药资源为基础，结合养生旅游需求和周边景区资源，创新性提出生态养生旅游产品开发的思路及线路整合方案，具备较高的参考价值。这将进一步推动寿仙谷有机国药基地在养生旅游市场中的发展与竞争力。中医药上市公司可以以此加强品牌塑造，突显有机特色，增强消费者对中医药品牌的信任。

　　（3）优化产品宣传。

　　中医药上市公司可以充分利用电商平台的优势，以图片、视频、文字等多种形式进行产品宣传，详细介绍中医药的特点、功效和使用方法，以吸引消费者的关注并提高消费者购买的意愿。

　　考虑到互联网的发展带来的消费者生活习惯和思维方式的改变，有学者为马应龙提出了发展建议。他们指出，越来越多的医药企业开始将宣传推广转向网站、微信、微博等新媒体平台。企业应该根据用户碎片化浏览和移动化等特点，以短视频、图片等多样的方式来进行宣传，从而更容易实现口碑传播和品牌塑造。这一建议理性客观，合乎实际情况。通过优质的宣传内容和多样化的宣传形式，中医药上市公司可以更好地利用电商平台，吸引消费者的关注，扩大品牌的影响力并提高市场竞争力③。

---

　　① 郑丰收，张利娟. 片仔癀：传承国粹经典，呵护国人健康［J］. 中国报道，2021（1）：73.

　　② 郑伟俊，张跃西，施丽珍. 有机国药基地产业生态旅游发展创新研究：以浙江省武义县寿仙谷基地为例［J］. 生态经济（学术版），2008（2）：217-221.

　　③ 黄倩. 基于马应龙药业的医药老字号品牌经营战略分析［J］. 经营管理者，2021（7）：62-63.

（4）注重用户体验。

中医药上市公司应该重视用户体验，提供方便、快捷的购买流程和售后服务；通过优质的用户体验，提高用户的满意度和忠诚度。

马应龙可以利用优势，搭建诊疗平台。除了构建多层次的销售渠道外，马应龙还利用其在肛肠领域的治疗优势开展了医院诊疗业务，医院诊疗业务主要依托马应龙肛肠医院以及肛肠诊疗中心来展开，效果较好[1]。

（5）利用社交媒体。

中医药上市公司可以利用社交媒体平台，如微博、微信等，积极参与互动，加强与消费者的沟通和交流，提高品牌曝光度和产品销量。

（6）加强电商运营能力。

中医药上市公司应该注重提升电商运营能力，包括物流配送、库存管理、数据分析等方面；通过优化运营流程，提高效率，降低成本，提高市场竞争力。

中医药上市公司应该在电商时代积极拓展线上销售渠道，加强品牌建设和产品宣传，注重用户体验，不断提升电商运营能力，以适应电商时代的市场需求。

6.3 加强国际合作，拓展中医药市场

6.3.1 开展国际交流和合作，推广中医药文化

6.3.1.1 建立中医药交流平台，促进国际合作交流

建立中医药交流平台是推广中医药文化和推动国际合作交流的重要举措。该平台可以为不同国家和地区的中医药从业者、学者和爱好者提供一个互相交流和学习的平台。

首先，平台可以组织国际研讨会、学术会议和培训班，邀请国内外专家学者分享研究成果、经验和观点。这种交流可以促进不同国家的中医药理论和实践的互鉴，推动中医药文化的传承和创新。

其次，平台可以推动中医药医生和学生的国际交流，通过组织交流项目和学术访问，使他们有机会了解和学习不同国家中医药的发展和应用。

---

① 胡苗苗. 马应龙纵向一体化及其绩效研究 [D]. 武汉：中南财经政法大学，2020.

这将有助于提升中医药人才的国际视野和专业水平。

最后，平台可以促进中医药科研机构和企业之间的国际合作，共同开展研究项目和产品开发。这有助于扩大中医药的国际影响力。

寿仙谷着力打造以"张伯礼智慧健康创新实验室"和"院士专家工作站"为核心的一体化科研平台，拥有张伯礼、孙燕、李玉、黄璐琦四位院士以及创新团队研发成员 112 人。寿仙谷先后与美国梅奥医学中心、美国国家肿瘤中心、法国欧洲精准医疗平台等国际顶级医学机构，以及中国科学院、北京大学、浙江大学等国内高校、科研院所开展"产、学、研"合作，开展灵芝孢子粉临床功能和安全性研究等相关研究①。

江中药业积极参与国际合作与交流，推动中医药在世界范围内的推广与应用。他们与国际医药组织、研究机构和企业开展合作项目，促进中医药的国际交流与合作。通过国际合作，江中药业为推动中医药的国际化发展做出了积极贡献。

通过建立中医药交流平台，中医药文化既可以得到更广泛的传播和认可，也可以提升国际地位并扩大影响力。

6.3.1.2 推动中医药文化的国际传播和推广

推动中医药文化的国际传播和推广是促进中医药产业发展和国际合作的重要举措。

首先，可以利用互联网和社交媒体的力量，在全球范围内进行中医药知识的普及。进行中医药经典著作、健康资讯和疗法介绍等内容的推广，让更多的人了解和接触中医药文化。

其次，可以组织演讲、展览和文化交流活动，在国际会议、展览等场合向世界展示中医药的独特魅力和功效。此外，中医药上市公司可以开展中医药体验项目，让国际游客参与到中医药的实践中，加深他们对中医药文化的理解和认同。

同时，加强与国外中医药机构和专家的合作交流，共同研究中医药的应用和发展，促进中医药在国际医药领域的重要性和影响力。

通过国际传播和推广，中医药文化可以得到更广泛的认可和接受，为中医药产业的国际化发展提供有力支持。

---

① 宋国斌. 浙江寿仙谷医药股份有限公司：聚焦生命健康 推进科创高地建设 [J]. 今日科技，2021 (7)：54-55.

特别地，国际传播与推广需要在国内有强大中医药文化基础。首先，加强中医药文化自信建设，国民自信程度决定文化高度；其次，丰富中医药文化展示形式，从博物馆文化、康养旅游入手，大力推广中医药知识普及，让游客体验式地感受中医药独特魅力，重新铸就中医药文化高地①。

6.3.2　树立中医药品牌形象，拓展中医药市场

6.3.2.1　建设中医药行业标准体系，树立中医药品牌形象

（1）加快中医药行业标准体系建设的关键措施②。

首先，根据中医药行业的实际需求，制定相应的标准，避免简单地照搬西医药评价标准体系，要发挥中医药的特色和发展需求，同时与国外通行标准紧密对接。

其次，融合现代科技，将中医药与现代科技的发展成果结合起来，采用科学化的量化指标体系，突出理性数据和试验，实现中医药标准的完全科学化。

最后，提高企业参与标准制定的主动性，鼓励中医药企业积极参与标准制定工作。只有将标准带入企业的生产过程中，才能最终体现在产品的成分和品质上。

中医药产业的整体行为与现代标准化建设密切相关，中医药上市公司应明确发展思路，发挥积极性，选择科学合理的中药标准，以加快中医药产业的国际化进程。

广誉远公司进一步提升生产管理和质量管理水平，严格按照药品生产质量管理规范（GMP）的要求，在生产计划有序、全力生产的同时，进一步挖掘产能潜力；严把质量监控，细化考核措施，规范生产流程，确保产品质量安全。过程质量控制简称为 IPC，是指从原辅包材料进厂检验、炮制加工、生产制造、成品检验到产品出厂实施全过程的质量控制。广誉远公司精益求精，恪守诚信自律的晋商精神，形成了自己的品牌文化。广誉远公司要以国家级非物质文化遗产龟龄集、定坤丹为主线，进行中医药文化的传承与传播，不断提高企业社会责任感，树立民族企业的品牌形象③。

---

① 孙媛媛. 中医药上市公司大盘点 [J]. 小康，2023（10）：30-31.
② 赵雪. 中医药产业国际化路径研究 [D]. 宁波：宁波大学，2015.
③ 李莉. 中华老字号"广誉远"品牌传承与创新研究 [D]. 兰州：兰州交通大学，2020.

（2）树立中医药品牌形象的核心关键要素。

首先，提升产品质量和安全性。中医药上市公司应加强质量管理，不断提高产品的质量和安全性，通过严格的生产管理流程和质量控制体系，确保产品符合国际质量标准和要求，提升消费者的信任度。

其次，优化营销策略和品牌形象。中医药上市公司需要深入了解目标市场的需求和文化特点，制定针对性的营销策略；树立独特的品牌形象和品牌故事，突出中医药的独特性和优势，提升品牌知名度和美誉度。

6.3.2.2 提升国际竞争力，拓展中医药市场

中医药上市公司要扩大国际市场并提升国际竞争力，除了提升产品质量和优化营销以外，还应该从以下方向发力：

首先，加强国际合作与交流。中医药上市公司要加强与外国合作伙伴的合作与交流，开展技术合作，实现互利共赢；参与国际医药展会和学术交流活动，提升知名度和影响力。

其次，打造国际化团队和专业人才。中医药上市公司要培养国际化的团队和专业人才，了解国际市场的需求和运作方式；通过招聘、培训和引进海外人才，提升企业的国际竞争力。

再次，积极参与国际标准制定和认证。中医药上市公司应积极参与国际标准的制定过程，确保产品符合国际质量和安全标准；主动申请国际认证和评级，提升产品的认可度和竞争力。

最后，控制成本和提高效率。中医药上市公司要通过技术创新和管理创新，降低生产成本，提高生产效率；寻求成本优势，并保持良好的经济实力，为国际市场的拓展提供有力支持。

综上所述，中医药上市公司要扩大国际市场提升国际竞争力，需要综合运用质量提升、营销策略、国际合作、人才培养、标准认证等多方面的手段和措施，不断提升企业在国际市场的竞争力和影响力。

总之，除了对内提供医疗产品与服务外，中医药上市公司更应在国际贸易中扩大市场，提高竞争力。这是提升中医药上市公司竞争实力的一条广阔大道，也是一条向世界传递中医学文化的必由之路。

6.4　强化科技创新，引领中医药行业发展

6.4.1　加大科研投入，提高研发水平和技术创新能力

6.4.1.1　加大科研投入的力度

加大科研投入力度是提高中医药研发水平和技术创新能力的必要举措。

首先，中医药上市公司可以增加政府科研资金的投入。这样可以为科研人员提供更好的研究条件和资源，推动他们在中医药领域进行深入研究。

其次，中医药上市公司可以鼓励企业增加科研投入，建立专门的研发团队和实验室，加强技术设备的更新和改造。中医药上市公司可以通过提高企业的科研投入，提升技术创新能力，推动中医药产品的研发和改良。

同时，中医药上市公司可以加强与高校、科研院所等科研机构的合作，共同开展研究项目和人才培养，促进中医药领域的交流与合作。

加大科研投入的力度，可以为中医药的科技创新提供更好的支持和保障，进一步提高中医药的研发水平和技术创新能力。这将有助于推动中医药行业的可持续发展和国际竞争力的提升。

6.4.1.2　提升研发水平和技术创新能力

为提升研发水平和技术创新能力，中医药上市公司可以采取以下措施：

首先，加强人才队伍建设，吸引和培养具有中医药专业背景和科研经验的人才；通过设立奖学金、赴国内外交流学习、举办研讨会等方式，提供更多的机会和平台，激励研发人员进行深入的科学研究。

其次，加强与高校、科研机构的合作，形成联合研发的合作模式。共同开展研究项目，共享资源和技术，提高研发效率和创新能力。

最后，注重知识产权保护，加强专利申请和技术转移，保障技术创新的成果得到合法的保护和应用；鼓励研究成果的转化和产业化，通过孵化器和技术转移机构的支持，加速科研成果的商业化进程。

通过提升研发水平和技术创新能力，中医药上市公司可以不断推出高质量、创新性的产品，满足市场需求并提升企业竞争力。

广誉远公司在中药新技术应用方面进行了不断的创新研发。其自主研发的冲击波聚焦超声消融治疗肾结石技术，通过中药的配伍应用，有效地解决了肾结石的治疗难题。

济川药业公司的研发策略是防御开拓性策略，首先是防御式研发，其次是开拓式研发，将现有的核心技术转化为基础技术，在此基础上创新研发，推出新核心产品，进而打入新的市场，顺利实现转型①。

6.4.2 推动中医药科技成果转化和产业化

6.4.2.1 建立科技成果转化机制

建立科技成果转化机制是推动中医药科技成果转化和产业化的关键。

首先，政府可以建立评估机制，对科技成果进行技术、市场、经济等方面的评估，确定其转化潜力和商业价值，从而筛选出有潜力的科技成果，减少转化过程中的风险和成本。

其次，政府可以设立科技金融机构，提供创业投资、科技贷款和市场推广资金等金融支持，帮助科技成果转化为具体的产品或服务；为科技创新企业提供税收、政策和法律等方面的支持和优惠政策。

此外，政府可以建立技术转移中心和产业化基地，为科技成果的转移和应用提供平台和资源支持；通过科技成果转化机制的建立，加快中医药科技成果的转化和产业化进程，将科研成果转化为具体的产品和服务，推动中医药产业的发展和创新。

6.4.2.2 支持中医药科技成果的产业化

支持中医药科技成果的产业化是推动中医药科技成果转化和产业化的重要方式。

首先，政府可以设立专门的科技成果转化基金，为具有潜力和市场前景的中医药科技成果提供资金支持。这些资金可以用于技术开发、生产设备购置、市场推广等方面，帮助项目实施并快速达到产业化的目标。

其次，政府可以为中医药科技成果的产业化项目提供创业指导和孵化服务；通过提供商业化和市场化方面的指导，帮助项目团队制订商业化计划、市场推广策略等，提高项目的市场竞争力。

最后，政府可以为项目创业团队提供办公场所、设备和技术支持，帮

---

① 程海. 生命周期视角下的研发与营销策略研究［D］. 厦门：厦门大学，2021.

助他们顺利进行生产和市场销售。

通过支持中医药科技成果的产业化项目，政府可以将科技成果转化为实际的产品和服务，推动中医药产业的发展和创新，同时也为中医药的持续研发提供良好的经济基础和市场环境。

6.4.3　加强知识产权保护，鼓励创新创业

6.4.3.1　加大中医药知识产权的法律保护力度

加大中医药知识产权的法律保护力度是保障中医药创新和创业的重要举措。

首先，政府可以加强知识产权法律体系的建设，完善相关法律法规和制度，明确中医药的知识产权保护范围和权益；加强法律宣传，提升中医药从业者的知识产权意识和保护意识。

其次，政府可以加强知识产权的监督执法，打击侵权行为；建立健全投诉举报机制，及时处理侵权案件，减少知识产权侵犯对中医药创新和创业的不利影响。

最后，政府要鼓励中医药从业者主动申请专利和商标等知识产权，提高中医药的知识产权保护程度；加强国际合作，积极参与国际知识产权体系的建设和知识产权的国际保护。

加大中医药知识产权的法律保护力度，可以为中医药创新和创业提供稳定和可持续的创新环境，激励更多人投身中医药领域的创新创业，推动中医药产业的发展和繁荣。

6.4.3.2　推动中医药创新创业的政策支持和鼓励措施

为了推动中医药创新创业，政府可以采取以下政策支持和鼓励措施：

首先，建立中医药创新创业基金，提供资金支持和风险投资，帮助创新创业项目的启动和发展。这可以通过设立创业孵化器、创业基地等方式，为中医药创新创业提供扶持和发展的场所和资源。

其次，实施对中医药创新企业和科技创业团队的税收优惠政策。例如，减免企业所得税、研发费用税收抵免等，降低创新创业成本，促进中医药创新创业的活力和竞争力。同时，制订中医药创业人才培养计划，鼓励高校和科研机构开设创新创业专业课程。

最后，加强知识产权的保护和运用，鼓励创新创业者申请专利和商标等知识产权，保护其创新成果和市场竞争力。新光药业公司是一家专注于

中药注射剂的研发和生产的公司。该公司通过专利保护中药注射剂的独特配方和制造工艺。这使得公司在市场上拥有技术壁垒，避免了技术被竞争对手仿制的风险，并能够享受专利保护带来的经济利益。

政策支持和鼓励措施可以为中医药创新创业提供良好的环境和条件，促进中医药产业的创新发展和壮大。

6.5　提高中医药行业的社会声誉和信任度

6.5.1　提升中医药服务的质量和安全水平

6.5.1.1　建立标准化的中医药服务流程和操作规范

建立标准化的中医药服务流程和操作规范是提升中医药服务质量和安全水平的关键。

首先，中医药行业可以制定统一的中医药服务流程，明确中医病案的收集、诊断、治疗等各个环节的步骤和要求，从而提高中医药服务的一致性和可比性，缩小因操作不统一导致的差异。

其次，中医药行业可以制定中医药服务的操作规范，明确医生和医疗机构在诊治过程中的职责和行为准则。规范化的操作规范可以有效地保障患者的权益和安全，防止误诊、错治和医疗事故的发生。

最后，中医药行业可以建立监督和评估机制，对中医药服务流程和操作规范进行定期检查和评估，及时纠正并发现问题，确保服务质量和安全水平的持续提升。

建立标准化的中医药服务流程和操作规范，可以提高中医药服务的规范化程度和效率，提升患者对中医药的满意度，推动中医药服务的质量和安全水平的提升。

6.5.1.2　加强医疗质量管理和安全控制

加强医疗质量管理和安全控制是提升中医药服务质量和安全水平的重要举措。

首先，政府可以建立完善的医疗质量管理体系，包括设立质量管理部门、制定质量管理制度和流程等。建立质量管理体系，可以规范中医药服务的各个环节，提高服务的一致性和可控性。

其次，政府可以采取医疗安全控制措施，包括制定医疗安全管理制度、加强医疗设备的维护和管理、加强药品的质量和安全监管等。采取安全控制措施，可以有效预防和减少医疗事故和不良事件的发生，保障患者的安全和权益。

最后，政府要加强医疗质量和安全的监督和评估，包括定期的质量和安全检查、不良事件的报告和分析等。政府可以通过监督和评估，及时发现和解决存在的问题，保障中医药服务的质量和安全水平得到长期的稳定提升。政府还可以通过加强医疗质量管理和安全控制，建立安全、高效、高质量的中医药服务体系，提升患者对中医药满意度，推动中医药服务的提质增效。

6.5.1.3　师徒传承守护中医药的传统知识和技术

中医师徒传承和人才代际培养是中医药行业面临的一个重要问题。传统上，中医师的传承主要采用师徒制度，通过师傅传授经验和知识，培养出新一代中医师。这种传承方式有助于保护和传承中医药的传统知识和技术。

然而，在现代社会背景下，中医师徒传承仍面临一些挑战。首先，师徒制度需要较长的培养时间，限制了中医人才的数量和更新速度。其次，现代医学教育的普及和西医药的影响，使得中医药失去了一部分的市场竞争力。这导致中医师徒传承的需求减少，进一步影响了中医药人才的培养和发展。

为了解决这个问题，一方面可以加强中医药的教育和培训，提高中医师的质量。建立高质量的中医药教育体系，培养出更多的中医师才，提高中医药的市场竞争力。另一方面，可以通过引入现代化管理和技术手段，提高中医药的生产效率和质量，增加中医师的就业机会，吸引更多的人才从事中医药工作。

此外，政府和社会应该加大对中医药行业的支持力度，制定相关政策，提供资金和资源支持，鼓励中医师徒传承和人才代际稳定培养。同时，政府应该加强中医药行业与现代医学的交流与合作，推动中西医融合发展。

综上所述，中医师徒传承和人才代际培养问题需要采取多种措施来解决，包括加强中医药教育和培训、提高中医药行业的市场竞争力、引入现代化管理和技术手段、加大政府和社会的支持力度等。只有通过综合性的改革和创新，才能实现中医药行业的可持续发展和中医师徒传承的顺利进行。

6.5.2 提高公众对中医药的认可和信任度

提高公众对中医药的认可和信任度需要从以下五个方面来做：

6.5.2.1 加大宣传力度

由于电视等媒体广告宣传是最主要的途径，因此需要加大在电视、互联网、社交媒体等平台上的宣传力度，用通俗易懂的方式向公众展示中医药的疗效和优势，提升中医药的知名度。

6.5.2.2 提升服务质量

企业需要从临床服务、中药材质量、诊疗环境等多个方面提升服务质量，以满足消费者的实际需求，提高他们对中医药的诚信度和满意度。中医药现在面临的一些问题亟需解决，比如道地药材"道地性"的保持[①]、中医药属性引发的问题等，已经成为公众极为关注的话题。

为了保证原材料质量，广誉远建设珍稀动植物种养（殖）基地。公司已经建立了九大中药材种养殖基地，分别是吉林抚松人参基地、新疆红花马鹿基地、东北鹿茸基地、宁夏青海枸杞基地、甘肃当归基地、河南地黄基地、新疆-内蒙古肉苁蓉基地、山西党参黄芪基地和云南珍稀动物养殖基地。在管理和使用好这些基地的同时，广誉远加快推进建设犀牛、穿山甲、林麝等珍稀动植物种养（殖）基地、中药饮片基地，向产业链上游延伸，为企业提供一部分来源可靠、药用成分稳定、符合生产要求的原材料[②]。

6.5.2.3 发布科学研究成果

定期发布公司在中医药研究方面的科学成果，如通过临床试验来展示中医药的疗效。这将有助于提高公众对中医药治病效果的认可度。

6.5.2.4 组织公众参与活动

中医药上市公司可以用公众开放日、健康讲座等方式，让更多的公众有机会亲身体验中医药的效果，进一步塑造和提升中医药的社会形象。

6.5.2.5 积极应对疑虑和质疑

中医药上市公司既不能用西医标准苛责中医药，降低对中医药信任度，也不能拔高和神化中医药效力，对成功案例滥加宣传，两个极端对中医药发展都是有害的。中医药上市公司对公众的疑虑和质疑要给予积极、

---

① 孙媛媛. 中医药上市公司大盘点 [J]. 小康，2023（10）：30-31.

② 李莉. 中华老字号"广誉远"品牌传承与创新研究 [D]. 兰州：兰州交通大学，2020.

科学的回应，消除他们的误解，树立中医药的良好口碑。

特别地，中医药上市公司推广与维护中医药社会形象，涉及中医药市场健康成长问题，是从根本上帮助解决在前面章节中我们提出的中医药上市公司财务竞争力不强、社会效益不高、不同类别公司间差异大等问题。

专栏：中医药社会形象测评调查及分析

1. 调查活动简介

为进一步推广中医药学，更好服务于群众，2023 年 7 月，我们通过"问卷星"平台，专门组织了一次"中医药社会形象测评"调查活动，目的是在一定范围内了解人们对中医药的认知、支持及使用情况，以期对中医药行业提出发展建议。

2. 调查报告基本信息

本次调查共有 173 人参与，其中女性占比 75.72%，男性占比 24.28%。参与调查人群年龄主要集中在 20~30 岁，占比达 58.38%。其次是 20 岁以下的人群，占比为 23.7%。可以看出，本次调查的受众以年龄较小的人群为主。

在参与调查的人群中，与医药无关的职业占比较高，达 86.71%，而与医药有关的职业占比较低，只有 13.29%。这说明调查的对象大多与医药行业无直接关系。

调查结果还显示，在月收入方面，约一半的人月收入在 2 000 元以下，而月收入高于 10 000 元的人占比较低，仅为 4.62%。可以看出，参与调查的大部分人收入水平较低。

在家庭经济状况方面，对于家庭经济状况一般的人占比最高，达 76.88%。而对家庭经济状况很好的人比例最低，仅占 0.58%。这说明参与调查的大部分人家庭经济状况一般或不太好。

在了解中药的途径方面，电视等媒体宣传是最主要的途径，占比 34.68%，其次是医生，占比 31.21%。这说明电视等媒体宣传对于推动中药的认知起到了重要作用。

3. 调查报告重要信息

调查结果显示，超过一半的人认为中药价格较贵，仅有少数人认为中药价格较便宜。这反映了人们对于中药价格普遍较高的看法。

在对中医的信任度方面，大多数人（97.12%）相信或非常相信中医能治病。其中，27.75%的人非常相信中医能治病，54.34%的人相信中医能治病，15.03%的人比较相信中医能治病，只有少数人不太相信中医能治病。

在中医就医的频率方面，超过一半的人很少到中医那里看病，只有少数人较多或很多地去中医那里看病。这说明现在仍有一部分人对于中医就医的需求较低。

最后，在中医的治疗效果方面，大多数人持肯定态度，72人认为中医很有效，33人认为有点效，53人认为一般，15人认为能救命。没有人认为中医看病无效。这说明大部分人对于中医的效果持肯定评价，中医在某些情况下具有重要作用。

4. 调查报告结论

根据本次调查的结果分析，我们可以看出，参与调查的对象主要是年龄较小、与医药无关的人群，在经济状况方面大多是家庭经济状况一般或较差的人群。在对中药的了解和认知方面，电视等媒体宣传和医生的影响最大。大部分人对中医的治疗效果持肯定态度，但对于中医的就医需求较低。这些调查结果对于中医药行业的发展和宣传有一定的参考意义。

有少数人不太相信中医能治病，仅有少数人认为中药价格较便宜，这个调查结果说明中医药从业者需要努力去纠偏和改变人们的一些认识；电视等媒体宣传是最主要的途径，说明企业宣传推广的重要性，说明中医药上市公司的宣传推广"大有可为"，能够对中医药文化推广和社会形象维护起重要作用。

中医药社会形象测评调查结论：提高公众对中医药的认可和信任度迫在眉睫。

6.5.3 加强中医药行业的品牌建设和宣传

6.5.3.1 中医药品牌建设

（1）提升企业的财务竞争力。良好的品牌形象和信誉可以增加消费者的购买意愿，进而提升产品销售量和市场份额，带来更多的收入，从而提高企业的财务竞争力。

中医药上市公司品牌形象和信誉的构建，可以直接解决前面我们提出的中医药上市公司财务竞争力不强、社会效益不高、不同类别企业间差异大等问题。从根源上看，这些都可以归纳为"穷"病。如果公司有市场，能赢得消费者信任和忠诚，公司就不会没有钱，就不会有如此多的问题。

（2）提高中医药产品的社会效益。中医药的传统疗效和独特优势是其宝贵资源，良好的品牌形象和信誉可以使消费者更加信任中医药产品，推动更多的人选择中医药治疗，提高中医药产品的社会效益。

（3）实现不同类别间的协同发展。中医药行业具有多个细分类别，不同类别间的差异大。中医药上市公司通过打造统一的品牌形象和信誉，不仅可以提高企业的整体竞争力，还能够促进不同类别企业间的合作与交流，实现资源共享和协同发展。

6.5.3.2　中医药品牌形象塑造和宣传实施方案

（1）提升产品质量和服务质量。产品是公司的基础，提升产品质量是构建品牌形象和信誉的根本。公司需要注重产品研发，确保产品质量。同时，提供优质的服务也是非常关键的，良好的用户体验可以提升用户对公司的信任度。例如，济川药业在产品研发方面，对于每一种新的产品，都会进行严格的科学研究和试验，直到证明其安全可靠才进入市场。

（2）加强市场宣传。公司需要通过各种渠道，如互联网、报纸、电视等，对公司和产品进行宣传，提升公司的知名度。尤其在互联网时代，利用互联网进行宣传可以迅速扩大公司的影响力。

（3）履行社会责任。公司需要承担社会责任，通过参与公益活动，提升公司在社会中的形象，从而提升信誉。同时，公司需要保持良好的企业道德，对环境、员工等负责，才能获得社会的认同。江中药业注重生态环境的保护和可持续发展。其在生产过程中采用清洁生产技术，减少环境污染和资源浪费。江中药业还积极参与生态保护项目，如植树造林和河流治理等。例如，江中药业在某省进行的一项植树造林计划中投入了大量资源和人力，帮助恢复受损的森林生态系统，提升当地生态环境质量。

济川药业积极参与公益活动，把提高国民口腔健康水平作为己任，扛起了口腔健康理念推广的重任，用实际行动帮助公众改善口腔健康状况，从项目策划到落地实施均发挥了表率作用，彰显了企业关爱公众口腔健康的社会责任①。

奇正藏药兼顾经济效益与社会效益，投资扶贫事业，提升品牌影响力，不断提升竞争力②。

（4）建立良好的投资者关系。公司需要积极与投资者沟通，定期发布经营情况，接受投资者的监督，这样可以提升公司的信誉。

（5）创新产品与塑造品牌。中医药上市公司可以不断推出符合社会需求的创新产品，并通过品牌塑造提升品牌的知名度和美誉度。

广誉远公司是中医药知名公司。有学者一度认为广誉远公司品牌知名度不高，药品开发品质较为集中，开发不足，缺乏新的增长点，也缺乏知名单个药品。在做好创新产品基础上，广誉远公司需要加大品牌宣传投入力度和宣传力度③。

6.6 大力推广中西医结合

中医药上市公司的中西医结合实施方案可以根据实际情况进行具体设计和制定。一般来说，这样的实施方案可能包括以下方面的内容：

6.6.1 中医药上市公司的角色与责任

6.6.1.1 中医药上市公司在中西医结合发展中的引领作用

中医药上市公司在中西医结合发展中扮演着重要的引领作用。作为具有市场影响力和资源优势的企业，中医药上市公司有责任积极推广和发展中西医结合事业，为患者提供更全面、有效的医疗服务。

首先，中医药上市公司可以在临床实践中充当中西医结合的示范者。通过自身的医疗机构和医生团队，中医药上市公司可以开展中西医结合的实践，探索和验证在中西医结合领域的新方法和新技术。这些成功的实践案例可以为其他医疗机构提供借鉴和参考，推动中西医结合的普及和应用。

---

① 佚名. 济川药业助力"2019健康口腔大世界"公益行 [J]. 口腔护理用品工业，2020，30（3）：61.

② 胡思远. 基于"波特五力模型"的藏企现状分析及建议：以奇正藏药为例 [J]. 现代商贸工业，2022，43（15）：65-67.

③ 张远. 广誉远财务预警及风险应对研究 [D]. 南昌：东华理工大学，2020.

其次，中医药上市公司可以投入更多的资源和资金用于中西医结合的研究和创新。中医药上市公司拥有相对丰富的财务实力和研发能力，可以支持中西医结合领域的科研项目和新药研发。它们可以与科研机构、医学院校等合作，共同推进中西医结合领域的创新与发展。

　　最后，中医药上市公司可以发挥市场推广的作用，将中西医结合的产品和服务推向更广阔的市场。中医药上市公司可以通过营销渠道、广告宣传等手段，让更多的人了解和认可中西医结合的优势，提高中西医结合的知名度和接受度。市场推广可以加速中西医结合的发展和普及，让更多患者受益于中西医结合的治疗。

　　综上所述，中医药上市公司在中西医结合发展中具有引领作用。它们可以在临床实践中作为示范者，投入更多资源和资金用于中西医结合的研究和创新，以及通过市场推广将中西医结合的产品和服务推向更广阔的市场。这样的努力可以促进中西医结合的发展，提高患者的健康水平。

6.6.1.2　中医药上市公司的社会责任与使命

　　中医药上市公司作为商业实体，除了追求经济利益外，还承担着社会责任与使命。

　　首先，中医药上市公司有责任推广中西医结合，使更多人受益于中医药的疗效。中医药具有独特的理论体系和治疗方法，在许多疾病的治疗中显示出显著的优势。中医药上市公司通过推广中西医结合的模式，使传统医学的智慧能够与现代医学相融合，为人们提供更全面、个性化的医疗服务。

　　其次，中医药上市公司有义务开展公益活动，回馈社会。通过捐赠药品、设立医疗基金、组织义诊等方式，中医药上市公司能够改善社区居民的医疗环境，增加贫困地区人民获得医疗服务的机会。同时，中医药上市公司还可以利用自身的专业知识和资源，开展健康教育、防疫宣传等活动，提高公众的健康意识和医学素养。江中药业积极开展了一些公益活动。例如，其参与了多个慈善项目，包括向贫困地区捐赠药品和医疗设备，支持灾区重建等。它们也经常组织员工参与公益志愿活动，为社区居民提供免费的中医药健康咨询和服务。

　　最后，中医药上市公司还应积极参与中医药文化的传承和保护。中医药作为中国千年的传统文化遗产，承载着丰富的历史和文化内涵。中医药上市公司可以通过资源整合、文化活动等方式，保护和弘扬中医药文化，使更多人了解和传承中医药的智慧与精髓。江中药业注重中医药文化的传承和推广，倡导以中医药为核心的健康理念，致力于中医药文化的普及和推广。江中药业参与和主办了多项中医药文化活动，其主办了中药文化节，举办中医药培训班、赞助中医药学校并提供奖学金等，推动中医药学术研究和教育的发展。

综上所述，中医药上市公司的社会责任与使命不仅包括推广中西医结合，提供全面的医疗服务，还包括开展公益活动回馈社会，保护和传承中医药文化。只有承担起这些责任，中医药上市公司才能更好地履行其社会责任，为社会的发展和人民的健康做出贡献。

6.6.1.3　中医药上市公司在中西医结合产品研发与推广中的责任与贡献

中医药上市公司在中西医结合产品研发与推广中承担着重要的责任与贡献。

首先，中医药上市公司应该积极投入资源和资金，进行中西医结合产品的研发与创新。中医药上市公司应该基于中医药的理论和治疗经验，结合现代科学技术，研发出具有独特优势和疗效的中西医结合产品，以满足患者日益增长的医疗需求。这些产品可以是中药注射剂、中成药、健康食品等，通过科学验证和临床实践，提高产品的安全性和疗效，为患者提供更好的治疗选择。

其次，中医药上市公司有责任推广中西医结合产品，让更多的人了解和使用。中医药上市公司可以通过加强市场推广、宣传和教育，帮助患者了解中西医结合产品的优势和适用范围。同时，中医药上市公司可以与医疗机构、医生等建立合作关系，推动中西医结合产品的应用和推广。通过有效的市场推广，中医药上市公司可以拓展市场规模，进一步推动中西医结合的发展。

最后，中医药上市公司还应该承担对中西医结合产品的质量监控和风险评估的责任。确保产品的质量安全、有效性和合规性，需要中医药上市公司加强生产管理、质量检验和药物安全监测等方面的工作。通过建立完善的质量体系和追踪系统，中医药上市公司可以提供可靠的中西医结合产品，保障患者的用药安全和疗效。

综上所述，中医药上市公司在中西医结合产品研发与推广中具有重要责任和使命。它们应积极投入资源进行产品的研发与创新，推广中西医结合产品，让更多患者受益。同时，中医药上市公司要加强对产品质量的监控和风险评估，确保产品的安全性和有效性。通过这些努力，中医药上市公司为中西医结合的发展和推广做出了持续的贡献。

6.6.1.4　中医药上市公司的投资与合作推动中西医结合发展

中医药上市公司在中西医结合发展中具有重要的推动作用。

首先，中医药上市公司可以通过向中西医结合领域投资，推动相关科研项目和创新技术的开发。这包括投入资金支持中西医结合研究，联合科研机构开展合作项目，甚至设立专项基金用于奖励和扶持中西医结合创新成果。这样的投资可以促进中西医结合领域的科学研究和技术进步，为患者提供更优质的医疗服务。

其次，中医药上市公司可以通过合作与交流，促进中西医结合领域的跨界合作和资源共享。中医药上市公司可以与国内外的医疗机构、研究机构、药企等进行合作，在人才培养、医学教育、药物研发等方面共同探索和推进中西医结合的发展。通过搭建合作平台、举办国际学术交流会议等方式，中医药上市公司可以促进中西医结合领域的经验交流和学术合作，推动中西医结合的研究成果转化和应用。

最后，中医药上市公司还可以通过引进和合作推广国际先进的中西医结合技术和产品。借鉴国际先进的中西医结合发展经验，引进优质的中西医结合产品和技术，对于提升中医药上市公司的创新能力和市场竞争力具有重要意义。通过与国际合作伙伴的技术交流和合作，中医药上市公司可以推动中西医结合的技术水平和标准的提升。

综上所述，中西医学差异客观存在，寻求共性以促进二者结合发展，共同服务于人类健康①。中医药上市公司通过投资和合作推动中西医结合的发展，起到了重要的推动作用。其投资支持和合作交流可以促进中西医结合领域的科研和技术进步，提升中医药上市公司在中西医结合领域的创新能力和市场竞争力。这样的努力有助于提供更优质的医疗服务，促进中西医结合的普及和应用，提升人民群众的健康水平。

6.6.2　中医药上市公司的中西医结合推广计划

6.6.2.1　中医药上市公司的中西医知识普及与宣传活动

中医药上市公司在中西医结合推广计划中，可以通过中西医知识普及

---

① 黄圣源. 从中西医对中医药的认识差异谈中医药在全球的发展 [D]. 南京：南京中医药大学，2009.

与宣传活动来加深公众对中西医结合的了解和认知。

首先，中医药上市公司可以举办中西医知识讲座、健康讲座等活动，向公众传递中西医结合的理念和优势。这些讲座可以涵盖中医药的基本概念、疗效和疾病预防、调节等方面的知识，帮助公众了解中医药的特点和疗效。

其次，中医药上市公司可以通过媒体宣传，推广中西医结合的案例和成功经验；通过报纸、电视、互联网等媒体渠道，向公众传播中西医结合的典型治疗案例和科学研究成果，让更多人了解并相信中西医结合的疗效。同时，中医药上市公司还可以邀请知名专家、名医代表等进行专访和专题报道，加强对中西医结合领域的推广宣传。

最后，中医药上市公司还可以利用社交媒体平台，开展健康教育和知识普及；通过开设微博、微信公众号等平台，定期发布中西医结合知识、健康养生的小贴士和科普文章，以便于公众获取和分享。同时，中医药上市公司还可以组织线上问答、互动活动，回答公众关于中医药和中西医结合的疑问，促进互动交流，提高公众的参与度和知识水平。

江中药业致力于中医药知识的普及与宣传，通过举办健康讲座、发布健康资讯等方式，向公众普及中医药的基本知识、药物使用方法与注意事项等。江中药业努力提高公众的中医药认识程度，促进中医药的正确应用。

综上所述，中医药上市公司可以通过中西医知识普及与宣传活动来推广中西医结合；通过讲座、媒体宣传和社交媒体等方式，向公众传递中西医结合的信息和知识，提高公众的认知和信任度。这样的活动有助于加强公众对中西医结合的了解，促进中医药的普及和应用。

6.6.2.2 中医药上市公司的中西医结合产品推广与市场拓展计划

中医药上市公司的中西医结合推广计划中，中西医结合产品的推广与市场拓展是至关重要的一环。

首先，中医药上市公司可以制订市场调研计划，了解目标消费群体的需求和喜好，确定中西医结合产品的市场定位和差异化竞争策略。通过市场调研，中医药上市公司可以了解消费者对中西医结合产品的接受程度、价格敏感度和购买意愿，以便更好地制定推广策略。

其次，中医药上市公司可以通过加强和医疗机构的合作，推广中西医结合产品。与医疗机构签订合作协议，可以使中西医结合产品在医院内部提高曝光度和信任度。与医生的合作，可以将中西医结合产品宣传出去，增强产品的可信度和权威性。同时，医生的推荐和指导，可以使患者更愿意选择中西医结合产品。

再次，中医药上市公司可以通过线上和线下渠道扩大产品的销售和推广。线上渠道包括电商平台、官方网站、社交媒体等，通过在线购买和在线答疑等方式，方便消费者获取中西医结合产品的信息和购买。线下渠道包括药店、医疗机构等，通过设立展示柜、提供样品试用等方式，吸引消费者目光，并提供产品的购买和咨询服务。

最后，中医药上市公司可以通过品牌形象建设和营销活动，提升中西医结合产品的认可度和美誉度；通过多渠道的宣传，塑造公司的专业形象和专业品牌；通过参与医学会议、展览和赞助专业活动等，展示公司的科研实力和产品创新能力。同时，中医药上市公司可以开展产品促销活动、推出优惠政策等，吸引消费者的购买兴趣，提高市场份额和销售额。

综上所述，中医药上市公司的中西医结合推广计划中，中西医结合产品的推广与市场拓展是非常重要的一环。通过市场调研、与医疗机构合作、线上线下渠道拓展和品牌建设等手段，中医药上市公司可以有效地推动中西医结合产品的推广与市场拓展，增加产品的销售额。

6.6.2.3　中医药上市公司的中西医结合临床实践案例分享与推广

中医药上市公司可以通过中西医结合临床实践案例的分享与推广，促进公众对中西医结合的认知和信任。

首先，中医药上市公司可以收集和整理中西医结合的成功治疗案例，并通过各种渠道进行宣传和分享。这些案例可以涵盖各种疾病类型，包括慢性病、肿瘤、心脑血管疾病等。呈现具体的治疗效果和患者的康复经历，可以使公众更直观地了解中西医结合的疗效和优势。

其次，中医药上市公司可以与临床医生合作，开展中西医结合临床实践培训和研讨会；邀请相关领域的专家和名医，分享他们在中西医结合临床实践中的经验和心得；通过现场示范和讲解，让医生和学术界专家深入了解中西医结合的临床应用，以便更好地应用于自己的临床实践中。

再次，中医药上市公司还可以利用互联网平台，开设中西医结合临床实践案例数据库，供医生和公众浏览和学习；通过收集和整理全国范围内的中西医结合临床实践案例，形成有益的医学资料资源。同时，中医药上市公司可以联合医学学术机构和医院，开展中西医结合临床实践的调研和跟踪，收集更多的实践案例，丰富数据库内容。同时，中医药上市公司可以通过创新医疗模式，将传统中医药与现代医学相结合，提供更综合、个性化的诊疗方案，形成中西医结合临床实践指南，以满足医护人员的需求，提供更全面、高质量的医疗服务。从外文文献中，我们看到了中医药专业人士向全球推广介绍"中西医结合临床实践指南"①，强调以中西医结合临床实践指南作为医学实践的重要指导性文件，是发挥中西医各自优势的理论指导。外文文献还对 2020—2022 年中西医结合指南的信息和质量评价进行分析，探讨中西医结合指南的整合程度和方法。这为进一步建立具有中国特色的、可重复的、可计算的中西医结合临床实践指南奠定基础。

最后，中医药上市公司可以通过开展中西医结合临床实践案例竞赛和评选活动，推动中西医结合领域的发展和创新；通过邀请医生和学术界专家组成评委团队，对申报案例进行评选和表彰，鼓励医生在中西医结合领域进行临床实践和研究，展示中西医结合在实践中的优势和疗效。这样的活动可以激发医生的学术热情，推动临床实践的创新和发展。

综上所述，中医药上市公司的中西医结合推广计划中，中西医结合临床实践案例的分享与推广具有重要的意义。中医药上市公司可以通过分享成功案例、举办培训研讨会、建设案例数据库和开展评选活动等方式，提升公众对中西医结合的认知和信任，推动中西医结合的应用和发展。

6.6.2.4　中医药上市公司的中西医结合专业培训与学术研讨活动

中医药上市公司可以通过中西医结合专业培训与学术研讨活动，提高医生和相关专业人士对中西医结合的专业水平和理解。

第一，中医药上市公司可以与医学院校、医院等机构合作，举办中西医结合专业培训班；邀请中西医结合领域的专家，为医生、药师、护士等提供系统化的中西医结合课程培训。培训内容可以包括中医诊断、中药药理学、中西医结合治疗方案设计等，以帮助参与者更好地理解和应用中西医结合。

第二，中医药上市公司可以组织和举办中西医结合学术研讨会和论坛，提供学术交流和合作平台；邀请国内外的专家和学者，分享中西医结

---

① YINGLAN X, FEI H, YINGHUI J, et al. Organic integration of traditional Chinese and western medicines-future of clinical practice guidelines of integrated traditional Chinese and western medicines [J]. Chinese journal of integrative medicine, 2023.

合领域的研究成果和经验，推动学术研究的深入发展。通过学术研讨会和论坛，中医药上市公司可以与医学界的专业人士建立合作关系，促进中西医结合理论和实践的交流与合作。

第三，中医药上市公司可以建立中西医结合专家团队，提供专业咨询和指导服务；邀请相关领域的专家加入公司顾问团队，为药品研发、临床实践等提供专业意见和建议。通过与专家团队的合作，中医药上市公司可以不断优化和改进中西医结合产品，提高产品的疗效和质量。

第四，中医药上市公司还可以加大对科研项目的支持和资助力度，推动中西医结合的研究和发展；通过设立科研基金、与科研机构的合作等方式，支持中西医结合的科学研究项目，促进中西医结合理论和技术的创新和进步。同时，中医药上市公司可以与高校合作，设立与中西医结合相关的研究室，为中西医结合的研究提供良好的实验平台和资源支持。

第五，由国家中医药局、国家发展改革委、国家卫生健康委联合制定的《中西医协同"旗舰"医院建设试点项目管理办法》（以下简称《管理办法》）早已印发。《管理办法》指出，旗舰医院建设单位应围绕中西医结合医疗模式创新，注重专科建设、中西医结合人才培养、科研能力提升等，以提高中西医协同发展能力为目标，提升建设成效。结合上述《管理办法》的要求，中医药上市公司可以在专业培训与学术研讨活动中，进一步促进中西医结合的发展和提升医院的建设效果。专业培训可以针对医院的重点专科进行，邀请国内外中西医结合领域的专家学者授课，分享最新的医学理论和临床经验。通过培训，医院的医疗团队可以更新知识和技能，提高中西医结合的临床水平[①]。

综上所述，中医药上市公司的中西医结合推广计划中，中西医结合专业培训与学术研讨活动是非常重要的一环。举办培训班、学术研讨会、建立专家团队、资助科研项目等方式，可以提高医生和相关专业人士对中西医结合的专业水平，推动中西医结合的研究和应用。这样的活动有助于促进中西医结合领域的发展和创新。

---

① 玖九. 中西医结合人才培养成为中西医协同"旗舰"医院建设重点 [J]. 中国卫生人才，2023（8）：5.

6.6.3　中医药上市公司在临床实践中的中西医结合模式

6.6.3.1　中医药上市公司的中西医结合诊疗方案与临床路径优化

中医药上市公司在临床实践中采用中西医结合模式，可以通过优化诊疗方案和临床路径，提高患者的治疗效果和满意度。

首先，中医药上市公司可以针对不同疾病类型和患者特点，制定个性化的中西医结合诊疗方案；通过综合运用中西医诊断方法，结合中药、西药等不同疗法，制定有针对性的治疗方案。例如，在治疗慢性疾病时，中医药上市公司可以将中医的辨证施治原则与西医的病因病机分析相结合，制定更全面和有效的治疗方案。

其次，中医药上市公司可以通过优化临床路径，提高中西医结合治疗的效率和便利性；通过与医院合作，建立中西医结合的诊疗团队，实现中医医生、西医医生之间的协同工作和信息共享。同时，中医药上市公司可以利用互联网平台，开发中西医结合的临床路径管理系统，实现患者的在线咨询、预约、随访等服务。这样可以节省患者的时间和经济成本，提高治疗的效果和满意度。

再次，中医药上市公司可以借助人工智能等技术手段，优化中西医结合的诊疗流程；通过大数据分析和智能算法，识别患者的病情特征和治疗需求，辅助医生进行诊断和制定治疗方案。在医疗过程中，中医药上市公司可以利用移动医疗设备和远程医疗技术，实现远程监控和诊断，提供更全面和及时的医疗服务。

最后，中医药上市公司可以与医疗机构合作，开展中西医结合的临床研究和实验；通过与医生的密切合作，收集患者的临床数据和疗效评估结果，优化诊疗方案和临床路径。中医药上市公司可以利用这些研究成果，改进产品的研发和生产，持续提高中西医结合治疗的质量和效果。

综上所述，中医药上市公司可以在临床实践中采用中西医结合模式，通过优化诊疗方案和临床路径，提高患者的治疗效果和满意度。通过制定个性化的中西医结合诊疗方案、优化临床路径、借助人工智能等技术手段，中医药上市公司可以实现更高效、更便利的中西医结合诊疗模式。这样可以促进中西医结合模式在临床实践中的推广和应用。

6.6.3.2　中医药上市公司的中西医结合药物研发与应用

中医药上市公司在临床实践中的中西医结合模式中，药物研发与应用是一个重要的方面。

首先，中医药上市公司可以开展中西医结合药物的研发工作；通过挖掘中药和西药的共同作用机制，利用现代科技手段，发现并开发具有较高疗效和较少不良反应的中西医结合药物。这些药物可以是中药和西药的组合、中药的提取物、化合物修饰的中药等。中医药上市公司可以通过临床试验和药物监管的审批程序，确保药物的质量和安全性。

其次，中医药上市公司可以推广和应用中西医结合药物；通过宣传和推广，提高医生和公众对中西医结合药物的认识和信任，推动其在临床实践中的应用。中医药上市公司可以与医院合作，建立中西医结合的诊疗团队，推广中西医结合药物的使用。通过与医疗机构的合作，中医药上市公司可以提供中西医结合药物的专业培训和指导，帮助医生合理使用药物，提高治疗效果。

再次，中医药上市公司可以与研究机构合作，开展中西医结合药物的临床研究和评价；通过与医生的合作，进行多中心随机对照试验等研究，评价中西医结合药物的疗效和安全性，为药物的进一步推广提供科学依据。同时，中医药上市公司可以与药学院校合作，培养中西医结合药物的专业人才，推动中西医结合药物研究与应用的发展。

目前关于代谢性疾病的中西医理论融合、研究方法学及药物研究策略等相关研究遇到瓶颈，通过多学科交叉、中西医融合的途径，组织全国相关领域的专家学者开展深入的协同创新研究，将有望走出一条具有中医特色、融汇现代科技的创新之路①。中西医结合药物研发与应用是解决瓶颈一个重要的方面。

最后，中医药上市公司可以利用现代技术手段，提高中西医结合药物的研发效率和质量；通过人工智能、计算机辅助药物设计等技术手段，加速药物的筛选和优化过程。中医药上市公司可以投资建设药物研发平台，建立中西医结合药物的研发数据库，推动中西医结合药物研发和创新的进程。

---

① 孔令东，郝海平，郭淑贞，等. 中西医结合防治代谢性疾病的关键科学问题 [J]. 中国科学基金，2018，32 (4)：434-441.

综上所述，在中医药上市公司临床实践中的中西医结合模式中，药物研发与应用是至关重要的。通过开展中西医结合药物的研发工作、推广和应用、临床研究与评价，以及利用现代技术手段，中医药上市公司可以提高中西医结合药物的研发效率和质量，进一步推动中西医结合模式在临床实践中的应用。

6.6.3.3 中医药上市公司的中西医结合技术与疗法创新

中医药上市公司在临床实践中的中西医结合模式中，技术与疗法创新是非常重要的一环。

在新时代背景下，中西医结合医院患者的中医技术服务需求整体较高，而中医技术服务获得的情况却不理想，在临床管理中应积极融入中医技术，满足患者对中医技术服务的需求，进一步提高临床管理服务质量及患者生活质量[①]。

首先，中医药上市公司可以通过创新技术手段，对中医传统疗法进行优化和改进。例如，利用现代仪器设备对中医诊断方法进行辅助，提高中医望、闻、问、切等技术的准确性和可靠性。另外，中医药上市公司可以利用生物技术、基因工程等现代科技手段，提取和分析中药有效成分，增强中医疗效的稳定性和可控性。

其次，中医药上市公司可以推广和应用中西医结合技术与疗法创新。例如，通过将中医药与西医药物相结合，开发新的组合疗法，提高临床治疗的疗效。同时，中医药上市公司可以整合中医药和西医的非药物治疗方法，如针灸、推拿、中药膏方等，与西医手术、物理疗法等结合，形成综合治疗方案。这样可以提供更全面、个性化的医疗服务，提高患者的治疗效果和生活质量。

再次，中医药上市公司可以与研究机构合作，开展中西医结合技术与疗法的临床研究和评价；通过与医生的合作，进行随机对照试验等研究，评价中西医结合技术与疗法的疗效和安全性，为其在临床应用中提供科学依据。中医药上市公司可以借助临床研究结果，改进产品的研发和推广策略，实现中西医结合技术与疗法的创新和推广。

最后，中医药上市公司可以利用互联网平台，开展中西医结合技术与

---

① 史欣，郑雪峰，张丹萍. 新时代背景下中医技术融入中西医结合医院的现状与创新发展[J]. 中医药管理杂志，2022，30（18）：31-33.

疗法的推广与应用；通过建立在线医疗平台、移动医疗应用等，提供中西医结合技术与疗法的在线咨询、预约、随访等服务。中医药上市公司可以利用大数据分析和人工智能等技术手段，为医生和患者提供个性化的中西医结合疗法选择和用药指导。

综上所述，中医药上市公司在临床实践中的中西医结合模式中，技术与疗法创新是非常重要的一环；通过创新技术手段对中医传统疗法的优化和改进，推广和应用中西医结合技术与疗法创新，开展临床研究，以及利用互联网平台推广与应用，中医药上市公司可以不断提高中西医结合模式的疗效和便利性，推动中西医结合的发展与应用。

6.6.3.4 中医药上市公司的中西医结合患者管理与个性化治疗模式

中医药上市公司在临床实践中的中西医结合模式中，患者管理和个体化治疗是一个关键的方面。

首先，中医药上市公司可以借助互联网平台和大数据分析技术，搭建患者管理系统，收集和管理患者的临床数据和病史资料。通过对患者的个人特征、病情及治疗反应等进行深入分析，对患者进行个体化的管理和治疗。

其次，中医药上市公司可以与医院合作，建立多学科的诊疗团队，实现中医医生、西医医生之间的协同工作和信息共享；通过合作开展多学科会诊，实现"以病为中心"的治疗模式。中医药上市公司可以利用多学科的专业知识和技术手段，对患者的病情进行全面评估，制定个性化的治疗方案。

再次，中医药上市公司可以利用人工智能等技术手段，帮助医生进行患者管理和个性化治疗；通过数据分析和算法模型，识别不同患者的治疗需求和风险因素，提供个性化的治疗建议。中医药上市公司可以将这些技术应用于移动医疗设备和远程医疗系统中，实现患者的远程监护和管理，提供随时随地的个性化医疗服务。

最后，中医药上市公司可以通过开展临床研究，不断优化患者管理和个性化治疗模式；通过收集患者的临床数据和疗效评估结果，分析不同个体的治疗反应，优化诊疗方案和临床路径。中医药上市公司可以借助这些研究成果，改进产品的研发和生产，不断提高患者管理和个性化治疗的质量和效果。

综上所述，中医药上市公司在临床实践中的中西医结合模式中，患者管理与个体化治疗是非常重要的一环。通过搭建患者管理系统、建立多学科诊疗团队、利用人工智能等技术手段，以及开展临床研究，中医药上市公司可以实现对患者的个体化管理和治疗，提高治疗效果和患者满意度。这样可以推进中西医结合模式在临床实践中的应用和推广。

6.6.4 中医药上市公司的科研与创新推动中西医结合发展

6.6.4.1 中医药上市公司的科研投入与合作

中医药上市公司在推动中西医结合发展中扮演着重要角色，科研投入与合作是实现这一目标的关键。

首先，中医药上市公司应加大科研投入，建立自己的研发团队和实验室，引入高水平的科研人才和先进的研究设备；通过投入更多的资源和资金，进行基础研究和应用性研究，探索中西医结合所需的新药物、新技术和新治疗方法。

其次，中医药上市公司应积极开展科研合作，与国内外科研机构、大学和医院等建立紧密的合作关系；通过合作开展联合研究项目和数据共享，汇集各方的智慧和资源，加快中西医结合领域的科研进展。合作的形式可以是联合研究、共享平台、共同培养人才等，以促进共同创新。从静态上看我国高等中医药院校科研效率整体尚好，从动态上看我国高等中医药院校全要素生产率指数呈波动上升，其中技术进步变化指数是主要制约因素①。基于这种情况，加强中医药上市公司与高校合作可以推动中医药科研的创新与转化，提升科研效能，可以将双方的优势资源进行整合，共同推动中医药科研的创新，提高中医药产业的发展水平。

再次，中医药上市公司应关注科研成果的转化和推广，通过技术转让、合作开发、技术授权等形式，将科研成果转化为实际应用，将优秀的中医药产品和技术推广到市场上。中医药上市公司可以与医疗机构、保健品公司、制药企业等建立合作关系，共同推动中西医结合产品的开发和市场推广。

最后，中医药上市公司还应与监管机构合作，积极参与中西医结合政

---

① 王静梅. 我国高等中医药院校科技投入产出效率研究：基于 2014—2018 年的数据分析 [J]. 商业会计，2023（12）：79-83.

策的研究与制定。通过与监管机构的沟通与合作，中医药上市公司可以了解和遵守相关政策和法规，推动中医药行业的规范化发展，并为中西医结合的科研与创新提供更好的环境和支持。

综上所述，中医药上市公司的科研投入与合作是推动中西医结合发展的重要方面。通过加大科研投入，加强合作研究，关注科研成果的转化和推广，以及与监管机构的合作，中医药上市公司可以推动中西医结合的科研与创新，提高中西医结合的效果和临床应用水平。

6.6.4.2 中医药上市公司的中西医结合技术研发与应用

中医药上市公司在推动中西医结合发展中的科研与创新方面，中西医结合技术的研发与应用是至关重要的一个方向。

首先，中医药上市公司可以投入资金和人力资源，开展中西医结合技术的研发工作；通过结合中医经典理论和西医现代科学方法，开展研究新技术、新工具等方面的创新，推动中西医结合技术的发展。

其次，中医药上市公司可以与医疗机构、大学、科研院所等合作，建立联合研究项目，共同开展中西医结合技术的研发与应用；通过共享资源和知识，加快研究进程并增强推广效果。中医药上市公司可以提供实际项目需求和市场背景，医疗机构和科研机构提供专业知识和技术支持，共同推动中西医结合技术的研发与应用。

再次，中医药上市公司可以与药企合作，开展中西医结合药物的研发和生产。中医药上市公司可以利用自身的中医药经验和西医药物研究能力，开发符合中西医结合理念的新药物；通过合作开展药物临床试验、药物研发和生产等环节，推动中西医结合药物的创新与应用。

最后，中医药上市公司可以利用现代信息技术和大数据分析等手段，开发中西医结合的智能医疗辅助系统和平台；通过整合中医和西医的专家知识和临床经验，将疾病诊断、治疗方案制定、患者管理等各环节纳入系统管理。中医药上市公司可以利用大数据分析，挖掘出中西医结合的规律和有效治疗策略，实现精准医疗和个性化治疗。

综上所述，中医药上市公司在科研与创新方面应重点关注中西医结合技术的研发与应用；通过投入资金和人力资源开展研发工作，与医疗机构、药企合作开展项目研发，利用现代信息技术和大数据分析等手段开发智能医疗辅助系统。中医药上市公司可以推动中西医结合技术的创新与应用，提高中西医结合的临床效果和应用水平。

6.6.4.3　中医药上市公司的中西医结合临床试验与实证研究

中医药上市公司在推动中西医结合发展中的科研与创新方面，中西医结合临床试验与实证研究是非常重要的一环。

首先，中医药上市公司可以开展中西医结合临床试验，通过严格的研究设计和流程，评估中西医结合治疗方案的临床疗效和安全性。临床试验的结果可以为中医药的临床应用提供科学依据，推动中西医结合的临床实践。

江中药业是一家专注于中药研发和生产的公司。其以中西医结合的理念为基础，致力于将传统中药治疗与现代医学结合。江中药业的产品乌鸡白凤膏就是一个典型的例子。这是一种结合了中药和现代药物研发技术的产品，用于治疗血虚体弱、心脏功能不全等症状。

其次，中医药上市公司可以开展实证研究，收集和分析大量的现实临床数据；通过对患者的病历、治疗方案及效果进行统计和分析，研究中西医结合的临床实践，并总结出相应的经验和规律。实证研究可以为中医药的个体化治疗提供理论依据和实践经验，进一步推动中医药在临床实践中的应用和发展。

再次，中医药上市公司可以与医疗机构、大学和科研院所等合作，共同开展中西医结合的临床试验和实证研究；通过合作开展多中心、大样本的临床试验，提高研究的可信度和科学性。同时，通过与医疗机构的合作，中医药上市公司可以获得更多的实际临床数据和病例资料，进行更深入的实证研究和分析。

片仔癀是以医药制造、研发为主业的高新技术企业。其拥有的"片仔癀"配方作为该企业的核心专有技术，为其创造了十分可观的收益。片仔癀不断加大研发投入，大力开展以片仔癀为核心的优势品种二次开发，以及中药创新药、经典名方、化药创新药等新药品的研发[①]。如果片仔癀能进一步与医疗机构合作，可以获得更多的数据和病例资料。

最后，中医药上市公司可以利用现代信息技术和大数据分析等手段，开展中西医结合的数据挖掘和研究；通过对大量临床数据的分析和模型建立，挖掘中西医结合治疗的规律和有效策略，并提出相应的临床指导意见。中医药上市公司可以利用这些研究成果，指导临床实践和优化中西医

---

① 杨舜. 医药企业知识产权估值研究［D］. 太原：山西财经大学，2023.

结合的治疗方案。

综上所述，中医药上市公司在推动中西医结合发展中的科研与创新方面，应重点关注中西医结合临床试验与实证研究。通过开展临床试验、实证研究和数据挖掘，中医药上市公司可以为中西医结合的临床应用提供科学依据和实践经验，推动中西医结合的发展和应用。

6.6.4.4 中医药上市公司的中西医结合医学信息化与大数据应用

中医药上市公司在推动中西医结合发展中的科研与创新方面，中西医结合医学信息化与大数据应用是非常重要的一环。

首先，中医药上市公司可以利用现代信息技术和大数据分析等手段，建立中西医结合的医学信息化系统和平台。通过整合中医和西医的临床数据和研究成果，建立起一个全面、准确的医学数据库，促进中西医结合的临床实践和研究。

其次，中医药上市公司可以利用医学信息化系统和平台，收集和分析大量的临床数据。通过对患者的病历、诊断结果、治疗方案及疗效等信息进行统计和分析，研究中西医结合治疗的规律和效果。同时，中医药上市公司还可以通过数据挖掘和建立预测模型，预测和评估中西医结合治疗的疗效和安全性。

再次，中医药上市公司可以与医疗机构、大学和科研院所等合作，共同开展中西医结合的大数据研究和应用；通过与合作伙伴共享数据资源和技术支持，建立起一个协同创新的平台。中医药上市公司可以提供实际项目需求和市场背景，医疗机构和科研机构提供专业知识和技术支持，共同推动中西医结合的大数据研究和应用。

最后，中医药上市公司可以利用医学信息化和大数据的优势，开展中西医结合的智能化辅助决策和诊疗系统；通过利用人工智能和机器学习技术，建立起个性化治疗系统。中医药上市公司可以基于大数据分析和临床经验，为临床医生提供可靠的治疗建议和决策支持，提高治疗的准确性和效果。

综上所述，在推动中西医结合发展中的科研与创新方面，中西医结合医学信息化与大数据应用是非常重要的。中医药上市公司可以通过建立医学信息化系统和平台，收集和分析大量的临床数据，与合作伙伴共同开展大数据研究和应用，利用医学信息化和大数据的优势开展智能化辅助决策和诊疗系统，推动中西医结合的发展和应用。

专栏：中西医结合的必要性、机遇与挑战

（一）中西医结合的必要性

在保持中医药传统的同时，接纳和融入现代医学知识。中医药上市公司开展中医药结合具有多方面的意义，包括经济上的意义，中西医结合很有必要。

1. 市场需求

中西医结合是顾客对综合医疗方式的需求反映。随着人们对综合医疗的认可度提升，中医药结合的市场需求也不断增加。中医药上市公司可以结合中医和西医的优势，提供多元化的医疗选择，满足市场需求。

2. 产品多样化

中医药结合不仅仅是在治疗方法上的结合，还涉及药物的研发和生产。中医药上市公司可以根据市场需求，研发和生产中西医结合的药品和保健产品，丰富产品线，增加销售额。

3. 就业和经济发展

中医药上市公司的运营和发展带动了就业机会的增加，为社会提供就业岗位，提高居民收入水平。同时，中医药行业的发展也会带动相关产业链的发展，促进经济增长和地方经济的发展。

中医药上市公司推广中西医结合，有助于就业和经济发展，提高中医药上市公司财务竞争力，部分解决前面章节提到的中医药上市公司社会效益不高、中医药行业内部公司差异大等问题。中西医结合非常有必要。

（二）中西医结合的机遇与挑战

1. 中西医结合的机遇

（1）国家政策支持：中国政府一直倡导中西医结合，提供了政策和经济支持，为中医药上市公司推广中西医结合创造了机遇。

（2）市场需求增长：随着人们对综合治疗的需求增加，中西医结合的疗效和优势得到了更多人的认可，有助于推动中医药上市公司的发展。

（3）多元化研发产品：中医药上市公司可以结合中西医理论和技术进行研发，创造更多具有中西医结合特点的产品，满足市场需求。

（4）国际市场拓展：中医药的中西医结合理念在国际上也受到越来越多的认可和接受，中医药上市公司可以借助这一机遇开拓国际市场。

2. 中西医结合的挑战

（1）传统观念和文化认同：一些人对中西医结合持保守态度，对中医药的疗效和安全性存在质疑，这给中医药上市公司推广中西医结合带来了挑战。

（2）技术和人才短缺：中西医结合需要具备中西医学的专业知识和技能，中医药上市公司在推广中西医结合时面临技术和人才短缺的挑战。

（3）临床证据不足：中医药的临床研究和证据体系相对西医来说相对不健全，中医药上市公司在推广中西医结合时需要克服此挑战，加强临床研究和证据支持。

（4）市场竞争：中医药上市公司在推广中西医结合时面临激烈的市场竞争，需要不断提升自身的竞争力和市场认可度，以获得市场份额。

综上所述，中医药上市公司推广中西医结合既面临机遇又面临挑战，需要充分利用机遇，积极应对挑战，不断提升自身的实力和竞争力。

参考文献

［1］李红丽，任伟明，任传云，等.基于"络病理论"探讨中医药治疗肺癌的概述和展望［J］.中医药导报，2023，29（1）：125-129.

［2］胡苗苗.马应龙纵向一体化及其绩效研究［D］.武汉：中南财经政法大学，2020.

［3］YINGLAN X，FEI H，YINGHUI J，et al. Organic integration of traditional Chinese and western medicines-future of clinical practice guidelines of integrated traditional Chinese and western medicines［J］. Chinese journal of integrative medicine，2023.

［4］RUICHENG Y，QI J. Detecting falsified financial statements using a hybrid SM-UTADIS approach：empirical analysis of listed traditional Chinese medicine companies in China［J］. Discrete Dynamics in Nature and Society，2020，2020

［5］连冰华.基于财务杠杆的济川药业资本结构优化研究［D］.兰州：兰州财经大学，2023.

［6］冯庆展.济川药业借壳洪城股份曲线上市思考［J］.合作经济与科技，2021（17）：60-61.

［7］王蕊.济川药业研发投入现状及问题分析［D］.太原：山西大学，2021.

［8］李月馨.可转债融资决策的动因及融资效果分析［D］.郑州：河南财经政法大学，2021.

［9］曹松.葵花药业财务竞争力评价研究［D］.在庆：东北石油大学，2022.

［10］林然. 新光药业：Q1 业绩向好 股东依旧减持［J］. 股市动态分析，2021（8）：26.

［11］于露. 中药上市企业综合竞争力影响因素分析［D］. 长春：长春中医药大学，2021.

［12］钱亚凡. 康弘药业研发投入对财务绩效的影响研究［D］. 石家庄：河北师范大学，2022.

［13］许诺. 康弘药业：创新引领，缔造"中国方案"［J］. 产城，2020（4）：40-41.

［14］高梓云. 葵花药业盈利模式的财务评价研究［D］. 大庆：东北石油大学，2023.

［15］张北恒. 企业社会责任与财务绩效［D］. 长沙：湖南大学，2020.

［16］孙岩. 葵花药业集团股份公司培训体系建设研究［D］. 哈尔滨：哈尔滨工业大学，2019.

［17］姜志敏. 葵花药业：逐梦"精品儿药领军者"［J］. 中国药店，2018（6）：88-89.

［18］郑伟俊，张跃西，施丽珍. 有机国药基地产业生态旅游发展创新研究：以浙江省武义县寿仙谷基地为例［J］. 生态经济（学术版），2008（2）：217-221.

［19］寿仙谷药业与铁皮石斛及灵芝［J］. 苏南科技开发，2005（12）：41.

附录一：主要概念或名词解释

本书常用名词解释：

（1）相关系数

相关系数最早由统计学家卡尔·皮尔逊提出，是研究变量之间线性相关程度的量，一般用字母 R 表示。由于研究对象的不同，相关系数有多种定义方式，较为常用的是皮尔逊相关系数。相关表和相关图可反映两个变量之间的相互关系及其相关方向，但无法确切地表明两个变量之间相关的程度。相关系数是用以反映变量之间相关关系密切程度的统计指标。相关系数是按积差方法计算的，同样以两变量与各自平均值的离差为基础，通过两个离差相乘来反映两变量之间相关程度；着重研究线性的单相关系数。

（2）显著相关

显著相关说明变量相关程度较高。相关系数的数值范围为 $[-1, 1]$，即 $-1 \leqslant R \leqslant 1$，$R > 0$ 为正相关，$R < 0$ 为负相关。判断标准如下：$|R| < 0.3$ 为微弱相关；$0.3 < |R| < 0.5$ 为低度相关；$0.5 < |R| < 0.8$ 为显著相关；$0.8 < |R| < 1$ 为高度相关。

（3）全 A 行业

在 Wind 金融终端中，全 A 行业的指数名称为：万得全 A 指数，指数代码为：881001.WI。全 A 行业由京沪深三地交易所全部 A 股组成，指数以万得自由流通市值加权计算，综合反映了 A 股上市股票价格的整体表现，具有较高的市场代表性，可作为投资标的和业绩评价基准。

（4）中医药行业

中医药行业即万得中药行业指数，指数代码为：882572.WI，是四级指数。为保持前后称谓一致，本书一律使用中医药行业。

（5）医疗保健行业

医疗保健行业，即万得医疗保健行业指数，指数代码为：882006.WI，是一级指数。

（6）附加分法

附加分法是附加分沃尔评分法的简称，这是著者在沃尔评分法基础上改进设计而成的评价财务综合竞争力的新方法。

（7）单倍标准差与双倍标准差

单倍标准差与双倍标准差是附加分法计算过程中的中间指标名称，常在确认财务指标评分最高值或最低值时使用。

（8）附分

用附加分法计算出来的直接得分即"附分值"，简称附分。本书包含单倍标准差下附分、双倍标准差下附分，一般情况下二者差异不大。附分更多时候是指单倍标准差下附分和双倍标准差下附分的平均数。有时候为了节省篇幅，本书仅计算单倍标准差下附分。

（9）超分

超分是指附分超过权重部分的"附加分"。如果说附分是基础分，那么超分就是"溢出分"或"特别加分"。只有表现超常指标才有可能有"超分"。

（10）样本公司

样本公司是指在中医药行业中去除 ST 公司等后留作研究分析对象的公司。本书提及的样本公司一共 64 个。截至 2023 年 7 月 28 日，Wind 金融终端中中药行业指数（882572.WI）共包含 78 只股票。样本公司数量占行业全部公司数量的比例为 82.1%。

注：本书引用文献与数据来源除了文内有标注外，全部引用自 Wind 金融终端。

附录二：书名、段落、概念 与结论英译

一、书名英译

Study on the Development Quality and Path of Listed Traditional Chinese Medicine Companies — Based on Financial Data Analysis

二、一级段落标题英译

Chapter 1：Development History, Significance, Opportunities, and Challenges of Traditional Chinese Medicine

Chapter 2：Analysis Foundation, Principles, and Methods for the Development of Listed Traditional Chinese Medicine Companies

Chapter 3：Analysis of Overall Development Quality of Listed Traditional Chinese Medicine Companies

Chapter 4：Analysis of Development Quality of Listed Traditional Chinese Medicine Companies in Different Categories

Chapter 5：Major Issues and Countermeasures for the Development of Listed Traditional Chinese Medicine Companies

Chapter 6：Development Path of Listed Traditional Chinese Medicine Companies

三、重要概念英译

净资产收益率（return on equity, ROE）

总资产报酬率（return on total assets, ROA）

净利润率（net profit margin）

毛利率（gross profit margin）

营业利润率（operating profit margin）

流动比率（current ratio）

速动比率（quick ratio）

资产负债率（debt to assets ratio）

总资产周转率（asset turnover）

应收账款周转率（accounts receivable turnover）

存货周转率（inventory turnover）

利润总额增长率（net profit growth rate）

市盈率（price-earnings ratio）

市销率（price-to-sales ratio）

相关系数（correlation coefficient）

显著相关（significant correlation）

中医药行业（traditional chinese medicine industry）

医疗保健行业（healthcare industry）

全部 A 股（all A shares）

附加分沃尔评分法（extended point waltz scoring method）

沃尔评分法（waltz scoring method）

单倍标准差（one standard deviation）

双倍标准差（two standard deviations）

附分值（additional score）

样本公司（sample companies）

四、重要结论英译

Development Path of Listed Traditional Chinese Medicine Companies

1. Improve Industry Policies to Enhance the Operating Environment for Listed Traditional Chinese Medicine Companies

（a）Government departments should provide more support and preferential policies.

（b）Increase investment in traditional Chinese medicine research and innovation.

（c）Strengthen market supervision and regulation of traditional Chinese medicine.

2. Strengthen Internal Management of Traditional Chinese Medicine Companies to Enhance Competitiveness and Efficiency

(a) Improve internal governance structure and processes.

(b) Strengthen personnel training and team building.

(c) Enhance research and development capabilities and innovation abilities.

(d) Strengthen quality management and drug safety supervision.

(e) Improve the economic performance of traditional Chinese medicine companies.

3. Strengthen International Cooperation to Expand the Market for Traditional Chinese Medicine

(a) Engage in international exchanges and cooperation to promote traditional Chinese medicine culture.

(b) Establish the brand image of traditional Chinese medicine and expand the market for traditional Chinese medicine.

4. Promote Technological Innovation to Lead the Development of the Traditional Chinese Medicine Industry

(a) Increase research and development investment to improve R&D levels and technological innovation capabilities.

(b) Promote the transformation and industrialization of scientific and technological achievements in traditional Chinese medicine.

(c) Strengthen intellectual property protection and encourage innovation and entrepreneurship.

5. Enhance the Social Reputation and Trustworthiness of the Traditional Chinese Medicine Industry

(a) Improve the quality and safety levels of traditional Chinese medicine services.

(b) Increase public recognition and trust in traditional Chinese medicine.

(c) Strengthen brand building and promotion of the traditional Chinese medicine industry.

6. Promote the Integration of Traditional Chinese and Western Medicine

(a) Roles and responsibilities of listed traditional Chinese medicine companies.

(b) Promotion plan for the integration of traditional Chinese and Western medicine by listed traditional Chinese medicine companies.

(c) Models of integration of traditional Chinese and Western medicine in clinical practice by listed traditional Chinese medicine companies.

(d) Research, innovation and promotion of the integration of traditional Chinese and Western medicine by listed traditional Chinese medicine companies.

附录三：关于中医药社会形象测评的调查问卷

（1）问卷设计：著者。

（2）调查平台：问卷星。

（3）调查执行者：成都锦城学院 2020 级国际经济与贸易专业本科生曾云霞同学。

（4）调查规模：有效回收 173 份问卷。

（5）调查时间：2023 年 7 月 19 日至 7 月 24 日。

中医药社会形象测评量表

调查目的：为进一步推广中医医学，更好服务于群众，本次调查在一定范围内了解人们对中医药的认知、支持及使用情况，以期对中医药行业发展提出建议。

第 1 题　性别？［单选题］

选项	小计	比例	
男	42		24.28%
女	131		75.72%
本题有效填写人数	173		

分析结论：在本题有效填写人数中，女性的比例高于男性，女性占比达到 75.72%，而男性占比仅为 24.28%。

第 2 题　年龄? [单选题]

选项	小计	比例	
20 岁以下	41		23.7%
20~30 岁	101		58.38%
30~40 岁	10		5.78%
40~50 岁	10		5.78%
50~60 岁	7		4.05%
60 岁以上	4		2.31%
本题有效填写人数	173		

分析结论: 本题有效填写人数为 173, 其中 58.38% 的人年龄在 20~30 岁之间, 23.7% 的人年龄在 20 岁以下, 其次是 5.78% 的人年龄在 30~40 岁之间和 5.78% 的人年龄在 40~50 岁之间。年龄在 50~60 岁之间的人占比 4.05%, 60 岁以上的人占比 2.31%。可以看出, 本题的受众主要是 20~30 岁之间的人, 占比超过一半。

第 3 题　你的职业? [单选题]

选项	小计	比例	
与医药有关	23		13.29%
与医药无关	150		86.71%
本题有效填写人数	173		

分析结论: 数据显示, 参与本单选题的有效填写人数为 173。其中, 与医药有关的职业小计为 23 人, 占比 13.29%; 与医药无关的职业小计为 150 人, 占比 86.71%。可以看出, 参与本单选题的大多数人职业与医药无关。

第 4 题　你的月收入如何? [单选题]

选项	小计	比例	
10 000 以上	8		4.62%
8 000~10 000	7		4.05%
6 000~8 000	7		4.05%
4 000~6 000	14		8.09%
2 000~4 000	41		23.7%

选项	小计	比例	
2 000 以下	86		49.71%
（空）	10		5.78%
本题有效填写人数	173		

分析结论：根据数据表格可以得出以下结论：① 本题有效填写人数为173人。② 大约一半（49.71%）的人月收入在2 000元以下，而10 000元以上的人仅占4.62%。③ 23.7%的人月收入在2 000~4 000元之间，这是收入分布的第二大类。④ 8.09%的人月收入在4 000~6 000元之间，比2 000~4 000元之间的人少，但仍占一定比例。⑤ 4.05%的人月收入在8 000~10 000元和6 000~8 000元之间，这两个区间的比例相同⑥ 只有10人没有填写月收入，占比为5.78%。

第5题　你的家庭经济状况如何？［单选题］

选项	小计	比例	
不好	28		16.18%
一般	133		76.88%
较好	11		6.36%
很好	1		0.58%
本题有效填写人数	173		

分析结论：从样本数据可以看出，参与调查的人中有76.88%的人家庭经济状况一般，16.18%的人家庭经济状况不好，6.36%的人家庭经济状况较好，只有0.58%的人家庭经济状况很好。

第6题　你了解到中药的途径主要是？［单选题］

选项	小计	比例	
电视等媒体广告宣传	60		34.68%
报纸	3		1.73%
医生	54		31.21%
亲戚朋友	34		19.65%
其他	22		12.72%
本题有效填写人数	173		

分析结论：① 电视等媒体广告宣传是最主要的途径，占比 34.68%；② 其次是医生，占比 31.21%；③ 亲戚朋友也是一个重要的途径，占比 19.65%；④ 其他途径占比 12.72%，具体内容不明确；⑤ 报纸是占比最小的途径，仅占比 1.73%。

第 7 题　你认为中药价格如何？［单选题］

选项	小计	比例
很贵	14	8.09%
较贵	84	48.55%
一般	69	39.88%
较便宜	6	3.47%
很便宜	0	0%
本题有效填写人数	173	

分析结论：超过一半的人认为中药价格较贵，而只有不到 4% 的人认为中药价格较便宜。因此，中药价格普遍被认为较高。

第 8 题　你相信中医能治病吗？［单选题］

选项	小计	比例
非常相信	48	27.75%
相信	94	54.34%
比较相信	26	15.03%
不太相信	5	2.89%
不相信	0	0%
本题有效填写人数	173	

分析结论：超过三分之二的人（97.12%）相信或非常相信中医能治病，其中 54.34% 的人相信中医能治病，27.75% 的人非常相信中医能治病，15.03% 的人比较相信中医能治病，只有少数人不太相信中医能治病。

第 9 题　你找过中医看病吗？［单选题］

选项	小计	比例
很少	43	24.86%

选项	小计	比例	
较少	44		25.43%
一般	56		32.37%
较多	16		9.25%
很多	14		8.09%
本题有效填写人数	173		

分析结论：超过一半的人（51.8%）选择了"较少"或"很少"的选项，表示他们很少找中医看病。另外，32.37%的人选择了"一般"选项，表示他们找中医看病的频率一般。只有17.34%的人选择了"较多"或"很多"的选项，表示他们较多或很多地找中医看病。

第10题　你认为中医看病有效果吗？[单选题]

选项	小计	比例	
无效	0		0%
有点效	33		19.08%
一般	53		30.64%
很有效	72		41.62%
能救命	15		8.67%
本题有效填写人数	173		

分析结论：173人中有41.62%的人认为中医看病很有效，33人认为有点效，53人认为一般，15人认为能救命，没有人认为无效。因此，大多数人对中医看病的效果持肯定态度，其中有15人认为中医能救命，说明中医在某些情况下具有重要作用。

后记

本书在撰写过程中，得到了西华大学经济学院于代松教授的指导。特别是在终稿阶段，于教授提出在人才代际培养问题上，既不能用西医标准苛责中医药，降低人民对中医药信任度，也不能拔高和神化中医药效力，对成功案例滥加宣传。这些建议为本书的写作提供了基本准则。西华大学经济学院学生高晓雨，西华大学校友侯润、吴洁、曾玉梅，成都锦城学院学生曾云霞、郭巧凤等人对本书前期资料收集、格式调整等工作提供了大量帮助；感谢西南财经大学出版社李邓超老师和石晓东老师为本书出版提供的专业指导与热情服务。正是有了这些人的关爱、帮助，才有了本书的成文、面世，在此深表感谢！

特别地，附加分法作为本书的重要分析方法，也有其局限性，需要在此进行专门说明。

首先，在财务指标权重设计方面，本书将偿债能力看作保障安全，将盈利能力看作保障效率。一些人认为财务安全至关重要，然而在持续盈利的前提下，才能真正保障企业的安全。因此，在权重分配上，盈利能力可能会获得更大的权重。但并非所有人都对此持同样观点，这需要特别说明。

其次，在指标评价上，附加分法评价模型认为资产负债率越低越好，因为较低的资产负债率意味着较高的资产权益率。然而，从财务杠杆的角度看，这并不完全成立。考虑不同市场环境下的差异是必要的，但附加分法的计算模型无法做到这一点，这是遗憾之处。

此外，所有的财务数据分析都受到会计报表本身的客观性限制，并且财务指标本身也具有局限性。财务指标无法全面反映上市公司其他方面的情况。因此，分析结果可能不尽如人意。另外，财务报表数据可能存在失真甚至造假的情况，如果数据本身错误，那么推导的结论也将是错误的，无人能确保数据的绝对准确性。

综上所述，附加分法作为一种财务综合分析方法，在权重设计和指标评分上存在不能人为克服的局限性，但其评价分析结论仍然有较强的客观性和可靠性，不妨碍我们在分析评价公司发展情况时参考与应用。在使用财务数据进行分析时，我们需要意识到会计报表本身的限制以及指标的局限性，并结合其他信息进行全面判断。

著者
2023 年夏于蓉城